미국의 농민시장과
공동체지원농업

미국의 농민시장과 공동체지원농업

지은이 김원동
초판 1쇄 발행 2018년 12월 15일

펴낸곳 도서출판 따비
펴낸이 박성경
편집 신수진, 차소영
디자인 이수정

출판등록 2009년 5월 4일 제2010-000256호
주소 서울시 마포구 월드컵로28길 6(성산동, 3층)
전화 02-326-3897
팩스 02-337-3897
메일 tabibooks@hotmail.com
인쇄·제본 영신사

* 잘못된 책은 바꾸어 드립니다.
* 이 책의 무단 복제와 전재를 금합니다.

ISBN 978-89-98439-57-6 93330
값 20,000원

이 도서의 국립중앙도서관 출판예정도서목록(CIP)은 서지정보유통지원시스템 홈페이지
(http://seoji.nl.go.kr)와 국가자료공동목록시스템(http://www.nl.go.kr/kolisnet)에서
이용하실 수 있습니다.(CIP제어번호: CIP2018039068)

이 책은 2017년 정부(교육부)의 재원으로 한국연구재단의 지원을 받아
수행된 연구임(NRF-2017S1A3A2066149).

미국의 농민시장과
공동체지원농업

· 김원동 지음 ·

표 차례

사진 차례

일러두기

- 인용문 중 [ ]는 가독성을 위해 필자가 삽입한 것이다.
- 미주는 주석과 출처이며, 주 번호는 장마다 새로 시작된다.
- 표의 FM은 농민시장(Farmers Market)을 의미한다.
- 본문의 사진은 모두 저자가 직접 촬영한 것이다.

서문

이 책의 주제는 제목에 명시한 바와 같이 미국의 '농민시장Farmers' Market'과 '공동체지원농업Community Supported Agriculture, CSA'에 관한 것입니다. 미국의 여러 농민시장과 농장을 방문하면서 농민시장이나 CSA에 참여하는 농민들을 직접 만나 대화하고 녹취한 생동감 있는 기록들을 담았습니다. 개별 현장의 사례분석에 초점을 두었지만 이 주제와 연관성이 있는 미국 농무부를 비롯한 주요 웹사이트의 자료들을 적극 활용하고, 기존의 주요 연구논문과 단행본의 성과들을 최대한 반영하고자 했습니다. 그 이유는 사례연구에 치중하다 보면 놓치기 쉬운 해당 주제의 총체적인 모습과 거시적인 변화의 흐름을 제대로 포착하기 위해서였습니다. 농민시장과 CSA에 참여하는 농민들의 삶의 터전에서 분출되는 생생한 목소리와 지역적·전국적 통계자료 그리고 기존의 경험적·이론적 연구 결과들을 결합시킴으로써 이에 관한 구체적이면서도 포괄적인 이해를 시도한 것입니다.

《농민시장의 사회학》과의 연계성

이 책은 작년 이맘때 출간한 《농민시장의 사회학》과의 상호 보완성을 염두에 두고 사전에 기획했던 것입니다. 독자들에게 이런 기획 의도를 알리기 위해서는 이 주제를 중심으로 필자가 수행해온 그간의 연구 경과에 관한 설명이 먼저 있어야 할 것 같습니다. 이것은 《농민시장의 사회학》 '서문'에서 이미 언급했던 내용이기도 합니다.

《농민시장의 사회학》은 미국의 7개 농민시장 사례를 사회적 불평등의 관점에서 집중적으로 조명해본 책입니다. 한국연구재단의 3년(2014~16년)에 걸친 '저술출판지원' 사업이 이 작업의 결실을 가능하게 했던 원동력이었습니다. 그런데 이 책의 출간은 저술출판지원 사업에 참여하기 바로 직전 시점에서 4년(2010~13년)간 수행했던 미국 농민시장과 CSA에 관한 일련의 연구와 긴밀하게 연계되어 있습니다. 필자는 그 기간에 한국연구재단의 '중견연구자지원' 사업의 재원으로 미국의 농민시장과 CSA 현장을 매년 한 차례씩 방문하여 현장조사를 실시했고, 그 결과를 논문으로 발표한 바 있기 때문입니다. 그 같은 연구들로 인해 이론적·경험적 자료가 어느 정도 축적되는 것을 보면서 필자는 그 자료들을 토대로 일단 이 주제에 대한 중간정리 수준의 작업을 할 필요가 있다고 생각했습니다. 《농민시장의 사회학》의 저술 작업에 착수하게 된 이면에는 바로 그러한 선행연구의 배경이 있었습니다.

《농민시장의 사회학》은 필자의 선행논문들에서 다루었던 주제와 내용을 상당부분 내포하고 있다는 점에서 그 연구들과 연속성과 공통점을 지니고 있습니다. 그러면서도 이 책은 필자의 이전 논문들에서 충분히 검토하지 못했거나 묵혀두었던 자료들, 논문 발표 이후의 연구 성과와 최신 통계자료들을 추가로 분석, 반영했다는 점에서 앞서의 연구들과 구별됩니다. 말하자면, 《농민시장의 사회학》은 주제와 연구 대상의 측면에서 필자의 기존 논문들과 연계성이 높지만 내용상으로는 그것들과 최대한 중첩되지 않게 쓰려고 신경을 쓴 책입니다. 필자가 이에 충실하고자 했던 이유는 새로운 저작의 집필이 저술출판지원 사업의 요건이기도 했지만 선행논문들에 대해서는 별도의 활용도를 염두에 두고 있었기 때문입니다. 《농민시장의 사회학》을 준비하면서 이와 상호 보완성을 갖는 별개의 단행본을 출간할 계획을 갖고 있었던 것입니다. 다시 말해, 《미국의 농민시장과 공동체지원농업》은 미국의 농민시장과 CSA를 좀 더 입체적이고 종합적으로 이해할 목적으로 애초에 《농민시장의 사회학》의 자매편으로 구상했던 책입니다.

《미국의 농민시장과 공동체지원농업》에는 《농민시장의 사회학》과 뚜렷하게 구별되는 내용도 있습니다. 바로 CSA에 관한 것입니다. 《농민시장의 사회학》에서는 CSA를 다루지 않았습니다. 하지만 이번 책에서는 필자가 논문의 형식으로 분석했던 CSA에 관한 글들을 가져왔습니다. 필자의 조사에 의하면, 농민시장에서 판매인으로 활동하는 농민들 가운데 상당수는 CSA에도 종사하고 있었습니다. 이는 농민시장과 CSA가 현실적으로는 분리될 수 없을 정도로 서로 밀접하게 연결되어 있음을 시사해줍니다. 이런 점을 고려해 이번 기회에 양자를 묶어서 살펴보기로 한 것입니다.

이 책은 서문과 3부 6개의 장으로 구성되어 있습니다.

제1부에는 농민시장을 다룬 3개의 논문을 배치했습니다.

1장에서는 농민시장이 무엇보다도 도농통합형 생활공동체의 형성과 지속가능성을 매개하는 공간으로 기능하고 있음을 보여주고자 했습니다. 미국 오리건주 포틀랜드지역의 농민시장에서 농민판매인, 소비자, 장터 연주자 등을 대상으로 심층면접조사를 실시했습니다. 농민시장을 조사해 알 수 있었던 것은 '지역local' 개념에 내재해 있는 공동체의식, 농민시장에서 거래되는 먹거리의 우수성에 대한 소비자의 확고한 신뢰, 사회 현안들에 대한 소비자 간의 진지한 토론, 흥겨운 음악연주 속에 이루어지는 시장 참여자 간의 상호 교류, 후속세대를 대상으로 한 농민시장의 사회화 기능 등이었습니다.

2장에서는 미국의 농민시장이 저소득층의 농민시장 이용을 촉진하기 위한 연방정부의 정책적 프로그램들과 연결되어 있다는 점에 각별히 주목하고자 했습니다. 물론 저소득층에게 주어지는 식품보조금의 액수 자체가 작아 큰 성과를 거두고 있다고 보기는 어려웠습니다. 하지만 농민시장을 통한 공동체의 형성과 교류 과정에 이들을 동참시키려는 정책적 착상은 우리에게 시사하는 바가 결코 작지 않아 보였습니다.

3장에서는 캘리포니아주 샌프란시스코의 '페리 플라자 농민시장Ferry Plaza Farmers Market'에 대한 사례조사를 통해 농민시장에 내포된 사회학적 함의들을 찾아보고자 했습니다. 현지조사를 통해, 농민시장은 기존 상권과의 상생 터전이자 길거리음식 판매인들의 보육공간일 뿐만 아니라 시장으로서의 입지조건과 고객층에 대한 전략을 내포한 공간임을 확인할 수 있었습니다. 또 농민시장이 지역공동체와 부단히 소통하고 교감하고자 노력하는 공간이라는 점도 당시로서는 매우 인상적인 발견이었습니다.

제2부는 주로 CSA를 검토한 2개의 논문으로 구성했습니다.

4장에서는 오리건주 포틀랜드 광역생활권에 위치한 농장과 농민시장, 식품업체 등을 방문해 주로 농민들을 대상으로 실시한 심층면접조사 결과를 토대로 미국 CSA의 현실과 특징을 살펴보고자 했습니다. 면접 대상자들은 이구동성으로 CSA가 공동체 지향적이고 친환경적인 영농 방식인 동시에 생산자농민의 헌신과 회원소비자의 신뢰에 기초한 영농 방식임을 입증해주었습니다. 그렇지만 오늘날 미국의 CSA에서는 노동력을 제공하는 회원들을 거의 찾아볼 수 없을 정도고, 회원의 중간계급 편향성이 나타나고 있다는 지적이 있었습니다. 이 같은 현실과 특징은 이에 대한 개선책이 요구됨을 시사해줍니다.

5장에서는 미국 농무부의 예산 항목과 주요 프로그램 예산을 살펴보고, 미국 정부가 CSA에 어느 정도의 정책적 관심을 기울이고 있는지 짚어보았습니다. 미국 연방정부의 농업 부문 예산은 먹거리와 영양 문제에 집중되어 있고, 그중에서도 '영양보충 지원 프로그램Supplemental Nutrition Assistance Program, SNAP'의 비중이 가장 크고, 그다음이 각종 '어린이 영양 프로그램Children Nutrition Programs, CNP'이라는 것을 알 수 있었습니다. 하지만 CSA를 명시적으로 언급하고 있는 예산 프로그램은 없었습니다. 이 같은 현실 속에서 농가가 나서서 저소득층의 CSA 참여를 촉진하기 위해 노력하는 사례들을 점검해보았고, 기존의 정부 정책 프로그램과 연계해 CSA를 활성화할 틈새시장과 전략에 어떤 것이 있는지를 살펴보았습니다.

제3부에서는 미국의 농민시장과 CSA 간의 공통점과 차이점을 이해하고 활성화 방안을 모색하는 1편의 논문을 6장으로 위치시켰습니다.

6장에서는 농민시장과 CSA에 관한 이론적 논의들을 점검한 후 경험적 사례조사를 근거로 배태성의 관점에서 양자의 특징을 도출하고 활성화 방안을 탐색해보았습니다. 오리건주 유진과 스프링필드 인근 지역에 산재해 있는 농장과 농민시장들을 오가며 농민과 농민시장 관리인을 대상으로 심층면접을 실시했습니다. 조사 결과에 따르면, 시장성은 농민시장과 CSA의 공통된 존립 기반이었습니다. 하지만 동시에 농민시장과 CSA는 일반 시장과는 달리 소비자의 이익이나 생산자의 이윤 논리에 전적으로 좌우되고 있지는 않았습니다. 농민시장과 CSA의 활성화를 위해서는 농민시장과 CSA가 비경제적 가치를 구현해갈 통로이기도 하다는 점을 인식하는 소비자들의 확충이 무엇보다 시급함을 확인할 수 있었습니다.

집필 과정에서의 고려 사항

6개 장으로 책의 골격을 짠 후에 필자는 집필에 적용할 몇 가지 지침을 세웠습니다.

첫째, 하나의 단행본으로 새로 엮는 것인 만큼 그 속에서 전체적인 줄거리의 명료성과 흐름의 유연성을 확보할 수 있도록 이 책에 수록하기로 한 필자의 기존 논문들을 맥락에 따라 적절하게 수정, 보완했습니다. 이것은 이번 저술에서 매우 중요한 의미를 갖습니다. 왜냐하면 이 책의 5장을 제외한 나머지 장들은 모두 필자의 기존 논문을 바탕으로 가다듬은 것들[1]이기 때문입니다. 이런 방향성 아래 필자는 원래 발표했던 논문의 제목, 중간제목, 소제목을 바꾸거나 없던 것을 새로 달기도 했습니다. 또 여러 논문에서 언급되었던 동일하거나 유사한 내용들은 중복을 피하기 위해 삭제했습니다. 이를테면, 심층면접법, 문헌연구법, 참여관찰법 같은 연구 방법에 대한 소개나 사례연구가 갖는 한계, 조사 대상 지역에 관한 설명 등이 그런 부류에 속합니다. 그런가 하면 개별 논문의 내용들 중에 이 책의 전체적인 틀과 관련하여 서술의 순서나 위치를 변경할 필요가 있다고 판단되는 단락들은 과감하게 재배치했습니다. 이 책에 포함된 장들 중에 그 내용이 원래의 논문과 대폭 달라진 경우는 이런 의도로 인한 것입니다. 단행본으로의 재편에는 논문 모음집의 성격을 넘어서는 또 다른 가치가 가미되는 게 바람직하지 않을까 하는 필자의 생각이 이런 작업을 하게 만든 배경이었습니다. 말하자면 상호 연관성이 높은 주제의 글들을 개별 논문이 아닌 한 권의 책을 통해 읽을 때에는 그 주제를 좀 더 쉽게 읽고 이해할 수 있게 재가공해서 제공해야 단행본으로서의 강점과 고유의 가치를 살릴 수 있다고 생각했던 것입니다. 물론 필요하다면, 독자들은 언제든 원래의 논문을 통해 필자가 논문의 발표 시점에서 제시했던 논지를 온전히 살펴볼 수 있습니다.

둘째, 이번 책의 장들 중에서 《농민시장의 사회학》과 직접 연관된 것들[2]은 상호 보완성을 갖는 두 책의 내용을 함께 읽음으로써 효용과 이해도를 높일 수 있게 양자의 연계성에 대해 부연 설명을 했습니다. 이번 책에 포함된 논문들의 수정, 보완 과정에서도 사전에 이런 점을 감안했습니다.

앞서 언급한 것처럼 1장 '도농통합형 공동체의 형성과 기속가능성의 매개공간, 농민시장'[3]은 농민시장의 기능을 오리건주 포틀랜드지역의 농민시장 사례들을 조사하여 경험적으로 확인해본 것이었습니다. 이 글의 원본은 2011년에 발표된 것이기 때문에 같은 지역에 위치한 농민시장들 중 '포틀랜드주립대학교 농민시장Portland State University(PSU) Farmers Market'을 다룬《농민시장의 사회학》8장과 함께 읽으면 좋을 것 같습니다. 물론 2011년 당시에 방문했던 농민시장은 PSU 농민시장이 아닌 다른 곳들이었습니다. 하지만《농민시장의 사회학》8장은 이 지역에서 운영되는 농민시장의 최근 현실에 근거해 농민시장의 일반적 기능과 특징을 이해하는 데 크게 도움이 될 것입니다. 포틀랜드지역의 농민시장 중 가장 대표적인 시장이 PSU 농민시장이고, 이를 대상으로 2013년과 2014년에 실시한 면접조사 결과와 2017년 중순경의 시장 현황 자료 등에 근거해 분석했기 때문입니다. 1장은 또한 '피플스 농민시장People's Farmers' Market'을 분석한《농민시장의 사회학》9장과 함께 읽기를 권하고 싶습니다. 2011년의 조사 대상지 중 한 곳이 피플스 농민시장이었기 때문입니다. 필자는 2013년과 2014년에도 이곳을 방문하여 조사를 실시한 바 있습니다.《농민시장의 사회학》9장은 도합 세 차례에 걸친 조사 결과를 한데 묶어 분석한 것이기 때문에 피플스 농민시장에 대한 또 다른 정보들을 여기서 구할 수 있을 것입니다.

2장 '농민시장과 저소득층 먹거리 정책의 만남'[4]은 PSU 농민시장을 비롯한 포틀랜드지역의 4개 농민시장에서 생산자농민, 소비자, 시장관리인을 대상으로 실시한 심층면접조사 결과와 이메일, 전화통화,

문헌조사 등을 통해 수집한 자료들에 기초해 집필한 것입니다. 따라서 이 책의 1장과 《농민시장의 사회학》 8장을 함께 이어서 읽으면 좀 더 많은 것을 얻을 수 있으리라 생각합니다. 2장의 내용은 2008년 포틀랜드주립대학교에서 안식년을 보내던 시기에 농민시장에 새삼 관심을 갖게 되면서 처음 썼던 글이라 필자에게는 각별한 의미가 있습니다. 필자의 개인적 추억과는 별개로 이 책 2장의 PSU 농민시장에 대한 내용을 2017년에 쓴 《농민시장의 사회학》 8장과 비교해본다면, 농민시장의 한 궤적을 짚어보는 셈이 될 것입니다. 두 글을 함께 읽다 보면, PSU 농민시장을 중심으로 이 지역의 농민시장에서 있었던 지난 10여 년간의 변화를 가늠해볼 수 있을 것입니다. 여기에 피플스 농민시장을 다룬 《농민시장의 사회학》 9장을 덧붙인다면, 더 말할 나위가 없겠지요.

3장 '농민시장의 경제사회학적 함의'[5]는 샌프란시스코에서 가장 유명한 페리 플라자 농민시장에서 농민판매인, 소비자, 농민시장의 임원과 직원을 대상으로 실시한 면접조사 결과에 기초해 2014년에 쓴 글입니다. 따라서 2014년 이후인 2015~16년의 자료를 추가해 이 시장에 대한 진전된 분석을 시도한 《농민시장의 사회학》 3장과 이 책의 3장을 함께 읽는다면, 페리 플라자 농민시장에 내포된 농민시장의 경제사회학적 함의를 보다 깊이 있게 파악할 수 있을 것입니다. 《농민시장의 사회학》 4장과 5장에서 살펴본 샌프란시스코지역의 또 다른 농민시장인 '도시의 심장 농민시장Heart of the City Farmers' Market'과 '알레머니 농민시장Alemany Farmers' Market'에 관한 내용도 일독을 권합니다. 이 두 시장 사례에 관한 글들과 위의 두 글을 종합적으로 비교하면, 샌프란시스코 농민시장의 특징과 기능을 더욱 선명하게 이해할 수 있을 것이기 때문입니다.

5장 '미국의 먹거리 정책과 공동체지원농업'은 미국의 농민시장이나 CSA가 미국 정부의 먹거리 정책의 큰 틀에서는 과연 어떤 위치를 점하고 있는지를 거시적 수준에서 점검한 글입니다. 이번 책과 《농민시장의 사회학》에서 소개한 내용들이 대부분 사례연구를 분석한 것이기 때문에 이런 부류의 글을 추가할 필요가 있다고 보았습니다. 《농민시장의 사회학》에서도 이런 점을 고려한 바 있습니다. 미국사회의 불평등과 농민시장의 관계를 살펴본 1장과 2장이 그것입니다. 특히 미국 정부의 영양 지원 프로그램, SNAP의 역사·목적·실태 등을 다룬 《농민시장의 사회학》 2장을 이 책의 5장과 함께 읽는다면, 미국의 먹거리 정책이 CSA나 농민시장과 맺고 있는 관계를 좀 더 심도 있게 파악할 수 있을 것입니다.

6장 '농민시장과 공동체지원농업의 특징과 활성화 방안'[6]은 《농민시장의 사회학》 6장, 7장과 함께 읽었으면 합니다. 왜냐하면 전자처럼 후자의 2개 장도 모두 오리건주 유진과 스프링필드의 농민들을 대상으로 연구한 것이기 때문입니다. 차이가 있다면, 후자에서는 농민시장에 초점을 두었고, 전자는 농민시장과 CSA를 동시에 다루었다는 점입니다.

두 책의 연관성을 엮어 설명하다 보니 얘기가 꽤 복잡해졌습니다. 앞서 언급한 것처럼, 이번 책과 《농민시장의 사회학》이 일종의 세트라는 전제에서 효율적인 동시 읽기를 겨냥해 부연하다 보니 그렇게 된 것 같습니다. 이번 책만 읽는 독자라면, 이 책에서 어느 쪽이든 눈길이 가는 장을 먼저 선택해 읽어도 무방합니다. 책을 구성하는 세부 장들이 상호 연관성은 있지만 개별 장들이 각각 그 안에서 제목으로 내건 주제를 나름대로 소화하고 있기 때문입니다.

셋째, 이번 책에서 먹거리 정책에 관한 5장을 제외한 5개의 장에서는 사진자료들을 여러 곳에 배치해 넣었습니다. 사진은 원래 2장으로 끌어온 논문에만 있었습니다. 하지만 이번에 책으로 보완해 내면서 이전에 조사하러 다닐 때 틈틈이 촬영해둔 사진들을 장별 보조 자료로 활용하기로 한 것입니다. 본문의 내용을 이해하는 데 도움이 되기를 기대합니다.

이 책은 2017년 정부(교육부)의 재원으로 한국연구재단에서 추진하고 있는 '한국사회과학연구(SSK)' 사업의 일환으로 수행된 결과물(NRF-2017S1A3A2066149)입니다. 이 사업의 유치와 연구센터 설치 및 운영 과정 전반에 도움을 준 강원대학교 관계자 여러분께 먼저 감사드립니다. 이번에도 이 책의 출판 제안에 선뜻 응해준 도서출판 따비의 박성경 대표와 시종일관 정성을 다해준 신수진 편집장께도 고마움을 전합니다.

2018년을 마무리하며

김원동

제1부

미국의 농민시장

1장

도농통합형 공동체의 형성과
지속가능성의 매개공간, 농민시장

머리말

국내에서 '농민시장'이라는 주제가 '지역먹거리체계local food system'나 '지역먹거리운동local food movement'[1]에 관한 논의의 일환으로 조금씩 다루어지기 시작했다. 농민시장 자체에 대한 학술적인 연구는 아직 많지 않지만 이 분야의 연구는 우리 사회에서 점차 활성화될 것으로 전망된다. 식량 자급률이 여전히 낮고, 안전한 먹거리의 지속적인 공급에 대한 우려가 날로 심화되고 있어[2] 그 대책의 하나로 농민시장에 대한 관심이 커질 개연성이 적지 않기 때문이다.

이 같은 시점에서, 미국 농민시장 연구는 우리의 농민시장 연구에 유익한 참고자료가 될 뿐만 아니라 농민시장을 성장시키는 데 필요한 많은 아이디어와 정책적 시사점들을 제공해줄 것이다. 그 이유는 무엇보다도 지난 20여 년 사이에 미국과 영국 등에서 농민시장이 다시 지속적인 성장세를 보이고 있기 때문이다(Pinkerton, 2009; Szmigin et al., 2003). 한때 '먹거리의 핵심적인 판로'이자 '공동체 활동의 정기적인 중심 축'이었던 농민시장이 수입 농산물과 중앙집중적인 전국적 먹거리 분배 네트워크의 먹거리 시장 장악으로 사실상 사라진 것이나 진배없었던 종전(Pinkerton, 2009: 114)과는 매우 대조적인 상황이 전개되고 있는 것이다.

미국 농민시장의 성장 추이는 정부의 공식 통계에서도 확인된다. 일례로 미국 농무부의 《2011년 전국 농민시장 주소록2011 National Farmers Market Directory》을 살펴보면, 2011년 중반 시점에서 집계된 미국 전역의 농민시장 숫자는 그 전년의 6,132개보다 1,000개 이상 증가한 7,175개였다.[3] 본 연구의 사례 지역인 미국 오리건주 포틀랜드시[4]도 비슷하다. '오리건주농민시장협회Oregon Farmers' Markets Association'에 회원으로 등록되어 있는 포틀랜드지역 소재 농민시장은 2011년 10월 현재 23개다.[5] 2008년 9월을 기준으로 조사된 이 지역의 농민시장이 15개였던 점(김원동, 2008: 49-50)과 비교하면, 지난 3년 사이에 50퍼센트 이상 늘어났음을 알 수 있다. 이런 성장세는 포틀랜드지역 농민시장을 미국 농민시장 연구의 전형적인 사례 지역으로 간주해도 별 무리가 없음을 시사한다.

그렇다면, 미국 농민시장에 관한 기존 연구에서 본 연구 주제와 관련해 되새겨볼 내용에는 어떤 것들이 있을까? 미국 농민시장에 관한 주요 사례연구에서 다루어진 주제와 주요 논지를 중심으로 살펴보면 다음과 같다.

우선, 미시간주의 농민시장 소비자들을 대상으로 한 콜라산티 등의 연구(Colasanti et al., 2010: 316-338)는 모든 소비자가 인구통계학적 배경에 따라 다소 차이는 있지만 농민시장에서 제공되는 신선한 지역 먹거리local food를 가치 있게 생각하고, 그런 먹거리를 기대한다는 점을 보여준다. 하지만 이 연구는 그런 가치를 공유함에도 소비자들이 현실적으로 직면하는 시장 이용의 편의성 정도, 경제적 여력, 농민시장에서의 인종차별적 경험 같은 차이로 인해 실질적인 농민시장 이용도는 차이가 있음을 지적한다.

한편, 샌프란시스코만에 위치한 상이한 성격의 2개 농민시장을 18개월간 조사한 앨콘(Alkon, 2008a: 487-498)은 판매인과 고객, 시장 관리인 등이 지속가능한 영농, 환경정의 같은 목표와 자신들의 생존 전략을 사이에 두고 긴장 상태에 놓이게 된다는 점에 주목한다. 또 이 연구에서는 양자의 동시적 추구 과정에서 야기될 수 있는 모순적 상황에서 이들이 타협적 대응을 한다는 흥미로운 사실을 보여준다. 또 앨콘은 앞서와 동일한 조사 결과를 놓고 초점을 다소 달리한 논문 (Alkon, 2008b: 271-289)에서 농민시장의 성격에 따라 해당 지역 구성원들의 환경의식도 상이한 방식으로 형성된다는 점을 강조한다. 이를 테면, 부유한 백인이 주된 고객인 버클리 북부지역의 농민시장에서는 소비자들이 지역에서 재배한 유기농 먹거리의 구입을 야생성 또는 환경과 연결된다고 생각하는 경향을 보였다. 그에 반해, 오클랜드 서부지역 농민시장의 주요 이용객인 아프리카계 미국인들은 농민시장을 흑인 농민 후원, 농지 보호 및 친환경 먹거리에 대한 지역소비자의 접근성 확대 등을 통해 환경정의를 추구하는 공간으로 보는 경향이 있다는 것이다. 그런가 하면, 포틀랜드지역 농민시장의 현황과 과제를 주로 경제학적 측면에서 조명한 보고서도 눈에 띈다(Barney & Worth, 2008). 이 보고서는 농민시장의 시장점유율, 판매액, 농민 현황 등을 분석하여 제시하고, 포틀랜드지역 농민시장의 개장 시기 연장, 새로운 시장 개척, 농민시장 외의 직판 경로 확충, 경쟁 심화에 대한 대비책 마련, 자치단체의 역할 강화 같은 과제를 다룬다.

　한편, 국내의 연구 성과들로 눈을 돌려보면, 미국 농민시장 연구는 아직 일천함을 알 수 있다. 선행연구 자체가 몇 편에 불과하기 때문이다. 이 장의 주제와 연관된 것으로는 포틀랜드지역 농민시장의 운영 실태를 저소득층의 농민시장 이용 촉진을 위한 미국 정부의 정책에 초점을 맞춰 분석한 연구(김원동, 2008)가 있다. 또 미국 농민시장의 역사적 성장 과정과 특징, 미국 정부의 농민시장 지원 프로그램, 농민시장의 이점 등을 개괄적으로 검토하여 소개한 연구가 있다(박덕병, 2004). 이와 유사한 맥락에서 미국 농민시장의 발전, 운영 실태, 이점과 문제점 등을 다각도로 정리하고, 농민시장 규칙의 사례를 제시한 연구도 있다(김종덕, 2008: 149-170).

　이와 같이 미국 농민시장에 관한 국내의 연구 성과는 적은 편이지만 해외에서 이뤄진 지역사례 연구들도 있으므로, 그것의 일반적 현황, 의의, 과제 등에 대한 내용은 이미 국내에서도 어느 정도 알려져 있다. 그럼에도 먹거리를 토대로 농촌과 인근의 도시 주민을 하나의 생활공동체의 구성원으로 엮어주고 이어가는 사회적 기능을 수행하는 공간이라는 측면에서의 농민시장에 대한 검토는 제대로 이루어지지 못한 것으로 보인다. 더구나, 특정한 지역 사례에 초점을 맞춰 농민시장의 여러 구성 주체를 심층면접법에 근거해 동시에 검토한 연구는 거의 없는 듯하다.

이 같은 문제의식 아래, 이 장에서는 미국 오리건주 포틀랜드지역의 농민시장을 사례로 선정하여 여기에 관여하는 다양한 참여자, 즉 농민판매인, 소비자, 시장관리인, 장터 연주자 등을 심층면접하여 이들의 생생한 목소리를 최대한 담아보려 한다. 특히, 농민시장이 과연 어떤 측면에서 도농통합형 생활공동체의 형성과 지속가능성의 매개공간으로 기능하는지를 구체적으로 밝히는 데 역점을 둘 것이다.

농민시장의 기능적 다양성과 면접조사 개관

농민시장의 사회적 기능

현대사회는 곧 도시사회를 의미한다고 해도 과언이 아닐 정도로 우리는 대부분 도시지역에 몰려 살고 있다. 세계적 수준에서 전개되어온 급속한 도시화로 대부분의 사회가 농촌사회에서 도시사회로 탈바꿈했기 때문이다. 그러면, 사회구성원의 대다수가 먹거리를 생산하는 농촌과는 동떨어진 도시지역에 거주하면서도 삶에 필요한 다양한 먹거리를 세계 도처에서 공급받을 수 있게 된 원인은 어디에 있을까?

철도·트럭·선박·비행기와 같은 먹거리 운송수단의 발달, 운송비용의 감소·저비용으로 먹거리의 장기 저장과 장거리 운송을 가능하게 해준 식품공학 기술의 발전, 냉동식품산업의 팽창 등이 그 주된 원인으로 간주된다. 인구의 도시지역 편중에 따른 생산지와 소비지 간의 거리 확대에도 불구하고 도시 주민들에게 먹거리의 대량 공급이 가능해진 것은 이러한 복합적인 요인이 작용했기 때문이다(브라이언 헬웨일, 2006: 45-67). 특히, 지구화globalization와 자본주의의적 시장의 발달은 국가 간의 대규모 먹거리 교역을 촉진해왔고, 이른바 '지구적 먹거리체계global food system'를 구축하기에 이르렀다.

미국의 농업과 먹거리도 지구화·산업화의 물결에 따라 지구적 먹거리체계의 경로를 밟아왔다. 하지만 다른 한편으로는 이에 맞서 지역에 토대를 둔 먹거리 생산을 추구하는 움직임이 다시 등장했다. 이같은 활동들은 공동체의 사회경제적 발전과 긴밀하게 연계되어 있다는 점에서 '시민농업civic agriculture'이라고 불리기도 한다. 물론 이런 시민농업이 아직 관행농업과 주류 먹거리산업에 대적할 만한 수준은 아니지만[6] 그것의 사회적, 경제적, 환경적 파행성에 대한 '하나의 지속가능한 대안a sustainable alternative'이 되고 있음은 분명해 보인다. 그리고 이런 시민농업의 대표적인 한 형태가 바로 '농민시장'이다(Lyson, 2004: 1-2).

이와 같은 논의에서 읽어낼 수 있는 것 중 하나는 농민시장이 공동체와 관련해 모종의 사회적 기능들을 수행하고 있다는 점이다. 그렇다면, 그간의 선행연구에서 지적된 농민시장의 일반적 기능은 과연 어떤 것일까? 여기서는 세 가지로 대별해 살펴보려 한다.

첫째, 경제적 기능이다. 농민시장은 기본적으로 농민판매인*과 도심의 소비자가 먹거리의 매매를 목적으로 모이는 공간이다. 앞서도 언급

---

* 여기서 말하는 '농민판매인farmer-vendor'이란 생산자로서 농민인 동시에 농민시장에서 자신의 생산물을 소비자에게 직접 판매하는 사람을 가리킨다.

했듯이 비록 농민시장이 시민농업의 일환으로 먹거리의 대안적 지향점을 갖고 재활성화되고 있는 것(Lyson, 2004, 2007)은 사실이지만 농민시장도 자본주의체제 속에서 상품을 파는 시장인 만큼 그 1차적 기능을 경제적인 측면에서 찾는 것은 불가피하다. 이를테면, 지역먹거리체계를 구성하는 농산물 직거래 장터의 대표적인 두 가지 유형으로서 '농민시장'과 '공동체지원농업'을 분석한 힌리히스Hinrichs의 연구(2000: 295-303)는 이 점을 잘 보여준다. 그에 의하면, 농민시장에는 생산자와 소비자 간의 긴밀한 사회적 연대감도 있지만 그 이상으로 상품 관계가 내재해 있다고 한다.[7] 이 같은 농민시장의 경제적 기능은 지역농민의 생계유지, 지역순환경제의 창출 같은 측면에서도 확인됨은 물론이다.

둘째, 친환경적 기능이다. 농민시장은 신선하고 안전한 농산물을 원하는 소비자들의 욕구에 맞춰 농민들이 친환경적 영농을 하도록 유도함으로써 토양 및 수질 오염을 막는 데 기여한다. 또 농민시장은 농산물의 원거리 운송에 소요되는 에너지를 줄임으로써 대기오염의 발생을 감소시킨다(김종덕, 2008: 162). 뿐만 아니라 농민시장을 이용하는 인근 도시의 소비자들에게 지역먹거리 공급지로서 농촌과 농지 보전의 가치[8], 더 나아가 지역농민의 소중함을 인식하게 함으로써 도시의 무분별한 확산을 경계하게 한다(김원동, 2008: 59). 이런 점에서 농민시장은 친환경적 기능을 수행한다고 볼 수 있다. 미래의 영농 방향이 지금과 같은 '산업적 먹거리체계'에서 '생태학적 먹거리체계'로 전환되어야 함(Kirschenmann, 2008: 106-121)을 고려한다면, 농민시장의 친환경적 기능은 앞으로도 더욱 부각될 것으로 보인다.

셋째, 공동체적 기능이다. 농민시장에서의 소비는 대형 매장이나 슈퍼마켓 등에서의 소비와는 여러 가지로 차이가 있다. 이를테면, 대형 매장에서 장을 보거나 인터넷 쇼핑을 할 때 소비자는 생산자나 판매인과 친밀한 개인적 상호작용을 하기 어렵다. 스미긴 등(Szmigin et al., 2003: 542-550)은 이 점을 지적하면서 농민시장이 공동체의식을 되찾는 공간이 된다는 점을 부각시킨다. 소규모 지역 가게들의 쇠퇴와 슈퍼마켓의 성장 과정에서 생산자나 판매인과 인간적, 정서적으로 소원해졌던 소비자들이 농민시장에서의 소비 행위를 계기로 소비자 자신은 물론이고 생산자와의 관계에서도 공동체의식을 형성하게 된다는 것이다.

이 가운데 앞의 두 가지 기능은 먹거리의 안전성 확보나 소비자의 영양 및 건강 증진에 미치는 농민시장의 영향에 관한 또 다른 논의들과 더불어 지금까지 비교적 많이 다루어졌다. 세 번째 기능에 대한 원론적 수준에서의 지적도 물론 여러 곳에서 쉽게 볼 수 있다. 하지만 도농 주민 간 공동체의식의 형성과 지속이 어떤 맥락에서 가능한지를 농민시장 관계자들을 대상으로 한 심층면접조사 결과에 의거해 체계적으로 살펴본 연구는, 그 중요성에도 불구하고 눈에 띄지 않는다. 이는 이 장의 연구를 추동한 문제의식이기도 하다.

면접조사의 방식과 장소 및 면접 대상자

이번 연구의 면접조사는 미국 오리건주 포틀랜드시와 그 인접 시 지역에서 2011년 2월 7일부터 2월 15일 사이에 집중적으로 실시했고,[9] 면접은 짧게는 10여 분, 길게는 1시간 이상에 걸쳐 이뤄졌다. 면접은 세 가지 방식으로 진행되었다.

첫 번째 방식은 필자가 현지 시장을 방문해 그곳에서 실시한 면접이다. 포틀랜드시지역의 농민시장 중에서 겨울철에도 열렸던 '로이드 농민시장Lloyd Farmers Market'[10]과 '피플스 농민시장Peoples Farmers' Market'[11], 그리고 인근 도시의 '맥민빌 퍼블릭 마켓McMinnville Public Market'[12]에서의 면접이 그것이다. 이 세 곳의 장터에서 필자는 농민판매인 4명, 피고용 판매인 1명, 소비자 3명, 시장관리인 1명, 농민시장 연주자 2명을 면접했다.

두 번째 방식은 시장 대신 포틀랜드 시내의 카페나 소비자의 영업장, 사무실 등에서 이루어졌던 면접이다. 면접 대상자는 겨울철에도 장터가 열리지만 필자의 제한된 일정으로 인해 방문 기회를 놓쳤던 '힐스데일 농민시장Hillsdale Farmers' Market'[13]의 시장관리인 1명과 이 시장의 일반 소비자 5명, 그리고 한겨울에는 개장하지 않는 '포틀랜드 농민시장Portland Farmers Market'* 소속의 시장관리인 1명 등이었다.

세 번째 방식은 농장을 직접 찾아가 실시했던 면접이다. 필자는 포틀랜드에서 다소 떨어진 곳에 위치한 체리농장 한 곳을 방문해 포틀랜드지역 농민시장에서 판매인으로도 활동하는 농민판매인 2명을 대상으로 면접조사를 실시했다.

---

* 필자가 이 글에서 사용하고 있는 '포틀랜드 농민시장'과 '포틀랜드지역의 농민시장'은 그 의미에 있어 차이가 있다. 전자는 2011년 10월 현재 포틀랜드 도심지역에서 운영 중인 6개 농민시장의 연합체, 즉 '포틀랜드주립대학교Portland State University' 캠퍼스에서 열리는 포틀랜드 농민시장, '셰먼스키Shemanski' 공원에서 열리는 포틀랜드 농민시장, 트리니티 성공회 성당에 인접한 주차장에서 열리는 '노스웨스트Northwest' 포틀랜드 농민시장, '파이어니어Pioneer' 법원 광장에서 열리는 포틀랜드 농민시장, 힌슨Hinson 침례교회 주차장에서 열리는 '버크먼 Buckman' 포틀랜드 농민시장, '킹King' 초등학교에 인접한 주차장에서 열리는 '킹' 포틀랜드 농민시장을 뜻한다(http://www.portlandfarmersmarket.org). 그리고 후자는 이러한 6개의 농민시장을 포함하여 포틀랜드시의 전 지역에서 운영되고 있는 농민시장을 모두 포함하는 용어다.

표 1-1 면접 대상자

사례 식별기호	성별	연령대	비고
사례 1-1	여	20대 중반	시장관리인(Portland FM)
사례 1-2	남	–	시장관리인(Hillsdale FM과 Llyod FM)
사례 1-3	여	60대 초반	소비자(한국계 미국인)
사례 1-4	남	60대 초반	소비자(한국계 미국인)
사례 1-5	여	40대 초반	소비자(일본계 미국인)
사례 1-6	여	70대 후반	소비자
사례 1-7	여	40대 중반	소비자
사례 1-8	여	20대 초반	소비자(대학생)
사례 1-9	여	20대 중반	소비자
사례 1-10	남	20대 중반	소비자
사례 1-11	남	20대 중반	피고용 판매인
사례 1-12	남	20대 후반	농민시장 연주자
사례 1-13	여	20대 중반	농민시장 연주자
사례 1-14	남	50대 후반	농민시장 판매인(버섯)
사례 1-15	남	60대 초반	농민시장 판매인
사례 1-16	여	60대 초반	농민시장 판매인
사례 1-17	여	30대 초반	농민시장 판매인
사례 1-18	여	60대 후반	퍼블릭 마켓 판매인
사례 1-19	여	–	퍼블릭 마켓 시장관리인
사례 1-20	남	40대 초반	농민시장 판매인

이렇게 해서 이번 조사에서는 판매인 7명, 소비자 8명, 시장관리인 3명, 농민시장 연주자 2명 등 모두 20명을 대상으로 면접조사를 했는데, 이들에 대한 기본 사항을 간단하게 정리하면 〈표 1-1〉과 같다.

이처럼 면접 대상자를 농민시장과 연관된 여러 범주의 사람들 중에서 골고루 선별하여 심층면접을 시도했던 것은 다음과 같은 이유에서다.

첫째, 이 연구 주제가 성과를 거둘 수 있으려면 농민시장의 형성과 운영에 있어 필수적인 여러 주체의 생각을 균형 있게 들어보고, 이를 종합적으로 분석할 필요가 있다고 보았기 때문이다. 이런 문제의식을 갖고 필자는 면접 대상자를 농민판매인을 비롯한 판매인[14], 소비자, 농민시장의 시장관리인, 농민시장 연주자 등으로 일단 나눈 후 각 범주에서 다시 몇 명씩을 할당해 면접에 포함시켰다.

둘째, 문헌연구에서는 제대로 포착해낼 수 없는 농민시장 관계자들의 의견을 여러 각도에서 세세하게 이끌어내기 위해서는 심층면접이 매우 요긴한 방법이 될 수 있다고 생각했기 때문이다. 이번 현지조사에서 피면접자들은 필자의 기대 이상으로 여러 질문과 장시간의 면접에 매우 성실하고 진지하게 응해주었기 때문에, 적어도 이런 방법론적 접근은 소기의 목적을 달성한 것으로 보인다.

이런 판단 아래 필자는 본문에서 피면접자들의 견해를 다소 길더라도 가능한 한 직접 인용의 형식으로 그대로 전달하고자 한다. 이런 방식이 면접 내용의 자료적 가치와 논지를 좀 더 분명하게 보여줄 것으로 기대하기 때문이다.

도농통합 공동체의 형성과
지속가능성의 매개공간, 농민시장

지역먹거리의 구성요소로서의 '지역': 개념적 이해

이 소주제와 관련하여 살펴보려는 것은 다음 세 가지 측면이다. 첫째, 미국이나 영국 등에서 '지역먹거리'라고 할 때 어느 정도 거리에서 생산되고 운송된 먹거리를 가리키는지, 또 그에 관한 일반적인 합의는 존재하는지를 기존 연구 성과들을 검토해 알아보려 한다. 둘째, 오리건주 포틀랜드와 그 인근지역의 농민판매인, 농민시장 관리인, 소비자 등은 이 문제에 관해 어떤 생각을 하고 있는지를 문헌조사보다는 주로 이들의 목소리를 통해 직접 확인하고자 한다. 셋째, 포틀랜드 농민시장에 관한 최근의 연구 성과와 농민시장 관련 주요 인터넷 사이트에 게시된 자료의 검토를 통해 이 문제에 관한 인식을 점검하려 한다. 이 세 가지 방향에서의 객관적·주관적 근거를 토대로 포틀랜드와 인근지역 주민들의 '지역'에 관한 개념적 인식이 무엇인지를 종합적으로 판단하고자 한다.

먼저, 영국의 경우를 살펴보자. 영국의 '전국농민소매시장연합회 Farmers' Retail and Market Association, FARMA'의 기준에 의하면, '지역적인 것 the local'이라고 명명할 수 있으려면 생산지로부터 시장까지의 최대 이동거리가 100마일(약 161킬로미터)이다. 하지만 농민시장의 여건에 따라 어떤 곳에서는 50마일, 심지어 30마일 이내의 거리로 한정하기도 한다. 또 농민시장이 농경지로부터 상대적으로 멀리 떨어져 있는 도시지역의 경우에는 그렇지 않은 곳보다 이동거리의 규정이 좀 더 관대한 경우가 많다(Pinkerton & Hopkins, 2009: 114). 결국 영국에서 '지역적인 것'의 정의는 일부 농민단체에 의해 제시된 절대적 기준을 따르기도 하지만 해당 지역의 여건에 따라 다르다고 볼 수 있다.

미국도 영국의 경우와 사정이 크게 다르지 않은 듯하다. '생산지로 부터 400마일 이내의 거리' 혹은 '특정한 먹거리의 생산이 이루어진 해당 주州 이내'라는 식의 규정을 발견할 수 있다. 하지만 '지역적인 것' 이라는 용어가 생산지와 소비지 간에 어느 정도의 거리를 상정하는 것인지에 관해서는 여전히 의견이 분분할 뿐 일반적인 합의에 이르지 못한 상태다(Martinez et al., 2010: iii).

그러면, 포틀랜드와 인근지역의 농민시장 관계자들은 '지역적인 것' 의 개념을 과연 어떻게 인식하고 있을까?

포틀랜드지역 농민시장 이용자들에 대한 선행조사 결과(김원동, 2008: 37-86)와 마찬가지로, 이번 면접 과정에서 소비자들은 농민시장 에서 만나는 판매인들을 그들의 영농 지역을 따지지 않고 하나같이 '자기 지역'의 농민으로 인식하고 있는 것으로 나타났다. 이런 점을 염 두에 두고 필자는 농민시장의 판매인들이 지역적인 것을 스스로 어떻 게 이해하고 있는지를 집중적으로 알아보았다.

계절별로 여러 곳에서 야생 버섯을 채취해 30년째 장사를 하고 있 고, 농민시장에서 참여한 지도 12년째라고 얘기한 판매인(사례 1-14)은 지역적인 것의 기준을 먹거리의 신선도를 뒷받침해줄 수 있는 일정한 거리라고 했다.

맛과 품질이지요. 신선함freshness 말입니다. 저는 제가 누구에게 먹거리 를 구입하는지, 그런 먹거리가 어떻게 재배되었고, 농지에는 무엇이 들어

사진 1-1 겨울철의 로이드 농민시장

갔는지, 또 만일 농작물에 뭔가를 뿌렸다면 그게 무엇인지를 생산자농민과의 대화를 통해 알고 있습니다. 당신이 먹고 있는 것에 관해 의아하게 생각하기보다 그 내용을 아는 것이 당신의 마음을 편하게 해줄 겁니다. 지금 이 장소에서 100마일 이내의 거리에서 생산된 것이면 지역먹거리라고 할 수 있습니다.

20대 중반 정도로 보였던 젊은 피고용 판매인(사례 1-11) 역시 100마일 이내의 거리를 지역먹거리의 통념으로 알고 있다고 얘기했다. 그러면서도 그는 거래되는 먹거리의 종류에 따라 지역먹거리의 의미는 다를 것이라는 색다른 의견을 제시했다.

저는 늘 우리 시장이 위치해 있는 곳으로부터 100마일 이내의 거리라는 얘기를 들었습니다. 하지만 소규모 지역에서는 육류보다는 채소류를 재배하는 사람들이 더 많습니다. 그러니까 농민시장에 육류를 대는 축산 농가는 100마일보다는 더 먼 곳에서 올 수밖에 없을 것 같습니다.

그런가 하면, 농민판매인들의 상당수는 '지역먹거리'에 내재해 있는 '지역' 개념을 절대적인 거리보다는 공동체와 시장의 여건에 따라 달라질 수 있는 상대적인 개념으로 파악하고 있었다. 한 여성 농민판매인(사례 1-16)의 얘기를 들어보자.

일반적으로 농민시장에서 50마일 이내의 거리라고 생각해요. 이를테면, 워싱턴주에 위치한 밴쿠버Vancouver시나 배틀그라운드Battle Ground시에서 포틀랜드지역의 시장으로 내려오는 사람들이 있습니다. 우리는 여기서 올라가야 되지요. 코밸리스Corvallis시의 경우에는 농민시장과의 거리가 매우 가깝기 때문에 30마일 이내의 거리가 될 수 있습니다. 저로서는 정확한 기준을 모르겠습니다만, 시장의 주변 여건에 따라 조금씩 다르다고 봅니다. 오리건주 내에서도 지역에 따라 경작 여건이 다릅니다. 오리건주 중앙지역에는 여기와는 달리 농지가 없기 때문에 좀 더 멀리 떨어진 곳에서 경작하는 농민들이 시장으로 와야 합니다.

포틀랜드 인근 맥민빌McMinnville시의 한 퍼블릭 마켓[15]에서 만난 60대 후반의 여성 농민판매인(사례 1-18)은 앞서 살펴본 여성 판매인과 기본적으로 유사한 견해를 제시하면서도 '지역적인 것'의 의미를 좀 더 분명하게 규정했다.

당신이 거주하는 곳이 어디냐에 따라 지역적인 것이 갖는 의미는 조금

사진 1-2 맥민빌시에 있는 퍼블릭 마켓

씩 다르다고 봐야 합니다. 만일 당신이 포틀랜드 시내에 거주하고 있다면, 당신이 접하는 농민 중 일부는 분명히 외곽지역에서 경작하는 사람일 겁니다. 그런데 지금 이곳에서 지역적인 것이 갖는 의미는 다릅니다. 여기서 지역적이라는 말은 내 농장에서, 아마도 길거리로 얘기하자면 네 블록 정도의 범위 안을 의미할는지도 모릅니다. 마을 자체가 그만큼 작기 때문이지요. 규모가 좀 더 큰 마을의 경우에는 사람들이 멀리 떨어진 곳에서 시장을 찾아와야 하지만 시장 자체는 훨씬 양호한 편입니다. 도심에 밀집되어 생활하는 많은 사람이 신선한 지역산물을 찾기 때문입니다. 하지만 정작 농민들은 100마일 떨어진 곳에서 와야 할지도 모릅니다.

코밸리스시에서 농장을 하는 농민판매인[16]의 답변에서도 위의 두 판매인과 거의 비슷한 인식을 확인할 수 있다.

저희 생산물의 90퍼센트는 저희 농장에서 100마일 이내 거리에서 팔립니다. 만약 당신이 코밸리스에 거주하고 있다면, 저희 농장의 먹거리가 시장까지 이송되는 거리는 5마일입니다. 당신이 비버턴Beaverton에 산다면, 저희 먹거리는 75마일을 가야 합니다.

이와 같이 지역적인 것을 주변 여건에 따라 달라질 수 있는 유연한 개념으로 이해하기도 하지만, 또 다른 농민판매인(사례 1-20)이나 대학생 소비자(사례 1-8)처럼 주 경계 이내 정도의 거리로 이해하는 이들도 종종 볼 수 있었다.

그러면, 이 지점에서 포틀랜드 농민시장에 관한 기존의 연구들은 포틀랜드와 인근 주민들의 지역 이해를 파악하는 데 어떤 도움을 줄 수 있는지 점검해보자.

포틀랜드지역 농민시장에 대한 바니앤드워스사Barney & Worth, Inc의 실태조사 보고서[17]에 의하면(2008: 18), 포틀랜드 농민시장에서 거래되는 신선한 농산물의 거의 절반은 포틀랜드시의 30마일 내에서 공급되는 것들이고, 그 반경을 100마일 내로 확대하면 약 90퍼센트에 이르는 것으로 나타났다.[18]

그러면, 포틀랜드의 시 경계에서 100마일은 행정구역상으로는 어느 정도 지역까지를 포함하는 것일까? 이 물음에 답하려면 포틀랜드시의 지리적 위치와 주 경계 등을 염두에 두고, 시지역에서 남쪽 방향으로의 거리를 짚어볼 필요가 있다. 여기서 남쪽으로 시선을 돌리는 이유는 포틀랜드가 오리건주에서는 서북쪽의 거의 끝자락에 위치해 있고, 컬럼비아Columbia강을 경계로 워싱턴주와 바로 맞붙어 있기 때문이다. 포틀랜드시 경계에서 남쪽 방향으로 100마일 정도 떨어진 곳이라고 하면, 고속도로 아이 파이브I5를 타고 편도 1시간 30분 정도면 이동할 수 있는 주 경계 내의 유진Eugene시 정도까지의 지역이 포함된다. 하지만 이런 개략적인 거리 계산이나 추정만으로는 농민시장에 참여하는 농가의 거리적 위치에 담겨 있는 지역적인 것의 의미가 분명하게 드러나지 않는다. 따라서 그 의미를 좀 더 분명하게 파악하기 위해서는 객관적 자료에 근거한 추가적인 분석을 시도할 필요가 있다. 이런 관점에서 필자는 그 한 가지 방법으로 포틀랜드지역의 농민시장 중 가장 규모가 크고 홈페이지도 체계적으로 운영하고 있는 '포틀랜드 농민시장' 홈페이지에 게시된 판매인 명부vendor list를 분석해보기로 했다.

포틀랜드 농민시장의 자체 소개에 의하면,[19] 이 시장은 워싱턴주의 남서쪽 지역과 오리건주에 근거를 두고 있는 농장, 종묘장, 제빵점, 육류 및 해산물 제공업자, 치즈 제조업자, 지역특산 먹거리 생산자 등으로 구성된 250명 이상의 판매인을 6개의 개별 장터에서 소비자들과 직접 연결해주고 있다고 한다. 하지만 포틀랜드 농민시장 홈페이지의 판매인 명부를 확인했더니 명부에 실제로 올라 있는 생산자/판매인 숫자는 2011년 10월 기준으로 앞서 언급된 숫자보다는 다소 적은 163명이었다. 명부에서 개별 판매인 명단을 하나씩 눌러가며 주소를 기준으로 분류, 집계해보았다. 판매인들의 주소가 포틀랜드지역인 경우는 49개로 30.1퍼센트, 포틀랜드와 시 경계를 접하고 있거나 근거리에 위치한 비버턴, 알로하Aloha, 포레스트그로브Forest Grove, 그레셤 Gresham, 힐스버러Hillsboro, 타이거드Tigard, 후드리버Hood River, 코닐리어스Cornelius, 맥민빌 등에는 32개로 약 20퍼센트를 차지하고 있었다. 그리고 이 지역들을 지나 오리건주 남쪽으로 더 내려가서는 세일럼Salem에서 정션Junction, 코밸리스를 거쳐 유진[20]까지 분포되어 있었다. 그런가 하면, 포틀랜드시에서 컬럼비아강의 교량을 건너면 바로 접하게 되는 미국 서부의 3개 주 가운데 최북단인 워싱턴주에 주소를 둔 판매인 농가 숫자는 13개로 8퍼센트 정도의 비중을 차지하고 있었다.

지금까지의 검토 내용을 종합할 때, 지역먹거리에서 상정하고 있는 '지역' 또는 '지역적인 것'의 의미는 다음과 같이 요약할 수 있을 듯하다.

첫째, 지역적인 것이란 농민시장이 열리는 도시지역의 규모와 시장에 공급되는 먹거리의 종류에 따라 절대적인 거리만으로는 단정하기 어려운 상대적 속성을 지닌 개념이라는 점이다. 포틀랜드시 자체가 오리건주에서 가장 규모가 큰 도시지역이다 보니 근거리의 농가뿐만 아니라 100마일 정도 떨어진 농가에서도 먹거리가 공급되고 있다는 사실이 이런 판단을 뒷받침한다. 이는 또한 포틀랜드보다 소규모의 도시지역일 경우에는 근거리에서도 지역의 먹거리 수요를 충족시킬 가능성이 크기 때문에 지역적인 것의 범위가 상대적으로 좁게 인식될 수 있음을 의미한다.

둘째, 농민시장의 판매인이나 소비자 등은 지역적인 것을 시나 주 경계 같은 행정구역에 제한되는 것으로 인식하지 않는다는 점이다. 앞서 살펴본 농민시장의 판매인들을 대상으로 한 면접 내용이나 포틀랜드지역의 농민시장 실태조사 결과, 그리고 포틀랜드 농민시장 판매인 명부에 대한 분석 결과 등이 이를 입증한다.[21]

셋째, 앞서 지적한 바와 같이 행정적 구획에 얽매이는 것은 분명히 아니지만 적어도 포틀랜드와 인근 주민들은 지역적인 것을 생각할 때 주 경계를 어느 정도 염두에 두고 있다는 점이다. 이런 추론의 경험적 근거는 판매인들의 생산지 위치가 오리건주 내에서는 포틀랜드에서 100마일이나 떨어진 유진에 이르기까지 폭넓게 퍼져 있는 데 반해 인접한 워싱턴주에서는 아주 가까운 일부 지역에 국한되어 있다는 점에서 찾아볼 수 있다. 포틀랜드 농민시장에서 판매인으로 활동하는 워싱턴주의 생산자들은 아마도 워싱턴주의 북쪽 지역으로는 훨씬 먼 곳의 시장까지 올라가 자신들이 생산한 먹거리를 공급할 것으로 짐작된다.

이런 논의들은 결국 포틀랜드와 인근지역 농민시장 관계자들이 지역먹거리에서 말하는 '지역'을 포틀랜드시의 규모와 지리적 위치, 먹거리 시장의 여건, 생산자와 주민의 생활권역 같은 특수한 여건들을 반영한 상대적 개념으로 이해하고 있음을 보여준다.

농민시장의 '먹거리': 시장 경쟁력과 도농통합의 원천

농민시장의 첫 번째 존립 목적은 생산자와 소비자 간에 이루어지는 먹거리의 거래에 있다. 따라서 농민시장의 사회적 의미를 탐색하는 과정에서는 이 '먹거리'의 정체와 사회적 기능을 깊이 있게 검토할 필요가 있다. 농민시장의 먹거리가 지역에서 재배된 신선한 먹거리라는 식의 소개는 지금까지 무수히 있었지만 그간에 생산자와 소비자를 비롯한 시장 관계자들의 목소리가 다양하고 생동감 있게 전달되지는 못했던 것 같다.

이런 관점에서, 필자는 조사 대상자들과의 면접 결과를 중심으로 다음과 같은 몇 가지 물음에 대한 답변을 찾아보고자 한다. 이를테면, 농민시장의 판매인들이나 소비자들은 지역공동체와 관련하여 먹거리의 기여도나 비중을 실제로 어떻게 생각하고 있는가? 농민시장에서 거래되는 먹거리의 품질은 어떤 수준이고, 가격의 정당성은 어디서 확보할 수 있는가? 농민시장에서 제공되는 먹거리와 다른 매장의 유기농 먹거리 간의 차별성은 무엇인가? 생산자와 판매인, 그리고 소비자는 먹거리의 품질에 관해 어떻게 생각하는가? 농민시장에서 판매되는 먹거리의 품질을 유지하고 강화하기 위한 농민시장 자체의 자율적 규제 장치는 존재하는가? 농민시장에서 거래되는 먹거리 품질에 대한 판매인, 시장관리인, 소비자 등의 평가에 함축되어 있는 사회적 의미는 무엇인가?

농민시장의 먹거리가 지역공동체에서 갖는 비중에 관한 견해는 필자의 기대 이상으로 명쾌했다. 지역공동체에 대한 농민시장의 기여를 중요도에 따라 순서대로 지적해달라고 했을 때, 농민시장의 판매인들[22]은 주저함 없이 신선한 먹거리의 지속적인 공급을 첫 번째 기여로 꼽았기 때문이다. 이는 곧 농민시장의 존립 근거가 무엇보다도 먹거리 자체에 있고, 이런 점에서 농민시장의 성격을 파악하는 작업에서는 이에 주목할 필요가 있음을 확인해준다.

농민시장의 자원봉사자로 4년, 그리고 이어서 지금은 4년차 시장관리인으로 일하고 있는 젊은 여성(사례 1-1)은 농민시장에서 제공되는 먹거리의 품질적 우수성과 가격의 합리성을 다음과 같은 맥락에서 설명했다.

저는 당신의 건강에 가장 좋으면서도 신선한 먹거리를 바로 농민시장에서 구할 수 있다고 생각합니다. 그렇게 얘기하는 데는 몇 가지 이유가 있습니다. 그 이유 중의 하나는 바로 먹거리의 신선도에 있습니다. 당신이 농민시장에 가면 수확한 지 24시간 이내인 먹거리를 사게 될 것이기 때문입니다. 농작물은 따는 그 순간부터 신선도가 떨어지기 시작하기 때문에 어떤 때는 농민판매인이 한밤중에 밭에서 따서 오늘 아침에 갖고 나온 작물을 살 수도 있습니다. 그러니까 농민은 이틀 전에 수확한 작물을 농민시장에서 팔려고 하진 않습니다. 반면 일반 식료품점, 다시 말해, 전통적인 식품점에서 파는 먹거리는 밭에서 수확한 지 이미 여러 날 지난 것들입니다. 그런 먹거리는 수확한 지 무척 오래된 것들이고, 영양적인 측면에서도 품질이 다소 떨어지는 것들입니다. 우리는 또 농민시장에서 거래되는 먹거리는 진짜 비용을 반영한다고 생각합니다. 소규모 영농은 대규모 산업적 영농보다 훨씬 더 노동집약적입니다. 하지만 소규모 영농은 더 지속가능한 영농을 하게 합니다. 불필요한 화학약품을 환경에 쏟아 붓지 않습니다.

일반 식품매장과는 구별되는 먹거리의 신선도[23]가 품질의 우수성을 담보하고, 비용과 품이 많이 드는 친환경적·노동집약적 영농 과정에서 비롯되는 비용은 가격에 자연스럽게 반영되게 마련이라는 주장이다.

한 여성 농민판매인(사례 1-16)은 앞서의 농민시장 관리인과 기본적으로 같은 입장이면서도 체리 초콜릿 생산과 유기농 체리 재배 및 건조 체리의 공정 과정을 예로 들며 자신들의 먹거리 가격의 정당성과 인기의 이유를 구체적으로 설명했다.

우리 농장에서 생산되는 초콜릿의 경우를 생각해보면 이렇습니다. 우리의 초콜릿 생산은 수작업으로 마무리되고, 생산 공정에는 많은 노동력이 투입됩니다. 농민시장에서 우리 말고는 건조 체리를 취급하는 판매인은 없습니다. 가격이 매우 비쌉니다. 예컨대, 2파운드짜리 작은 바구니에 들어간 체리는 건조 과정을 거치면 그 양이 3분의 1파운드로 줄어듭니다. 건조 체리의 가격이 꽤 비싸다는 사실을 우리도 알고 있습니다. 하지만 동시에 우리가 아황산염이나 설탕, 오일, 효소 같은 그 어떤 것도 첨가하지 않는다는 사실을 우리 구매자들도 인지하고 있음을 알고 있습니다. 그런 첨가물들은 중량을 늘리고 맛을 변질시킵니다. 우리 특유의 방식으로 건조 체리를 만들기 때문에 우리는 매우 훌륭한 시장을 갖게 된 것입니다. 관행농법에 따라 재배된 체리와 유기농법에 의해 생산된 체리는 사용된 소독약제에 있어 차이가 있습니다. 유기농 체리에는 자연 소독약제만 사용하지만, 유기농이 아닌 경우에는 화학소독약제가 사용됩니다. 우리는 첫 3년간은 미국 농무부의 인증을 받지 못했습니다. 그 3년 기간 동안 우리는 경작지에 소독약제를 뿌리지 않았음을 입증해야 했습니다.

손이 많이 가는 방식으로 재배를 하고, 원재료와 정성이 많이 투입되기 때문에 생산원가 자체가 높아 가격이 비쌀 수밖에 없지만 그에 따른 고품질이 고객을 확보할 수 있는 이유이기도 하다는 얘기다. 그렇다면, 소비자들이 가격이 상대적으로 저렴하고 다양한 식품을 구입할 수 있는 일반 대형 매장이나 유기농 식품을 많이 취급하는 전문매장 대신에 농민시장을 찾는 또 다른 이유는 무엇일까?

농민시장이 코스트코Costco나 월마트Wallmart 같은 대형 매장은 물론이고 친환경적 식품을 주로 취급하는 지역 내의 홀푸즈 마켓Whole

Foods Market[24]이나 뉴시즌스 마켓New Seasons Market[25] 같은 유기농 식품매
장보다 경쟁력을 갖는 주된 이유는 무엇일까? 농민판매인(사례 1-16)
의 이어지는 답변을 좀 더 들어보자.

코스트코나 월마트를 찾는 사람들은 거기서 좀 더 값싸게 농산물을
살 수 있다는 사실을 알고 있습니다. 하지만 그런 농산물이 어디에서 온
것인지, 얼마나 먼 곳에서 온 것인지, 얼마나 오래된 것인지는 모릅니다.
하지만 이들이 농민시장을 찾으면 그런 농산물들이 이번 주간에 수확한
것이고, 신선한 것이라는 사실을 알게 됩니다. 이게 바로 그들이 기대하
는 것이고 또 그래서 좀 더 나은 품질의 농산물을 구할 생각으로 가격이
약간 더 비싸지만 기꺼이 지불하는 것입니다. 소비자들은 매장에 따라
다른 기대감을 갖는 것이지요. 홀푸즈나 뉴시즌스와 같은 일부 시장은
이 지역에서 나름대로의 역할을 잘 수행하고 있습니다. 하지만 사람들은
여전히 농민시장을 찾습니다. 자신들이 구매하는 먹거리가 어디에서 온
것인지 알 수 있기 때문에 우리 단골들은 우리와 함께합니다. 우리를 신
뢰하기 때문이지요. 신뢰라는 변수가 있다는 것입니다. 고객들은 우리와
함께하면서 우리에게 질문을 던집니다. 그들은 일반 식료품점에서는 자
신들의 구매품에 관해 질문할 수가 없습니다. 그들은 일반 식료품점에서
는 할 수 없는 대화를 [농민시장에서] 할 수 있는 것이지요.

신선한 양질의 먹거리일 뿐만 아니라 그들이 믿는 지역농민이 생산
한 먹거리이고, 재배 과정과 수확 시점 등을 생산자와의 대화를 통해
알 수 있는 먹거리이기 때문에, 이를 취급하는 농민시장이 다른 시장
들과는 차별화된 시장으로서 경쟁력을 가질 수 있다는 설명이다.

사진 1-3 포틀랜드시에 있는 홀푸즈 마켓(위)과 뉴시즌스 마켓(아래)

농민시장 관리인과 농민판매인의 생각은 이와 같은데, 소비자들은
농민시장에서 거래되는 먹거리를 어떻게 인식하고 있을까? 필자와의
면접에 응해준 여성 교민(사례 1-3)은 다음과 같이 말했다.

일반 식료품점에서 사면 그게 그날 수확한 게 아니고 며칠 지난 거잖아요. 식료품점에는 매일매일 안 들어와요. 근데 여기는 자기가 기른 것을 그날 [수확]해서 그날 가져와요. 이 사람들의 양심을 믿는 거죠. 같은 유기농산물인데도 사보면 달라요. 이 세이프웨이Safeway나 이런 데 유기농산물은 (…) 만약 토마토, 채소, 시금치 같은 이런 것들이 자기네가 그때 수확 안 한 것은 오래 보관하려면 뭐 뿌리잖아요. 그런데 여기 것은 뽑은 그대로, 자른 그대로 팔아요. 당근 같은 걸 보면 흙도 묻어 있고, 그날 뽑은 흔적이 보여요. 생꿀은 식료품가게에서 파는 것은 다 저장하잖아요. 그런데 자기네가 꿀통에서 꿀을 받아가지고 바로 가져오는 거예요. 그러니까 생꿀이라고 하죠. 그러니까 저장 안 한 걸 사는 거죠. 절화cut flower는 잘 팔리는 것이고… 화초는 자기네가 그걸 길러서 말려서 파는 것도 있고, 화분에 두었다가 가져와서 그냥 파는 거죠.

옆에 있던 남성 교민(사례 1-4)의 얘기도 비슷했다.

나는 저 사람처럼 공동체를 후원한다는 취지보다는 그래도 신선한 거니까 사죠. 모양이 [일반 매장에서] 파는 상품처럼 이쁘지 않아요. 시금치도 거칠고 여름에 해가 나면 시들고… 좀 늦게 가면 그런 걸 사게 되죠. 감자니 뭐니 그런 걸 사면 맛이 틀려. 맛있어. 사과 뭐 이런 거는 정말 상품화되지 않을 만한 걸 갖다 팔잖아요. 근데 그것 땜에 사는 거예요. 농약 안 썼다는 거. 모양이, 크기가 다 틀리고 (…) 딸기니 블루베리, 블랙베리 묘종도 다 자기네가 (…) 유기농 묘종이니까 사는 거예요. 씨앗 자체가 봉다리에 있는 것을 쓰는 게 아니라 자기네가 씨를 받아서 심은 거죠.

다른 소비자들도 앞서의 두 교민과 마찬가지로 소비자가 농민시장을 찾는 주된 이유 중 하나는 농민시장에서 거래되는 먹거리의 품질적 우수성을 인정하기 때문이라고 지적했다. 이들[26]은 먹거리의 신선도나 영양 등을 언급하면서 다른 매장에 비해 농민시장에서 팔리는 먹거리의 품질적 차별성이 농민시장에서의 소비를 촉진하는 근본 동력임을 강조했다. 또 일반 식료품점에 비해 다소 비싼 가격이라고 생각함에도 소비자들이 기꺼이 그 대가를 지불하는 주된 이유도 농민시장 먹거리의 품질에 대한 신뢰 때문이라고 얘기했다.

여기서 한 걸음 더 나아가, 또 다른 소비자(사례 1-9)는 농민시장 먹거리에 대한 신뢰가 기본적으로 그 먹거리를 생산하는 농민 자체에 대한 신뢰에서 비롯되는 것이라고 지적했다.

저는 농민들과 그들이 추구하는 가치들, 이를테면, 살충제를 사용하지 않고 유기농업을 해보려는 것과 같은 가치를 정말 신뢰합니다. 그래서 저의 역할은 그저 소비자로 국한하면 될 것 같습니다. 실제로 엄격한 규정을 제정하고 농민시장에서 판매인으로의 활동 여부를 결정하는 사람도 바로 농민 자신들이기 때문입니다. 그러니까 저는 소비자로서 그런 일을 할 필요가 없는 것이지요. 저는 여러분이 다른 농민시장에서 늘 물어야 할 모든 질문을 그들에게 하지 않습니다. 이를테면, 당신들의 정책이 뭐냐, 농작물을 기를 때 어떤 것들을 사용하느냐, 당신이 기른 닭은 풀어서 키웠느냐 같은 질문들 말입니다. 저는 그 사람들이 이미 그런 질문들을 해왔음을 알기 때문입니다. 그들은 일찍이 그런 질문들을 자신들에게 스스로 던져왔습니다. 제가 지역농민과 농민시장을 좋아하는 것은 바로 이런 이유 때문입니다.

지역농민들이 추구하는 가치와 이들의 진지한 영농 및 자율적 판매인으로서의 활동을 전적으로 신뢰한다는 얘기다.

그렇다면, 농민시장 판매인들은 농민시장과 지역농민에 대한 소비자의 확고한 신뢰에 부응할 수 있을 정도로 농민시장의 운영 과정에서 먹거리에 대한 자율적인 규율 장치를 실제로 갖추고 있을까?

필자는 이 점을 확인하기 위한 객관적인 근거의 하나로《포틀랜드 농민시장 2012년 판매인 안내서》[27]에 제시된 사례를 살펴보았다. 이 안내서에 따르면, 포틀랜드 농민시장에서는 오리건주나 워싱턴주의 판매인이 재배하거나 생산한 모든 것이 판매 대상이 될 수 있지만 공예품, 전국적으로 판매되는 포장음식, 애완동물 식품, 농민이 재배하거나 가공하지 않은 생산물, 강장음료energy drink 등은 판매할 수 없다. 또 가공식품의 경우에는 제조에 사용된 재료를 모두 명시해야 하고, 식품을 만들 때에는 농민시장의 다른 판매인이나 오리건주 및 워싱턴주 소재의 농가에서 직접 구입한 지역산 원재료를 25퍼센트 이상 사용하도록 권장하고 있다. 농민의 범주에는 농산물뿐만 아니라 육류·어류·낙농제품 생산자를 포함하고 있고, 비농민 범주에는 피클이나 양념, 잼 등을 생산하는 식품 장인, 제빵업자, 시장에서 신선한 재료로 뜨거운 음식을 바로 만들어 판매하는 음식 판매인 등을 포함시킴으로써 농민시장에서 이런 여러 부류의 먹거리가 거래될 수 있도록 하고 있다. 그러면서도 판매인 희망자 중에서 판매인을 최종 선정할 때에는 식품 장인이나 제빵업자, 뜨거운 음식 판매인보다는 농민에게 우선권을 주고, 오리건주나 워싱턴주의 농지에서 100퍼센트 재배하고 수확하여 시장에 내다 파는 지역농민과 생산자에게 우선권을 준다는 명시적 규정을 두고 있다(Portlandfarmersmarket, 2011: 7-10, 53-58). 이런 조치들은, 다양한 품목의 먹거리를 제공함으로써 소비자의 욕구를 충족시키려 노력하되 농민시장을 지역농민에 의해 생산된 지역먹거리 중심의 시장으로 육성하려는 지향성을 분명히 하고 있음을 보여준다. 이런 점들에 비추어볼 때, 소비자들이 농민시장의 먹거리에 대해 갖고 있는 신뢰에는 적어도 농민시장 관계자들의 자체 노력도 부분적으로 반영되어 있다고 평가할 수 있을 것이다.

지금까지 살펴본 바와 같이, 농민시장에서 공급되는 먹거리는 다음과 같은 특징을 갖는다.

첫째, 지역에서 생산된 채소, 과일 등이 중심이 되지만 농민이나 가공업자가 자기 지역의 1차 농산물을 가공하여 내놓는 2차 가공식품도 포함된다. 둘째, 주로 지역의 영세 농민들에 의해 노동력이 많이 투입되었을 뿐만 아니라 생산원가가 좀 더 많이 드는 유기농법에 따라 생산된 먹거리가 상대적으로 더 많다. 셋째, 시장 출하 바로 직전에 수확해서 중간상인을 거치지 않고 소비자에게 직거래 방식으로 선보이는 신선하고 영양가 있는 고품질의 먹거리들이다. 넷째, 생산원가와 품질의 신선함, 영양가 등으로 인해 일반 매장의 먹거리보다 가격이 다소 비싸지만 소비자들도 이를 정당한 가격이라고 인정하는 먹거리들이다.

그 어느 사회보다도 시장논리가 뚜렷하게 관철되는 미국사회에서 농민시장이 시장으로서 자체 경쟁력을 갖고 지속적으로 성장할 수 있는 1차적 요인은 농민시장의 먹거리가 갖는 이런 특징 때문이라고 할 수 있다. 그런데, 농민시장에서 거래되는 먹거리의 품질적 우수성이 지역농민시장의 성장을 이끈 기본 동력이 되었다는 점은 사실 기존 연구에서도 이미 지적된 바 있다(김원동, 2008: 77). 필자가 이 장에서 강조하고 싶은 것은 농민시장 먹거리의 품질에 대한 신뢰가 미치는 사회적 영향력이 여기서 그치지 않는다는 점이다. 그것이 먹거리 생산 지역으로서의 농촌과 영농지의 보전 필요성 그리고 먹거리 생산 주체로서의 지역농민의 가치 등에 대한 도심 주민의 확고한 신뢰로 발전하고 확산된다는 점에 주목할 필요가 있다는 것이다. 달리 표현하면, 이것은 농민시장이 '신뢰'라고 하는 이른바 '사회적 자본social capital'[28]을 창출하고 확대하는 중요한 공간적 기반이 될 수 있다는 의미이기도 하다. 이런 맥락에서 필자는 먹거리의 품질에서 파생된 도농 주민 간의 신뢰 기반이 농민시장을 도농통합의 형성과 지속적인 발전을 다져가는 공적 매개공간으로 기능하게 하는 중요한 함의를 가짐을 지적하고자 한다.

도농 주민 간의 만남과 교류에 기초한 지역통합의 매개공간

농민시장이 먹거리를 매개로 주민들 간 만남의 장이 됨으로써 지역사회의 통합에 기여한다는 점(김원동, 2008; 김종덕, 2009: 161)은 익히 알려져 있다. 여기서 필자가 새롭게 주목하고자 하는 것은 구체적으로 농민시장의 어떤 요소들로 인해 농민시장이 도농 주민 간의 만남과 교류에 기초한 지역공동체 통합의 매개공간이 될 수 있는가 하는 점이다.

첫째, 먹거리 매매가 계기가 되어 농민판매인과 도심의 소비자가 거의 정례적으로 만나 대화할 수 있는 공간이 농민시장이라는 점이다. 피플스 농민시장에서 만난 20대 여성 소비자(사례 1-8)는 다음과 같이 말했다.

사진 1-4 피플스 농민시장 입구

　저는 농민들과 얘기하는 걸 좋아합니다. 농민들과 만나서 시간을 보내지요. 이곳은 일종의 일상생활이 이루어지는 곳common place입니다. 저는 제가 누구에게서 먹거리를 사는지 압니다. 그러니까 그 사람들과 관계를 맺고 있는 것이지요. 도시와 그 인근 시골 간에 일종의 유대가 형성되는 곳입니다. 이곳은 단순히 먹거리를 사고파는 공간이 아닙니다. 저는 때로는 먹거리를 사지 않을 때에도 시장에 들러서 농민들과 대화를 나누곤 합니다. 저는 그들과 어떤 강한 유대감을 갖고 있고, 마치 제가 시간을 내서 직접 농사를 짓는 것 같다는 생각도 분명히 들곤 합니다. 농민시장은 먹거리가 어디에서 생산된 것인지를 알려주면서 농촌과 도시 주민을 서로 연결하는 데 확실히 기여한다고 봅니다.

　도심의 소비자들이 지역농민들을 같은 공동체의 구성원으로 생각하고 유대감을 갖게 되는 결정적인 계기가 바로 이들과의 지속적인 만남과 대화에 있다는 얘기다.

둘째, 농민시장은 농민시장을 찾는 도심의 소비자나 방문객들 간에
도 각종 사회적 현안에 관해 종종 대화하고 토론할 수 있는 공적 공
간으로의 기능도 한다는 점이다. 세탁업에 종사하는 한 남성 교민 소
비자(사례 1-4)는 이 점과 관련해 농민시장의 풍경을 다음과 같이 묘
사했다.

> 포틀랜드 농민시장 같은 데 가면 정치적 성향을 가진 사람들이 많이
> 와. 그런 사람들이 와서 자기 의견들도 얘기하고, 데모도 하고, 낙태 반대
> 하는 사람도 쭉 모여서 북 치고 장구 치고 하고, 그런 이슈가 있으면 사
> 람들이 모여서 그것에 대해 토론도 하고 그런다고. 토론의 장이 열려, 자
> 연스럽게. '이라크에 참전한다' 그러면, '왜 비싼 돈 내고 참전하냐. 개네들
> 끼리 잘 살게 놔두지. 내 세금 어디로 가는 거냐' 하면서 싸우기도 하고.
> 장터 중간쯤에 그런 장이 있어. 사인도 받고 그래. '국회의원 쫓아내자' 그
> 러기도 하고. 거기 가면 다 우리 손님이야. 거기 가면 다 만나.

농민시장이 크고 작은 사회 문제들을 놓고 도심 주민들이 때론 가
볍게 또 때론 격렬하게 서로 자신의 의견을 토로하고 감정을 발산할
수 있는 일종의 '공론의 장public sphere'이 되기도 한다는 것이다. 그런
경험을 직접 하거나 본 적이 있는 사람들은 여가 시간이 생길 때마다
그런 분위기와 장을 즐기게 된다. 이는 도심 주민들을 농민시장으로
계속 끌어들이는 중요한 한 요소라고 할 수 있다. 요컨대, 공론의 장
이라는 농민시장의 기능은 공동체 통합의 관점에서도 기여할 여지가
큰 부분임을 인식할 필요가 있다.

셋째, 농민시장은 대개 시장 인근에 거주하는 동질적인 주민들을 주된 고객으로 하는 매우 지역화된 시장이라는 점이다. 2개의 농민시장을 관리하는 남성 관리인(사례 1-2)은 포틀랜드지역 농민시장 소비자들의 거주지, 농민시장과 공동체의 관계 등에 관해 다음과 같이 설명했다.

제가 일하는 힐스데일 농민시장과 우리 시장처럼 이웃에 위치한 다른 시장들의 경우에 관해서는 제가 분명한 얘기를 할 수 있습니다. 2년 전에 우리 시장에서 장을 보는 사람들을 조사했을 때 그들 중 60퍼센트가 시장으로부터 2마일 이내의 거리에, 그리고 80퍼센트는 5마일 이내에 거주하는 것으로 나타났습니다. 그러니까 우리 지역의 농민시장은 상당한 정도로 지역화가 이뤄져 있는 셈이지요. 거의 절반이 바로 서로 인접한 두 이웃인 힐스데일과 멀노마 마을에 살고 있습니다. 농민시장은 공동체와 정말로 잘 연결되어 있습니다.

이와 같이 포틀랜드지역의 농민시장은 주로 시장 인근의 이웃사람들이 주기적으로 장을 보러 오는 사회적 공간이 되었을 정도로 이미 상당한 수준까지 '지역화가 이뤄졌다localized'는 것이다. 도처에서 먹거리만을 염두에 두고 시장을 찾아온 뜨내기손님이 아니라 시장 인근에서 일상적 삶을 영위하는 지역 주민들이 주요 고객이라는 사실은 도농공동체의 통합이라는 관점에서 보면 매우 중요한 구조적 변수가 될수 있다. 시장 근처의 지역 주민을 주된 고객으로 반복적인 대면적 직거래 관계가 형성되면, 이들 도심 주민과 농민판매인 간의 정서적 교감은 시간이 갈수록 깊이를 더해갈 수밖에 없기 때문이다. 또 다른 농민시장 관리인(사례 1-1)의 얘기에서도 비슷한 생각을 확인할 수 있었다.

　제가 생각하기로는 공동체를 규정하는 중요한 구성요소 중 하나가 '공통성commonality'인데, 우리는 사람들이 모이고, 먹거리라는 공통된 관심사를 중심으로 서로 연결될 수 있게 하는 공간을 제공합니다. 저는 또한 농민시장이 바로 상호작용의 횟수라는 측면에서 공동체에 기여한다고 생각합니다. 전통적인 식료품점에서 여러분이 다른 사람과 맺게 되는 인간적 상호작용은 한두 번에 그칠지 모르지만 농민시장에서는 열다섯 번이나 스무 번 정도 상호작용을 할 수 있을 것이라고 저는 봅니다. 그래서 농민시장에서는 여러분이 다른 사람들과 연결될 기회는 물론이고, 아마도 여러분의 일상적 삶에서는 만나지 못할 다른 부류의 공동체를 경험할 기회도 훨씬 많이 갖게 될 것입니다. 농민시장에는 전통적 식료품 매장에서는 볼 수 없는 '사회적 연결성social connection'이라는 가치가 내재해 있다고 저는 생각합니다. 그저 일반 식료품점에 들르는 것과 비교할 때 그것은 어쩌면 '보다 큰 경험larger experience'이자 '총체적인 경험whole experience'일는지도 모릅니다. 또 농민시장은 도시 주민과 농촌 주민을 연결한다고 생각합니다. 적어도 이곳 오리건주에서는 도시와 농촌이 잘 구분되어 있는 까닭에 우리는 매우 다른 세계에서 살고 있다고 할 수 있습니다. 그렇기 때문에 저는 이들이 중립적인 환경에서 서로 만나 대화할 수 있다는 사실이 매우 중요한 의미를 갖는다고 생각합니다.

　즉, 지역사회에서 농민시장의 가장 큰 기여는 도농 주민을 동일한 장소에 서로 모이게 하고, 그들 간의 빈번한 상호작용을 촉진함으로써 이들을 긴밀하게 연결하는 공동체 통합의 기능을 수행하는 데 있다고 보는 것이다. 포틀랜드를 비롯한 오리건주의 주민들이 다른 주의 사람들보다 지역적인 것에 더 큰 애착을 갖고 있다고 얘기한 농민시장 연주자들(사례 1-12; 사례 1-13)의 주장까지 덧붙일 경우, 앞서 언급한 농민시장의 공동체 통합 기능에 관한 주장에는 더욱 힘이 실리게 된다.

넷째, 농민시장의 분위기 자체가 다른 시장에서와는 달리 매우 흥겹고 활기차며 재미있는 요소를 많이 갖고 있다는 점이다. 여성 교민 소비자(사례 1-3)의 얘기를 들어보자.

> 생음악도 좋아해서 가는 거고, 자연스럽게 거기서 흔들고, 베이글 브레드도 만들거든요. 한국에 고구마 굽잖아요. 불 피워가지고 돌리면서… 베이글도 그렇게 굽는 데가 있어. 그래서 거기서 나오는 것을 팔고. 막 오븐에서 구워서 나오는데, 그 오븐이라는 게 전기오븐이 아니고 불을 때가지고 하는 거… 일주일에 한 번씩, 주기적으로 그런 데 가는 거지. 주기적으로 이 동네 사람들이 가까운 데 가는 거지.

2001년 포틀랜드로 다시 이사 온 이후로 꾸준히 농민시장을 찾고 있다는 70대의 미국 백인 여성 소비자(사례 1-6)도 앞서의 교민 소비자와 비슷하게 농민시장의 특성을 무엇보다도 음악이 연주되고 사람들이 만나는 살아 있는 공간이라는 점에서 찾았다. 또 그녀는 그렇기 때문에 농민시장의 역할은 공동체 통합에 있고, 공동체에 대한 농민시장의 엄청난 기여도 바로 이 점에 있다고 평가했다. 그런가 하면, 40대 일본계 여성 소비자(사례 1-5)는 프레드마이어Fredmeyer 같은 대형 실내매장에서 장을 보는 것보다 야외에서 열리는 농민시장에 가서 다른 사람들과 어울려가며 쇼핑할 수 있는 농민시장의 환경이 즐거움을 제공한다는 점을 강조했다.

이와 같이, 사람들은 농민시장에서 장터의 여러 곳에서 흘러나오는 경쾌한 음악에 맞춰 몸을 흔들어보기고 하고, 일반 식당에서는 먹기 힘든 음식도 맛본다. 또 방문객이나 소비자들은 다른 대형 실내매장에서는 볼 수 없는 조리 시연을 보고 배우기도 하고, 때로는 다른 사람들과 어깨를 부딪쳐가며 장을 보고, 먹거리를 포함한 다양한 지역적·사회적 쟁점을 놓고 함께 토론하며 웃고 즐긴다. 이렇듯 흥겨움과 재미를 발산하는 농민시장은 판매인과 소비자가 이렇다 할 대화나 감정적 교류 없이 무미건조하게 거래하는 다른 매장과는 확연하게 구분되는 이미지를 가진다.

지금까지의 논의는 다음과 같이 정리할 수 있다. 우선, 농민시장은 도심 주민과 농촌 주민 간의, 그리고 도심 주민들 상호 간 만남의 장소이자 지역 공론의 장으로 기능한다. 지역 주민들 간의 빈번한 만남 속에서 국가나 지역사회의 일상적 현안을 주제로 이루어지는 대화와 토의는 서로를 좀 더 잘 이해하게 할 뿐만 아니라 한 지역의 구성원이라는 일체감을 높이는 데 크게 기여한다. 이 과정에서 농민시장의 다음과 같은 두 가지 특징은 농민시장의 이런 기능을 촉진하고 강화하는 주요 요소로 작용한다. 즉, 농민시장이 대면적 직거래 관계 속에서 주된 고객으로서 인근지역 주민들과의 지속적인 상호작용과 교감을 이어가는 지역화된 시장이라는 점, 그리고 고유의 흥겨움과 재미를 발산하는 시장이라는 점이 바로 그것이다. 이와 같은 농민시장의 두 가지 구조적 특성을 배경 삼아 이뤄지는 도농 지역 주민 간의 지속적인 대면적 상호작용이 농민시장을 공동체의 통합과 지속가능성의 매개공간으로 자리 잡게 하고 있는 것이다. 그리고 그러한 정감 어린 교감이 이어지는 과정에서 농민시장의 지역토착성과 재미의 요소 또한 더욱 강화되는 선순환 구조가 형성된다고 볼 수 있다.

지역공동체의 형성과 지속가능성을 매개하는 사회화 공간

농민시장이 지역사회의 문화를 익히는 사회화socialization 기능을 수행한다는 점은 이미 잘 알려져 있다. 하지만 그런 사회화가 누구를 대상으로 하고, 어떤 내용을 담고 있으며 그것의 사회적 의미는 무엇인가에 관해서는 좀 더 구체적이고 명확한 이해가 요구된다. 필자는 농민시장이 도농통합형 지역공동체의 형성과 지속가능성을 매개하는 사회화 공간으로 기능한다는 관점에서 이 문제에 접근해보았다.

필자는 한 피면접자와의 대화에서 농민시장이 지역사회에 어떤 기여를 한다고 보느냐고 물었다. 이 물음에 한 남성 농민판매인(사례 1-20)은 그 첫 번째 기여를 지역공동체에 먹거리를 제공하는 것이라고 꼽았고, 그에 뒤이어 농민시장의 교육적 기여를 들었다.

두 번째 기여는 교육입니다. 소비자들은 자신이 구매하는 먹거리에 관해 알고 싶어합니다. 조리법과 식재료를 손질하는 방법, 1월에는 토마토가 출하되지 않는 이유, 1월에는 푸성귀들만 시장에 나오는 이유 등을 궁금해합니다. 이게 바로 교육입니다. 소비자들은 제철 먹거리나 지역먹거리가 중요한 이유를 배우게 됩니다.

농민시장이 먹거리를 둘러싼 제반 정보와 지식을 가르쳐주는 교육의 장場으로서 역할을 하고 있다는 얘기다. 필자는 포틀랜드 농민시장의 시장관리인(사례 1-1)에게서 농민시장에서의 교육 내용에 관해 좀 더 자세한 설명을 들을 수 있었다.

우리는 시장 현장에서 이벤트 행사 같은 것도 개최합니다. 우리는 어린이들을 위한 어린이 조리실습 교실을 열기 때문에 이들은 시장에서 파는 식재료들을 이용해 조리실습을 직접 체험할 수 있습니다. 우리는 일부 조리법에 대해서는 요리사들의 조리 시범을 연속적으로 기획하고, 시장에서 실제로 시범을 보입니다. 우리는 쓰레기 줄이기에 초점을 맞춘 운동도 전개하고 있는데, 우리 고객들에게 시장에서뿐만 아니라 일상생활에서 쓰레기를 줄이는 방법에 관해 교육합니다. 우리는 시장에 올 때 구입한 물건을 담기 위한 자기 장바구니를 가져올 수 있고, 모든 물건을 반드시 포장할 필요는 없다고 생각합니다. 우리는 '식품구매권Food Stamp' 수혜자들, 즉 '영양보충 지원 프로그램Supplemental Nutrition Assistance Program, SNAP'[29] 수혜자들이 우리 시장에서 장을 볼 때에는 대응자금을 제공함으로써 영양가 있는 음식을 찾도록 하는 운동도 많이 합니다. 봄에는 시장에 육묘장育苗場 시설을 설치함으로써 부분적으로 원예 교육도 합니다.

농민시장에서는 기성세대를 대상으로 각종 조리법, 환경운동, 양질의 음식 섭취 운동 같은 다양한 주제의 교육이 실시되고 있을 뿐만 아니라 미래세대를 위한 교육도 이뤄지고 있는 것이다. 농민시장은 특히 후속세대에게 농업과 농민, 먹거리에 관한 깊이 있는 성찰을 할 계기를 제공하는 장이 될 수 있다고 한 여성 농민판매인(사례 1-16)은 강조했다.

대부분의 어린이는 농장을 방문한 경험이 없고, 젖소에 관해서도 아는 게 없습니다. 그런데 그들의 부모가 계속해서 아이들을 농민시장에 데려온다면, 그것이야말로 [농업과 먹거리와의] 친밀감을 높이는 가장 좋은 방법이 될 것입니다. 그런 아이들 중의 일부는 언제든 농장을 찾을 것이고, 먹거리를 그저 단순히 식료품점의 진열대에서 구하는 것이 아니라는 점도 이해하게 될 것입니다.

자녀들이 어려서부터 부모의 손을 잡고 가족 나들이 겸 장보기를 위해 농민시장을 방문하던 경험들이 이들에게 자연스럽게 먹거리의 진정한 의미를 인식하게 하고, 농촌과 영농의 가치 등을 내면화하게 하는 계기가 된다는 얘기다. 이들이 성인이 되면 농민시장이라는 단어를 듣기만 해도 복합적인 영상과 기억들이 이들의 뇌리를 스쳐갈 것이다. 이를테면, 부모의 손을 잡고 갔던 장터에서의 조리실습 장면, 형형색색의 싱싱한 과일과 채소, 갓 조리되어 나오던 뜨끈뜨끈한 음식, 농민들의 활기찬 모습, 소비자들의 환한 웃음, 흥겨운 장터 분위기, 연주자들의 경쾌한 연주 장면, 뭔가 토론에 열중하던 어른들의 모습, 부모와의 추억 등이 그것이다. 그리고 이들이 농민시장의 고객이 되어 장터를 찾을 때에는 기억 속의 그것과 비슷한 장면들을 실제로 마주하게 될 것이다. 어려서 다니던 장터는 아니라 해도 장터에 얽힌 정겨운 추억들이 떠오름과 동시에 농민시장에서의 장보기가 전혀 낯설지 않을 것이다.

이와 같이 요일별로 도심 곳곳에서 거의 일상적으로 열리는 농민시장, 특히 주말 농민시장은 가족 단위의 장터 방문이나 장보기를 계기로 영농, 농민, 농촌, 지역, 먹거리, 지역먹거리 등의 가치를 기성세대뿐만 아니라 다음 세대에게 일깨워주고 확산하는 사회화의 기능을 수행하는 공간으로 기능한다. 또 농민시장은 특히, 급속한 산업화, 도시화의 물결 속에서 잊혀가는 대면적 인간관계와 소통의 근원적 가치, 정서적 가치 등을 후속세대로까지 이어지게 하는 사회적 공간의 역할도 수행한다. 이 같은 농민시장의 사회화 기능으로 인해 시장 소비자로서 기성세대는 도농 공동체의식을 다지게 되고, 자라나는 세대는 그러한 통합 공동체를 자연스럽게 계승, 발전시키게 된다. 이런 맥락에서 농민시장은 경제적 장터를 넘어 농민과 도심 주민 간의 공동체의식의 형성과 지속가능성을 뒷받침하는 가교이자 중계소라고 규정할 수 있다.

맺음말

미국 농무부는 2011년 미국 전역에 걸친 농민시장의 지속적인 성장 추이 자료를 발표하면서 다음과 같은 소개를 덧붙였다.[30]

농민시장의 주목할 만한 성장은 지역에서 생산된 먹거리의 지구력持久力을 매우 분명하게 보여주는 지표입니다. (…) 이와 같은 판로는 신선한 과일과 채소를 비롯한 여러 먹거리에 접근할 수 있는 기회를 증가시킴으로써 생산자가 자신의 사업을 성장시킬 수 있는 경제적 이익을 제공할 뿐만 아니라 공동체에게도 마찬가지로 경제적 이득을 가져다줍니다. 요컨대, 농민시장은 우리나라 먹거리체계의 결정적인 구성요소인 것입니다.

이와 같이 미국 정부는 농민시장이 생산자 농민과 지역소비자 모두에게 경제적 이득을 안겨주고 있을 뿐 아니라 미국의 지역먹거리체계를 구성하는 중요한 하나의 축으로 급성장했다고 평가한다. 최근 20여 년간의 농민시장 성장세가 이런 평가에 설득력을 더해주고 있음은 물론이다. 이번 연구 결과는 이런 사실의 확인과 더불어 정부 관계자의 시선 너머에서 작동하고 있는 농민시장의 보다 근원적인 사회적 기능을 놓치지 말아야 함을 강조한다. 농민시장의 공동체 통합 기능이 그것이다.

그런데, 농민시장이 공동체의 통합에 기여한다는 주장 자체는 사실 새롭지 않다. 특정한 준거를 들지 않더라도 기존 연구 성과들 속에서 누차 지적된 것이기 때문이다. 그럼에도 필자가 이번 연구에서 이 점에 주목한 까닭은, 선행연구들을 일별했을 때 다음과 같은 중요한 몇 가지 의문에 관한 체계적이고 종합적인 분석이 부족하다고 판단했기 때문이다. 그 물음이란 다음과 같은 것들이다. 흔히 농민시장과 공동체 간의 관계를 거론하는데, 여기서 말하는 '공동체'의 실체는 과연 어떤 것인가? 농민시장과 공동체의 관계를 얘기할 때 기본적인 분석 단위로 설정하여 접근해야 할 대상은 공동체의 어떤 차원들인가? 공동체 통합의 매개공간으로서 농민시장의 기능을 확인하고자 할 때 농민시장의 구성요소들 가운데 각별히 주목해야 할 측면은 어떤 것들인가? 농민시장과 분리될 수 없는 지역먹거리에서 말하는 '지역' 혹은 '지역적인 것'과 '먹거리'를 공동체의 관점과 연결시켜 본다면, 어떤 의미를 갖는가? 농민시장에서 이루어지는 만남과 교류의 주체는 누구이고, 그들 간의 상호작용이 공동체의 통합에 기여하는 것은 어떤 맥락과 의미에서인가? 공동체의 지속가능성과 관련해서 볼 때 농민시장의 사회적 기능에서 관심을 기울여야 할 측면은 어떤 것이고, 그 내용은 무엇인가?

이와 같은 의문들을 갖고 출발한 이번 연구에서 확인한 주요 관점을 먼저 정리하면 다음과 같다.

첫째, 농민시장을 매개로 하여 주목해야 할 공동체는 도심의 주민과 인근 농촌의 생산자농민을 하나로 묶는 것을 지향하는 '도농통합 공동체'로서의 공동체를 의미한다.

둘째, 도농통합 공동체에 시선을 둘 경우, 농민시장을 토대로 실제로 강화되는지 확인해야 할 것은 공동체의 '형성formation'과 '지속가능성sustainability'이라는 측면이다.

셋째, 농민시장과 지역공동체 통합 간의 관계를 분석하려면, 무엇보다도 여기에 함축되어 있는 '지역'과 농민시장에서 거래되는 '먹거리'의 의미에 관한 적극적인 해명이 필요하다.

이번 연구의 초점을 지역과 먹거리의 의미에 관한 해명을 중심으로 도농통합 공동체와 그것의 형성 및 지속가능성에 맞춘 것은 바로 이런 관점을 반영하고자 했기 때문이다. 특히, 지역과 먹거리의 의미에 대한 분석은 이번 연구의 기본 관점인 동시에 핵심적인 연구 소주제였다.

끝으로 이런 관점에 따라 추진된 이번 연구에서 드러난 주요 내용을 정리하면 다음과 같다.

첫째, 이번 조사에 의하면, 공동체를 구성하는 공간으로서 지역은 행정구역처럼 상시적으로 적용되는 절대적 반경을 갖는 것이 아니라 해당 지역의 규모나 지리적 위치, 먹거리 시장의 여건 등에 따라 상대적으로 다른 일종의 생활권역으로 인식되는 것으로 나타났다. 이것은 지역공동체가 상대적 개념이지만 이를 구체적인 조사 대상 지역으로 분석 수위를 낮춰서 살펴보면 농민시장 관계자들이 공감하는 대략적인 공간적 범위가 있다는 의미이기도 하다. 포틀랜드지역의 경우에는 지역 여건상 주 내에서는 농민시장으로부터 대체로 100마일 이내의 지역, 그리고 포틀랜드 북부지역과 주 경계를 이루고 있는 워싱턴주의 지역 중에서는 포틀랜드와 동일 생활권역으로 간주되는 일부 근거리 지역 정도로 인식되는 것으로 드러났다.

둘째, 필자가 '먹거리'에 주목한 이유는 농민시장으로 사람들의 발걸음을 돌리게 하는 요인의 중심에는 먹거리가 있다고 보았기 때문이다. 이번 조사에 따르면, 농민시장이 소비자들을 끌어들이는 1차적 요인은 먹거리의 품질과 그에 대한 공신력에 있고, 농민시장이 자본주의적 경쟁체제에서 '시장으로서의 경쟁력'을 갖는 원천도 바로 이 점에 있는 것으로 확인되었다. 이와 함께 이 맥락에서 각별히 강조하고자 했던 것은 농민시장의 먹거리로 인해 농민시장의 도농통합 매개공간으로서의 기능이 강화된다는 점이었다. 농민시장에서 제공되는 먹거리의 품질적 우수성은 시장 경쟁력에 머무는 것이 아니라 지역농민에 대한 고객들의 지속적인 신뢰와 연결되어 사회적 자본의 축적으로 귀결되는 것으로 나타났기 때문이다. 결국, 치열한 먹거리시장 경쟁체제 속에서도 농민시장이 경쟁력을 갖춘 도농통합의 매개공간으로 기능하고 성장해온 것은 먹거리의 품질적 우수성과 더불어 이를 토대로 판매인과 소비자 간의 거래 과정에 배태된 사회적 자본이 있었기 때문이라고 할 수 있다.

셋째, 농민시장에서는 먹거리라는 공통의 관심 대상을 사이에 두고 기본적으로 농민판매인과 소비자 간의 만남이 이루어진다. 또 장터에서는 농민과 소비자뿐만 아니라 소비자나 방문객도 서로 만나기 때문에 국가와 지역사회의 제반 현안이나 관심사를 놓고 이들 간에 상호 토론이 펼쳐지기도 한다. 공론의 장이라는 농민시장의 이런 기능으로 인해 주민들은 산발적인 대화와 토론 속에서 서로를 좀 더 깊이 있게 이해하게 되고, 공동체 구성원이라는 의식을 다져갈 수 있게 된다는 것이다. 농민시장에서 흔히 접하게 되는 흥겨운 음악과 정감 어린 분위기, 재미 요소 등이 이 과정에 일조함은 물론이다.

넷째, 농민시장과 공동체 간의 관계에 관한 그간의 논의 초점은 주로 공동체 '형성'의 측면에 맞추어져 있었다. 이것은 공동체라는 관점에서 보면, 그 출발점으로서 매우 중요하다. 하지만 형성의 측면 못지않게, 형성된 공동체를 어떻게 '지속가능한' 공동체로 발전시켜갈 것인가라는 물음도 항상 비중 있게 다루어져야 한다. 이런 문제의식에 비추어볼 때 관심을 끄는 것은 농민시장의 사회화 기능이다. 물론 기성세대를 상대로 한 사회화도 공동체의 형성과 지속가능성을 담보하는 데 중요하다. 그렇지만 공동체의 지속가능성에 주목한다면, 어려서부터 부모를 따라 농민시장에 오가며 갖가지 경험과 추억을 쌓아가는 후속세대에 대한 사회화 기능의 중요성을 강조할 필요가 있다. 필자가 도농통합 공동체를 지속적으로 발전시켜갈 미래의 주역을 육성하는 세대 간 가교의 역할을 수행하는 사회적 공간이 바로 농민시장이라고 보는 것은 이런 맥락에서다.

2장
농민시장과
저소득층 먹거리 정책의 만남

문제의 제기

제2차 세계대전 이후 미국을 중심으로 한 선진국들은 지구화 과정에서 교묘하고 철저하게 국익을 관철시켜왔다. 이들은 개발도상국들을 상대로 공정한 국제경제기구의 외형으로 포장된 국제통화기금International Monetary Fund, IMF이나 세계은행World Bank을 통해 자국에 뿌리를 둔 대기업과 자국의 이익을 극대화하고자 했다. 1990년대 중반 이후에는 기존 국제경제기구들에 이어 세계무역기구World Trade Organization, WTO까지 선진국들의 그 같은 행진에 가세했다. 하지만 1990년대 말의 아시아 금융위기를 절정으로 그와 같은 지구화,

특히 경제적 지구화의 실체가 여실히 드러났고, 이들 기구의 실정을 잘 아는 서방의 주요 연구자들과 제3세계 학자들로부터 비판이 쏟아짐과 동시에 다양한 갈래의 대안들이 제기되었다(예컨대, Bello, 2004; Cavanagh and Mander, 2004; Stiglitz, 2007). 농업 분야에서도 지구화의 폐해 사례들이 지적되었고, 지역먹거리운동 네트워크와 지역먹거리체계의 구축을 둘러싼 여러 대안이 모색 중에 있다(Fortin, 2005; Guthman, Morris & Allen, 2006; Huey, 2005; Lapping, 2004; Mcilvaine-Newsad, 2008; Skarstein, 2005; Strochlic and Shelley, 2004; Weis 2004).

이러한 움직임은 국내 학계에서도 확인된다. 이를테면, 세계무역기구의 농업합의안이 내포한 문제점, 전통적인 농민운동과 더불어 대안 농업운동의 전개 필요성, 세계자본주의체제 속에서 한국 농업의 위기와 새로운 먹거리운동의 절박함 등에 관한 일련의 연구들이 그것이다(김종덕, 2002, 2003, 2006; 김철규, 2006a, 2006b; 박진도, 2006). 이와 같은 갖가지 논의들의 저변에는 어떻게 하면 견고한 지역먹거리체계를 구축해 지구화의 거센 압력 속에서도 우리의 농촌과 농업을 살릴 수 있을 것인가 하는 공통된 문제의식이 깔려 있다.

이 같은 관점에서 진행되어온 연구들 중의 한 갈래가 미국의 지역먹거리체계 구축 정책에서 시사점을 도출하려 한 것들이다. 이 연구들에서는 미국 지역먹거리체계의 양대 축으로 '농민시장'과 '공동체지원농업CSA'을 꼽았다(김종덕, 2004a, 2004b; 박덕병, 2004, 2005). 여기서 말하는 농민시장이란 생산자인 농민과 소비자 간에 농산물의 직거래가 이루어지는 장터를 의미하고, CSA는 일군의 소비자들이 영농자금을 영농의 개시 전에 제공하고 수확기에 일정한 몫을 분배받는 방식의 농업[1]을 뜻한다.

이 장에서의 연구 대상인 미국 농민시장에 관한 연구 동향을 일별하면, 일반적 수준에서의 논의와는 달리 농민시장 사례연구는 그리 많지 않은 편임을 발견하게 된다.[2] 그나마 일부 사례연구들도 대부분 특정한 지역 내의 한 장소나 몇 개 장소의 농민시장을 대상으로 한 짧은 보고서[3]나 신문기사 형태의 것들이 많고, 특정한 지역 내에 위치한 여러 장소의 농민시장을 비교·종합한 체계적인 연구논문은 거의 찾아볼 수 없다. 따라서 미국 농민시장에 관한 이해를 진전시키기 위해서는 여러 장터를 연구 대상으로 설정하여 실질적인 운영의 양태들을 파악하려는 지역농민시장 사례연구 영역이 활성화될 필요가 있다. 이 같은 방향에서의 미시적 연구가 농민시장의 전체적인 발전 추이 및 특징들에 대한 거시적 연구와 병행되어야 연구 성과의 상호 보완이 이루어지는 가운데 농민시장을 보다 심도 있게 이해할 수 있을 것이기 때문이다. 이 장의 초점을 사례연구로 좁히게 된 이면에는 우선 이런 점에 대한 고려가 있었다.

이 장이 내포하고 있는 또 다른 문제의식은 농민시장과 저소득층 간의 관계에 관한 것이다. 농민시장의 농산물에 관한 일반 소비자의 통념 중 하나는 비교적 가격이 비싸다는 인식이다. 이것은 이번 연구에서 확인해볼 점이기도 하지만 그런 관념은 농민시장에서 거래되는 작물의 상당수가 유기농산물이라는 점에서 비롯된 것으로 보인다. 사정이 그렇다고 가정할 때 즉각적으로 스치는 한 가지 의문은 저소득층의 문제다. 즉, 농민시장에서의 신선한 농산물 구입과 이를 매개로 한 사회적 교류 과정에서 저소득층은 배제될 수밖에 없는가라는 물음이 그것이다. 이와 동시에 떠오르는 또 한 가지 생각은 미국 정부는 과연 이 문제에 어떻게 대처하고 있을까 하는 점이다. 다시 말해, 이에 대한 미국 정부의 정책은 어떤 것이고, 그것이 농민시장의 현장에서 구체적으로 어떻게 구현되고 있으며, 어떤 한계와 과제를 제기하고 있는가다. 아울러 이런 관심은 농민시장과 연계해 시행되고 있는 미국 정부의 저소득층 정책이 우리의 농업과 농촌공동체에 시사하는 바는 무엇인가 하는 호기심으로 이어진다. 이런 맥락에서 2장에서는 저소득층의 농민시장 이용을 촉진하기 위한 정부 프로그램의 내용과 포틀랜드지역 농민시장에서의 시행 실태 및 반응 등을 집중적으로 검토하고자 한다.

요컨대, 이 장에서는 위와 같은 문제의식과 기존의 연구 성과들에 기초해 미국의 농민시장이 지역에서 어떤 모습과 특징을 갖고 운영되고 있으며, 또 농민시장과 관련하여 실시되고 있는 정부의 저소득층 정책은 현장에서 어떻게 투영되고 있는지를 살펴보는 데 역점을 두고자 한다. 물론 이 경우에 가장 바람직한 연구 방법은 미국 전역에 흩어져 운영되고 있는 농민시장들을 골고루 선정하여 탐색하는 것이다. 하지만 이것은 개인 연구의 수준에서는 경비나 시간의 측면에서 현실적으로 거의 불가능하기 때문에, 이 장에서는 연구 대상을 주로 오리건주 포틀랜드지역의 농민시장에 한정해 살펴보고자 한다.

이 같은 제한된 연구 대상을 중심으로 여기서는 포틀랜드지역 농민시장의 성장 추이, 시장의 현황(숫자·위치·운영 기간·개장 요일과 시간대), 시장의 기능과 특징, 저소득층의 농민시장 이용 촉진을 위한 연방정부 프로그램들의 핵심 내용과 포틀랜드 농민시장에서의 시행 실태와 한계 및 의의 등을 검토하려 한다. 특히, 향후 이 분야의 심화 분석에 필요한 기초자료들의 체계화를 도모한다는 관점에서 필자는 이 같은 일련의 작업 과정에서 포틀랜드지역 농민시장에 관한 분산된 자료들을 여러 경로를 통해 최대한 입수하여 재구성하고자 한다. 그럼에도 불구하고 이 장에서도 핵심적인 분석자료는 면접조사를 통해 얻고자 한다. 포틀랜드지역의 농민시장 중 4곳[4]을 집중적으로 방문해 간단한 면접조사를 실시하여 그 결과를 연구에 적극 반영하려는 것이다. 면접조사는 농민시장의 판매인[5] 5명, 시장관리인 2명, 소비자 11명을 대상으로 2008년 9월 23일부터 9월 27일까지 실시했다. 이 장의 마지막 부분에서는 본문에서의 연구 결과들에 근거해 포틀랜드지역 농민시장의 운영 실태가 한국 농업의 활로 모색에 시사하는 점들을 도출해보고자 한다.

포틀랜드지역 농민시장의 성장, 현황 및 일반적 특징

연구 대상지로 포틀랜드지역을 선정한 데에는 우선 연구의 편의성과 효율성이 고려되었다. 필자가 이곳에 1년 이상 체류하고 있던 터라 농민시장을 비롯한 전반적인 지역 사정을 이해하는 데 다른 지역보다 상대적으로 유리했고, 이 점이 연구의 심화에도 도움이 될 수 있다고 판단했기 때문이다. 지역 선정 과정에서 고려했던 또 한 가지 측면은 포틀랜드가 미국 전역에서도 농민시장과 관련해 주목을 받아온 대표적인 지역에 속한다[6]는 점이었다. 전국 대상의 표본조사가 아닌 특정 지역의 사례연구를 수행하는 입장에서 볼 때 이런 평가는 연구의 편향 가능성에 대한 우려를 불식시켜준다는 이점을 제공한다. 즉, 포틀랜드지역의 농민시장이 양호하고 전형적인 농민시장이라는 것은 이번 연구가 미국 농민시장의 일반성보다는 특수성을 밝히는 편향된 연

구로 기울 가능성을 상당 부분 차단해주는 의미를 가질 수 있다는 것
이다.

포틀랜드지역 농민시장의 성장

포틀랜드지역의 농민시장이 미국 농민시장에서 갖는 의미를 가늠
해보기 위해서는 먼저 포틀랜드가 속해 있는 오리건주와 미국 전체의
농민시장 성장 추이에 주목할 필요가 있다.

미국 농무부U.S. Department of Agriculture, USDA는 미국 전역에서 운영되
고 있는 농민시장의 주소록을 1994년부터 2년 주기로 발표하고 있다.
2008년 9월 19일 발표된 미국 농무부 자료에 의하면, 전국에서 운
영 중인 미국의 농민시장 숫자는 1994년 1,755개에서 지난 14년간 지
속적인 상승세를 보이면서 약 3,000개가 늘어나 2008년 8월 현재
4,685개에 이른 것으로 나타났다.[7] 양적으로 보면, 비교시점 대비 약
2.7배 증가한 것이다.

한편, 오리건주의 농민시장은 지난 10년간 2배 이상 증가했고, 농
산물 출하기에는 매주 약 9만 명의 방문객에게 지역에서 재배한 농작
물을 제공하는 가운데 1,000명 이상의 소규모 가족농의 실질적인 수
입원으로 기능해왔다.[8] 특히, 2004년 64개[9]이던 오리건주의 농민시장
은 2008년 9월 21일 기준 101개[10]로 늘어난 것으로 확인되었다. 이
같은 자료는 미국 전역과 오리건주의 2004년에서 2008년까지의 농민
시장 성장세를 비교할 수 있게 해준다. 양자를 비교하면 최근 4년 사
이에 미국 전역의 농민시장 성장률은 약 26퍼센트이고, 오리건주는
약 58퍼센트임을 알 수 있다. 따라서 적어도 시장의 숫자만을 놓고 보

표 2-1 **포틀랜드지역 농민시장의 성장 추이(1994-2008)**

연도	1994	1996	1998	2000	2002	2004	2006	2008
시장 수	3	2	3	7	8	8	13	15

표 2-2 **포틀랜드시와 오리건주의 인구 추이(1970-2006)**

연도	포틀랜드시 인구	오리건주 인구
1970	379,967	2,091,533
1980	366,383	2,633,156
1990	438,802	2,842,321
2000	529,121	3,421,399
2006	562,690	3,690,505

주) 오리건주의 2006년 인구는 7월 1일자 기준의 추정치.
출처: 포틀랜드시의 인구는 http://www.sos.state.or.us/bbook/local/populations /pop03.htm에서, 오리건주
의 인구는 http://stage.www.pdx.edu/media/p/o/PopRpt06_fnl7.pdf에서 발췌.

면 오리건주의 농민시장이 이 기간에 전국 평균의 2배 이상 성장했다
고 할 수 있다.

포틀랜드지역 농민시장의 성장 과정도 매우 인상적이다. 〈표 2-1〉
에서 보듯,[11] 포틀랜드지역의 농민시장 숫자는 1994년에 비해 지난
14년간 5배나 급증했고, 지난 4년 사이에 약 1.9배 증가했음을 알 수
있다. 앞서 살펴본 바와 같이 미국 농민시장의 평균 성장 추이가 지난
14년간 약 1.7배 그리고 최근 4년간 26퍼센트였다는 점과 비교할 때,
이는 매우 급속한 증가율이라고 하지 않을 수 없다.

이와는 다소 다른 관점에서 포틀랜드지역의 농민시장 숫자를 오리
건주 전체 농민시장의 수적 규모와 횡적으로 비교하면 또 다른 사실

을 확인할 수 있다. 즉, 포틀랜드 농민시장 15개는 수적 비중으로 볼 때 오리건주 전체 농민시장의 약 15퍼센트에 해당한다는 점이다. 오리건주에는 행정체계상 시city가 242개[12]나 되는데, 포틀랜드라는 한 도시에 오리건주 농민시장의 15퍼센트가 몰려 있다는 것은 주목거리가 아닐 수 없다.

이는 포틀랜드가 오리건주에서 인구 제1의 도시(〈표 2-2〉 참조)이자 인텔 본사, 나이키 본사 등이 위치해 있는 경제 중심도시이고, 주 내에서 가장 큰 광역권[13]을 형성하고 있는 핵심 지역이라는 사실과 깊은 관련이 있는 것으로 보인다. 즉 오리건주 내에서 상권이 가장 발달되어 있고 중산층이 상대적으로 밀집된 곳이라는 점이 이 지역 농민시장의 성장을 촉진한 주요 요인인 것으로 보인다.

포틀랜드지역 농민시장의 현황과 일반적 특징

포틀랜드지역의 농민시장은 어떤 상태에 있을까? 먼저 농민시장 15개[14]의 현황을 간단히 정리하면, 〈표 2-3〉과 같다. 이것은 포틀랜드지역 농민시장의 명칭과 홈페이지 및 운영 기간·요일·시간의 측면에 초점을 맞추어 구성한 것이다.

이 같은 현황은 포틀랜드지역의 농민시장이 지니고 있는 다음과 같은 몇 가지 특징을 보여준다.

첫째, 15개의 농민시장 중 1곳을 빼고는 모두 홈페이지를 갖고 있다. 특히, 포틀랜드 농민시장은 도심에서 운영되고 있는 4개 농민시장에 관한 자세한 정보들을 홈페이지를 통해 제공하고 있어 눈길을 끈다.[15] 이를테면, 포틀랜드 농민시장의 홈페이지에는 4개 시장의 지

표 2-3 포틀랜드지역의 농민시장 현황(2008년)

시장 명칭	홈페이지(시장의 위치)	운영 기간·요일·시간
시다 밀 선셋 FM (Cedar Mill Sunset FM)	thegnar.org/cmfmarket (13565 NW Cornell)	5월 하순에서 10월 중순, 토 8:00-13:00
힐즈데일 FM (Hillsdale FM)	hillsdalefarmersmarket.com (Wilson High-Rieke Elementary Parking Lot)	5월에서 10월, 일 10:00-14:00(매주); 11월에서 4월, 일(한 달에 두 번)
할리우드 FM (Hollywood FM)	hollywoodfarmersmarket.org (NE Hancock between 44th and 45th Avenues)	5월에서 10월, 토 8:00-13:00; 11월에서 추수감사절, 토 9:00-13:00
인터스테이트 FM (Interstate FM)	interstatefarmersmarket.com (Overlook Park)	5월 중순에서 9월, 수 15:00-19:00
렌츠 인터네셔널 FM (Lents International FM)	zenger.eroi.com/lents- internation-farmers-market (SE 92nd and Foster)	6월 중순에서 10월 중순, 일 9:00-14:00
로이드 FM (Lloyd FM)	없음(NE Holladay St Between 7th & 9th)	6월에서 9월, 화 10:00-14:00
몬타빌라 FM (Montavilla FM)	montavillamarket.org (7600 Block of SE Stark St)	6월에서 10월 초순, 일 10:00-14:00
모얼랜드 FM (Moreland FM)	morelandfarmersmarket.org (SE Bybee & SE 14th St)	5월 중순에서 9월, 수 15:30-19:30
오리건보건과학대학교 FM (OHSU FM)	ohsu.edu/farmersmarket (OHSU Auditorium Courtyard)	5월 중순에서 10월 중순, 화 11:30-15:30
파크로즈 FM (Parkrose FM)	parkrosefarmersmarket.org (NE 122nd St & NE Shaver St)	5월에서 10월, 토 8:00-14:00
피플스 FM (People's FM)	Peoples.coop(3029 SE 21st between Powell & Division)	연중, 수 14:00-19:00
포틀랜드 FM 이스트뱅크 (Portland FM Eastbank)	portlandfarmersmarket.org (Eastbank)	5월 중순에서 9월, 목 15:30-19:30
포틀랜드주립대학교 FM (Portland FM Portland State University)	portlandfarmersmarket.org (Portland State University)	4월에서 10월, 토 8:30-14:00; 11월에서 12월, 토 9:30-14:00
포틀랜드 FM 다운타운 (Portland FM Downtown)	portlandfarmersmarket.org (Shemanski Park)	5월에서 10월, 수 10:00-14:00
포틀랜드 FM 에코트러스트 (Portland FM Ecotrust)	portlandfarmersmarket.org (Ecotrust Parking Lot)	6월에서 9월, 목 15:30-19:30

주1) 시장의 위치는 간단하게 표시.
주2) 포틀랜드 농민시장 4곳의 위치는 시장명에 제시된 순서대로 표시.
주3) 홈페이지 주소에서 http://www는 모두 생략.
출처: *2008 Guide to Oregon Farmers Markets* ; http://apps.ams.usda.gov/FarmersMarkets/Results3.asp;
농민시장의 개별 홈페이지 등에서 종합적으로 재구성.

도상의 위치, 시장의 운영 시기·요일·시간, 장소뿐만 아니라 160여 명에 이르는 판매인 목록이 게시되어 있고, 각각의 전화번호, 주소, 웹사이트, 주요 생산 품목, 지도상의 위치 등에 관한 정보를 제공하고 있어 소비자들의 직접적인 접촉도 얼마든지 가능하게 되어 있다.[16] 요컨대, 홈페이지의 질적 수준은 시장에 따라 매우 다르지만 홈페이지를 통해 시장에 관한 각종 정보를 제공하고 홍보하고 있다는 점에서 포틀랜드지역의 농민시장들은 정보화를 매개로 한 고객 유치에 주목하고 있음을 알 수 있다.

둘째, 농민시장의 운영 시기는 시장에 따라 다소 차이가 있지만 대부분 5월에서 10월 사이로 볼 수 있다. 연중 열리는 곳은 1곳뿐이고, 이 시기 외에 겨울에도 여는 시장이 몇 곳 있다. 이와 같이 농민시장의 개장 시기가 5월에서 10월 사이에 집중된 까닭은 신선한 채소나 과일 등을 제공할 수 있는 수확기를 고려했기 때문이라고 할 수 있다.

셋째, 농민시장이 열리는 요일을 살펴보면, 우선 절반 정도인 7곳이 토요일이나 일요일에 선다. 이것은 직장인들이 쉬는 주말을 겨냥해서 열리는 농민시장이 많음을 의미한다. 즉, 주말과 휴일에 농민시장을 여는 것이 신선한 찬거리나 후식거리를 집 근처에서 구하려는 손님들의 발걸음을 끌어들일 수 있는 좋은 방법일 것이라고 생각해서 정해진 요일인 듯하다. 하지만 직장인들이 붐비거나 정주 주민들이 많은 지역에서는 앞서와 똑같은 이유에서 이들을 주된 고객으로 설정해 주중에 시장을 개설하고 있는 곳도 많다. 요컨대, 포틀랜드지역의 농민시장은 주중과 주말에 각각 절반 정도씩 열리고 있고, 이것은 각각 나름대로 시장이 열리는 지역과 고객의 특성을 동시에 고려한 결과라고 할 수 있다.[17]

사진 2-1 셰먼스키 공원에서 열리는 포틀랜드 수요농민시장

　넷째, 농민시장이 도심을 중심으로 시의 전역에 골고루 분산되어 있다. 즉, 상당수의 시민이 자신의 거주지역이나 직장 인근에서, 또 외곽의 주거지역이나 시 접경지역의 주민들도 비교적 단거리 이동으로 얼마든지 농민시장을 이용할 수 있게 되어 있다. 이와 같이 농민시장에의 지리적 접근성이 매우 높기 때문에 이용자들은 교통 혼잡을 피해 도보나 잠깐의 운전만으로 자신의 인근 지역에서 양질의 신선한 농산물을 손쉽게 구할 수 있는 것이다.[18] 한편 농민시장의 지리적 분산성은 앞서 언급한 장터의 요일별 분산성과 결합되어 농민과 농민시장 및 소비자 모두에게 시너지 효과를 낳고 있다고 할 수 있다. 우선 소비자의 입장에서 보면, 이들은 바로 근거리에 위치한 장터 외에도 필요할 경우에는 다른 요일에 다른 곳에서 열리는 장터들을 언제든 이용할 수 있는 편의성을 제공받는다.[19] 또 판매인들은 한 시장에서만

영업하는 것이 아니라 다른 요일에 개장하는 다른 장터에도 참여해[20] 소득을 올린다. 결국 장터마다 많은 판매인과 소비자들이 만나 서로 도움을 주고받고 있으며, 그 과정에서 농민시장은 더욱 활기를 띠게 되는 것이다.

다섯째, 시장이 열리는 시간대가 주말이냐 주중이냐에 따라 차이가 있다. 주말에는 모두 오전 8~9시에 개장해서 오후 1~2시에 마감한다. 이것은 주말의 경우 오전과 점심시간경까지 장을 보고 휴식을 취하거나 다른 일을 볼 수 있게끔 고객들의 편의와 시장 이용의 극대화를 고려해 설정한 시간대인 듯하다. 주중의 시간대는 8곳 중 5곳이 오후 2~3시부터 저녁 7~8시까지로 되어 있어 퇴근하는 길에 혹은 귀가 직후 직장이나 집 근처의 농민시장을 이용할 수 있게 유도하려는 의도가 담겨 있음을 알 수 있다. 예컨대, 포틀랜드 도심의 경우에는 직장과 주거지의 혼합형으로 개발된 곳이 많기 때문에 주중의 퇴근시간을 염두에 둔 오후 장터들은 이들을 고객으로 흡수할 수 있는 여건을 충분히 갖추고 있다고 할 수 있다. 또 포틀랜드의 경우에는 도심에 아파트 중심의 주거지가 발달되어 있어 포틀랜드주립대학교 캠퍼스에서 토요일에 열리는 장터에는 학생들을 비롯한 인근의 많은 주민이 몰려든다. 포틀랜드지역의 농민시장 중 운영 시간의 측면에서 독특한 곳이 'OHSU 농민시장'이다. 특이하게도 운영 시간이 오전 11시 30분부터 오후 3시 30분까지로 되어 있기 때문이다. 이것은 바쁜 병원 관계자를 비롯한 오리건보건과학대학교Oregon Health & Science University, OHSU[21] 교직원들이 점심시간을 이용해 잠깐씩 장을 볼 수 있도록 요청해서 설정된 시간대다. 장터는 이들의 편의를 위해 OHSU 교내에서 열리고 있고, 실제로 고객의 90퍼센트가 OHSU 교직원이라

사진 2-2 오리건보건과학대학교(OHSU) 농민시장

고 한다.[22] 이와 같이 포틀랜드지역 농민시장들의 시장 운영 시간대는 해당 지역 주요 고객들의 활동 시간을 감안해 설정되고 있음을 알 수 있다.

여섯째, 농민시장의 장소가 대학 구내, 공원 주차장, 쇼핑몰의 일부 유휴 공간 등 다양하다. 다시 말해, 적절한 공간을 확보하기 힘든 도심지역에서는 장터가 열리는 시간만큼 기존의 주차장을 빌려 쓰거나 공원 부지의 일부를 이용하고 대학 구내의 일정 지역을 활용하기도 한다는 것이다. 물론 농민시장의 운영자들은 장소 임대료를 제공한다. 시장관리인의 설명에 의하면, 일례로 에코트러스트 주차장에서 열리는 농민시장의 경우에는 시장이 운영되는 기간인 4개월간의 임대료로 3,000달러를 지불한다. 특히 포틀랜드주립대학교의 토요농민시장이 판매인이나 이용자의 규모 면에서 포틀랜드지역의 대표적인 농민시장으로 성장하게 된 이면에는 장소의 이점도 크게 작용한 것으로 보인다. 다른 시장에 비해 학교 구내라 상대적으로 나무도 많은 쾌적한 넓은 공간에서 여유롭게 쉬면서 장을 볼 수 있고, 학교 건물 내의 화장실도 이용할 수 있으며 대학의 싱그러운 분위기도 만끽할 수 있기 때문이다.[23]

그렇다면, 농민시장이 갖는 또 다른 특징들은 어디에서 찾을 수 있고, 그 내용은 무엇일까?

첫째, 농민시장은 무엇보다도 지역에서 생산된 신선하면서도 고품질의 농산물이 상품으로 판매되는 장소라는 특징을 갖는다. 이것은 농민시장이 농산물의 거래 장소라는 가장 기본적인 의미에 비추어 볼 때, 그 농산물의 일반적 성격을 어떻게 파악해야 하느냐의 문제와 직결된 것이라고 할 수 있다. 즉, 농민시장에서는 일반 식품점이나 대형 매장에서 판매되는 익명의 대량 소비용 식품과는 달리 '지역'에서 재배되어 출하된 신선하고 영양가 있는 식품들이 생산자인 농민에 의해 직접 제공된다는 것이다. 필자가 면담한 판매인들은 모두 이점에 대단한 자부심을 드러냈다. 이들은 하나같이 자신이 직접 농사

지은 것을 어제 또는 바로 오늘 아침에 따왔기 때문에 매우 신선하고 품질도 정말 좋다고 자랑스럽게 얘기했다. 또 이들은 자신들의 농산물을 화학비료를 매우 적게 사용한 것이거나 완전한 유기농산물이라고 설명하면서, 이것들을 자신이 직접 따서 운송해 온 것임을 누차 강조하곤 했다. 농민시장에서 거래되는 농산물의 가격에 관해 어떻게 생각하느냐는 필자의 물음에, 판매인과 시장관리인 대부분은 다른 매장의 농산물보다는 다소 비싼 편이지만 합리적인 가격이라고 생각한다는 견해를 덧붙였다. 즉, 대형 매장이나 일반 식품점에서는 어디에서 재배되었는지도 모르는 농산물을 대규모 농장에서 며칠 전에 따다가 대량으로 운송하여 공급함으로써 상업적으로 원가를 낮추기 때문에 저렴하지만 자신들의 농산물은 모든 과정이 다르다는 것이다.

그렇다면 농민시장 농산물의 품질에 관한 이들의 주장을 뒷받침할 객관적인 근거는 무엇일까? 그것은 당연히 농산물의 품질에 대한 객관적인 인증과 소비자들의 실제 반응에서 찾아보아야 할 것이다.

첫 번째 근거는 농민시장에서 거래되는 농산물 중에는 미국 농무부에서 전국적으로 운영하는 유기농산물 프로그램에 의해 인증된 농산물이 많다는 점에서 찾을 수 있다. 포틀랜드지역의 농민시장에서는 실제로 '오리건 틸스 인증 유기농산물Oregon Tilth Certified Organic, OTCO'이라는 문구를 판매대 위에 크게 써 붙여두거나 이 문구와 함께 OTCO라는 둥근 표식이 있는 작은 게시물을 판매대 아래 걸어두고 영업하는 판매인이 많았다(《사진 2-3》 참조).[24] 소비자들은 이것을 보고 해당 농산물이 정부의 공인을 받은 유기농산물임을 알 수 있다.

사진 2-3 유기농산물 인증 문구를 붙여둔 판매대

　두 번째 근거는 소비자들이 농민시장에서 판매되는 농산물의 품질을 전적으로 신뢰하고 있다는 점에서 확보된다. 필자가 만나본 소비자들 중에서 농민시장의 농산물이 갖는 품질의 우수성에 의문을 제기하는 사람은 단 한 명도 없었다. 즉, 이들은 이곳의 농산물들이 다소 가격이 비싸기는 하지만 품질이 우수하기 때문에 기꺼이 그 가격을 지불하고 구입한다고 얘기했다.[25]

　이 점은 농민시장에서 거래되는 농산물과 그 품질에 대한 관심이 소비자에게 농민시장을 찾게 만드는 가장 중요한 이유라고 보고한 기존의 여러 조사 결과와도 일치한다.[26] 이상의 논의는 농민시장의 1차적 의미가 농산물의 거래 장소라는 점에 있기 때문에 제품의 품질이 관건임을 보여준다.

　둘째, 농민시장은 지역사회 구성원들, 특히 도시지역 주민들의 즐거

사진 2-4 포틀랜드주립대학교 농민시장 전경(좌)과 시식코너(우)

운 휴식공간이라는 특징을 갖는다. 주중에는 집이나 일터 근처의 농민시장에서 잠깐씩이나마 그리고 주말에는 좀 더 여유롭게 가족 나들이를 겸해 나와 평화로우면서도 밝은 분위기를 한껏 즐길 수 있는 공간이 바로 농민시장이라는 것이다. 판매대 곳곳에서 제공되는 시식코너에서 과일을 비롯한 판매상품들을 맛보기도 하고, 장터에서 벌어지는 전문 요리사의 조리시범을 보면서 한 수 배우기도 한다(〈사진 2-4〉 참조). 특히, 포틀랜드주립대학교 캠퍼스에서 토요일에 열리는 포틀랜드 농민시장에서는 가족 단위로 나와 북적대는 가운데 장을 보며 구경도 하고, 큰 나무 그늘 아래 앉아 점심식사도 하는 정겨운 장면들이 곳곳에서 펼쳐진다. 경쾌한 음악 연주[27]도 여러 곳에서 그룹이나 개인별로 이어지고 있어 방문객들의 흥을 한층 돋워준다.[28]

　셋째, 농민시장은 지역농민과 도시주민들이 지역농산물을 매개로 함께 만나 서로에 관한 이해의 폭을 넓히고 일체감을 강화함으로써 공동체를 통합하는 기능을 하는 사회적 공간이라는 의미를 갖는다. 예컨대, 농민시장을 자주 찾는 고객들은 농산물의 구매 과정에서 지역에서 생산되는 친환경 농산물의 가치와 영농의 필요성을 절감하게 되고 농촌지역으로의 무분별한 도시 확장을 경계하게 된다. 자신들의 일터와 주거지의 주변에서 직접 생산되는 신선하고 안전한 고품질의 농산물이 매우 소중하고 따라서 이를 제공하는 환경과 영농활동을 도와야 한다는 생각을 갖게 된다는 것이다.[29] 판매인들도 자신이 자부심을 갖고 생산한 농산물을 고객들을 직접 만나 대화하며 제공하는 과정에서 공동체 구성원으로서의 일체감을 느끼게 되는 것이다.[30]

농민시장의 공동체 통합 기능은 생산자농민과 소비자 간의 관계 외에 시장의 운영 과정에서도 확인된다. 농민시장의 운영에는 판매인들의 회비[31]가 기본적으로 중요하지만 자원봉사자, 지역농민과 지역영농을 돕고자 하는 기업체, 요식업체, 은행, 개인 후원자 등 지역사회의 여러 기관과 개인들이 참여하기 때문이다.[32] 이런 점들은 포틀랜드지역의 농민시장이 분명히 '사회적 공동체의 형성'(김철규, 2006a) 혹은 '지역사회의 통합'(김종덕, 2004b)에 기여하는 사회적 공간임을 보여주는 것이라고 평가할 수 있다.

이상의 논의는, 포틀랜드지역의 농민시장이 1차적으로 지역에서 생산된 신선한 고품질의 농산물을 거래하는 장소이지만 농산물의 단순한 판매 장소 이상의 복합적인 사회적 의미와 특징을 갖고 있음을 보여준다. 즉, 농민시장은 불특정 다수의 뜨내기손님과 농민이 만나는 곳이라기보다는 고객이자 이웃으로서 도시소비자와 농민이 경쾌한 분위기 속에서 신선한 농산물을 매개로 인간적으로 교류하고 신뢰를 쌓아가며 하나의 공동체를 이루어가는 사회경제적 공간인 것이다.

포틀랜드지역의 농민시장과 저소득층을 위한 프로그램의 접목

저소득층의 농민시장 이용 촉진을 위한 연방정부 프로그램

우리 학계에서 미국 농민시장에 관한 학술적인 연구는 김종덕 (2004b)과 박덕병(2004)에 의해 이루어졌다. 즉, 이들에 의해 미국 농민시장에 대한 연방정부의 여러 가지 지원 프로그램, 특히 대표적 지원 프로그램인 '농민시장 여성·유아·어린이 영양 프로그램Women Infants and Children Farmers' Market Nutrition Program, WIC FMNP'과 '농민시장 노인 영양 프로그램Seniors Farmers' Market Nutrition Program, SFMNP'의 주요 내용, 그리고 2003년경까지의 운영 현황이 소개된 바 있다. 따라서 여기서는 이들의 연구에 기초해 지난 5년 사이에 일어난 변화와 추가할 내용들을 짚어봄으로써 양대 프로그램에 대한 우리의 이해를 제고하고자 한다. 또 연방정부가 주정부와의 협력 아래 '식품구매권 프로그램 Food Stamp Program, FSP'과 농민시장 간의 접목을 확산시킴으로써 프로그램 수혜자뿐만 아니라 농민시장을 지원하고 있는 추세에 관해서도 검토하고자 한다.

먼저 '농민시장 여성·유아·어린이 영양 프로그램'이란 저소득의 임신부, 수유 여성과 산후조리 여성 그리고 영양 부족의 가능성이 있는 4개월 이상의 유아와 5세 이하의 어린이를 대상으로 미국 농무부에서 실시하는 영양보충 특별 프로그램을 의미한다. 이 프로그램은 수혜자들에게 지역에서 생산된 신선한 과일, 채소, 허브 등을 공급하고 영양과 보건에 관한 교육과 정보를 제공하며 지역농민시장의 이용과 판매 증진을 목적으로 1992년부터 시행되고 있다.[33] 이 프로그램의 운영에 소요되는 식품비 예산 전액과 행정비용의 70퍼센트는 연방정부가 부담하고, 행정비용의 30퍼센트는 주정부가 감당한다. 이 프로그램은 연방정부가 제공하는 예산으로 현재 38개 주정부를 포함하여 주와 연계된 46개 기관이 운영하고 있으며, 수혜자들과 농민시장 및 농민 모두에게 상당한 영향을 미치고 있다고 한다.[34]

오리건주의 경우에는 주정부 사회복지과Oregon Department of Human Service에서 '오리건 농장 영양 직접공급 프로그램Oregon's Farm Direct Nutrition Program'의 하나로 '오리건 여성·유아·어린이 농장 영양 직접공급 프로그램Oregon WIC Farm Direct Nutrition Program'을 운영함으로써 여성·유아·어린이들에게 농민시장이나 농장 직매대를 통해 지역에서 생산한 신선한 채소와 과일 등을 제공하고 있다. 이 프로그램의 수혜자들은 사용 기간, 사용처, 구입 가능한 품목 등이 명시되어 있는 2달러짜리 연보라색 수표 10장씩 모두 20달러를 1인당 1년에 한 번 지급받는다. 2008년의 경우, 이들에게 제공된 수표는 농민시장이나 농장 직매대 등에서 그해 6월 1일부터 10월 31일까지 사용할 수 있도록 되어 있다.[35]

오리건 주정부 자료에 의하면, 이 프로그램은 프로그램 수혜자와 농민 모두에게 상당한 도움을 주고 있다고 한다. 한 조사에 의하면, 이 프로그램의 수혜자들 중의 62퍼센트가 이전보다 과일과 채소를 더 많이 먹게 되었다고 답했고, 68퍼센트는 앞으로 더 많은 신선한 과일과 채소를 구입해 먹을 계획이라고 응답했다. 또 이들의 절반이 자신에게 지급된 수표 덕분에 처음으로 농민시장에 가게 되었다고 답변했다. 이와 같이 저소득층 가구들은 프로그램의 수혜로 인해 신선하

사진 2-5 노인을 수혜자로 하는 오리건 농장 영양 직접공급 프로그램 수표의 앞면

고 영양가 있는 식품을 구매할 새로운 기회를 갖게 되었고, 실제로 이의 소비를 늘려가고 있는 것이다.[36]

한편, 농민시장 노인 영양 프로그램은 60세 이상의 저소득층[37] 노인들에게 농민시장이나 노상의 농산물 직매대, CSA 등을 통해 신선한 채소와 과일, 허브 등을 제공하고, 그 과정에서 지역농민과 농민시장 등을 육성하기 위한 프로그램이다. 즉, 저소득층 노인들의 영양과 건강을 신선한 양질의 지역농산물의 공급을 통해 뒷받침하면서 동시에 지역농업과 영농을 장려하기 위한 목적으로 시행되는 프로그램이다. 2007년의 경우, 연방정부가 제공한 예산을 갖고 주정부를 포함한 46개 기관이 프로그램을 집행한 바 있다. 이 프로그램의 수혜자들은 주마다 농사 환경의 차이에 따라 조금씩 다른 자기 지역의 수확기에 맞춰 자신에게 할당된 수표를 사용하도록 되어 있다.[38] 2007년도와 마찬가지로 2008년에도 프로그램 수혜 노인들에게는 노란색 3달러짜리 수표[39] 10장씩 1인당 모두 30달러가 지급되었다.[40] 〈사진 2-5〉에서 볼 수 있듯이 오리건주의 경우, 2008년 프로그램 수혜자들은 수표를 그해 6월 1일부터 10월 31일까지 사용하도록 되어 있다.

사진 2-6 오리건 농장 영양 직접공급 프로그램 이용자를 환영하는 표지판

오리건 주정부 사회복지과에서 수혜 자격이 있는 노인들에게 5월 하순에 편지를 발송하면 수혜 의사가 있는 노인들이 주정부에서 보내온 편지에 서명한 후 반송하여 우편으로 수표를 받게 된다.[41] 주정부는 프로그램의 수혜를 받으려는 노인들로부터 프로그램이 종료되기 1개월 전인 9월 30일까지 반송 우편을 받아야 2008년도 수표를 발급할 수 있게 되어 있다. 이 수표의 사용 기간은 '오리건 여성·유아·어린이 농장 영양 직접공급 프로그램'과 마찬가지로 그해 6월 1일부터 10월 31일까지로 한정되어 있다. 한편, 수혜자들이 받는 우편물에는 이 프로그램에 참여하는 농민시장과 농장 직판 매대의 개설 장소 목록도 포함되어 있고, 참여 농가와 농민시장의 판매인들은 현장에서 노란색의 프로그램 표지판을 게시하게 되어 있다.[42]

농민시장의 성장에 도움을 주는 연방정부의 또 다른 정책은 식품

구매권 프로그램이 농민시장에서 활발하게 통용될 수 있도록 유도하는 것이다. 여기서 말하는 식품구매권이란 '연방정부의 식품보조 프로그램들의 초석'으로서 저소득층에게 매월 식품 구입비[43]를 보조하는 농무부 주관 프로그램이다.[44] 원래 종이쿠폰으로 지급되던 것이 행정업무와 수급자 이용의 편의성을 제고하기 위해 시도된 전자화 시범사업을 거쳐 이제는 하나의 시스템으로 거의 정착했다.[45] 수혜자가 정부로부터 매월 자신의 적립 계좌에 전자적으로 지급받고, 식품을 구입할 때 플라스틱 카드를 사용함으로써 소매상인에게 바로 결제할 수 있게 만든 이른바 '식품보조금 전자전환Electronic Benefit Transfer, EBT' 시스템이 그것이다.[46] 이 시스템은 경비 절감과 편의성 외에도 종이쿠폰을 사용할 때 발생할 수 있는 분실이나 도난, 사기 등의 위험을 줄이고, 모든 식품 거래의 자동적인 전자 기록으로 인해 불법적인 물품 구입 사례의 적발도 쉽게 해준다. 이런 장점들 때문에 연방정부에서는 그동안 이 시스템의 도입을 적극 추진해왔고,[47] 식품보조금 프로그램 담당 부서에서는 자기 주에서 사용할 식품보조금 EBT 시스템을 갖추어왔다.

포틀랜드지역 농민시장과 저소득층을 위한 프로그램: 실태와 한계 및 의의

포틀랜드지역의 농민시장들은 저소득층 주민들과 농민시장을 위한 지원 프로그램을 얼마나 수용하고 있고, 그 시장들에 참여하는 판매인의 규모는 평균적으로 어느 정도일까? 이를 파악하기 위해 지역농민시장 관계자들과 직접 전화 통화를 시도했다.[48] 홈페이지나 기타 관련 자료들을 확인한 결과, 이에 관한 정보가 아예 없거나 있다 해도 최근의 것으로 갱신되지 않은 채 부분적인 정보만 담고 있어서[49] 직접 문의하는 것밖에 달리 방법이 없다고 판단했기 때문이다. 여기서 한 가지 유의해야 할 점은 특정한 농민시장이 그 두 가지 프로그램과 관련된 수표를 받는 것으로 표시되어 있다고 해서 해당 시장의 판매인이 모두 프로그램에 참여하고 있다는 의미는 아니라는 사실이다. 즉, 그것은 각 시장에서 상당수의 판매인이 해당 프로그램에 참여한다는 의미로 이해해야 한다. 필자가 실제로 농민시장의 여러 곳을 방문했을 때 이런 프로그램의 수혜자들을 환영한다는 표지판이 걸려 있지 않은 판매대도 제법 있었다. 한편 판매인 숫자는 주간에 따라 다소 유동적이기 때문에 시장 관계자들이 줄잡아 파악하고 있는 평균 숫자를 그대로 반영했다.

〈표 2-4〉에서 알 수 있듯이, 포틀랜드지역의 농민시장 15곳은 농민시장 여성·유아·어린이 영양 프로그램과 농민시장 노인 영양 프로그램의 수표를 모두 취급하고 있는 것으로 확인되었다. 이것은 연방정부가 농민시장과 연계해 구상한 정책 프로그램들이 포틀랜드지역의 농민시장 현장에도 일단 안착했음을 보여준다. 따라서 제도 운영의 측면에서 볼 때, 남은 과제는 이들 각 시장의 판매인들이 보다 많이 이 프로그램에 참여할 수 있도록 유도함으로써 이를 온전히 뿌리내리게하는 일일 것이다. 이와는 달리 오리건 트레일 카드의 경우에는 아직 4곳(27퍼센트)이 이를 수용하지 않은 상태여서 이 제도가 지역 현장에 정착되었다고 판단하기에는 이른 듯하다. 하지만 오리건 트레일 식품 보조금을 취급하지 않는 시장 4곳 중 2곳은 필자와의 통화에서 자신들도 내년에는 오리건 트레일 카드를 받을 계획이라고 밝혔기 때문에 조만간 포틀랜드지역의 농민시장에서 이 제도도 자리를 잡을 것으로

표 2-4 포틀랜드지역 농민시장의 저소득층 지원 프로그램 수용 실태와 판매인 규모

시장명칭	WIC FMNP	SFMNP	오리건 트레일 식품보조금	평균 판매인 숫자
시다 밀 선셋 FM	○	○	×	25~30
힐즈데일 FM	○	○	○	5~10월: 44, 11~4월: 35
할리우드 FM	○	○	○	48~50
인터스테이트 FM	○	○	○	23~28
렌츠 인터네셔널 FM	○	○	○	12
로이드 FM	○	○	×	11
몬타빌라 FM	○	○	×	23
모어랜드 FM	○	○	○	28~30
오리건보건과학대학교 FM	○	○	○	17
파크로즈 FM	○	○	×	30
피플스 FM	○	○	○	여름·가을: 20~25, 연평균: 10
포틀랜드 FM 이스트뱅크	○	○	○	25~28
포틀랜드주립대학교 FM	○	○	○	100
포틀랜드 FM 다운타운	○	○	○	37~40
포틀랜드 FM 에코트러스트	○	○	○	25

주1) WIC FMNP은 '농민시장 여성·유아·어린이 영양 프로그램.'
주2) SFMNP은 '농민시장 노인 영양 프로그램.'
주3) 평균 판매인 숫자는 주당 1회를 의미.
주4) 'O'은 수용, '×'는 미수용.

전망된다.

시장에 참여하는 판매인들의 평균 숫자는 대개 30명 내외였지만 시장마다 규모의 차이가 있는 것으로 나타났다. 포틀랜드지역에서 판

매인이 가장 많은 농민시장은 매주 평균 100여 명이 장사를 한다는 포틀랜드주립대학교 캠퍼스에서 열리는 장터였다. 이곳은 필자가 방문할 때마다 판매인과 손님으로 항상 붐볐고, 화창한 날에는 더욱 활기가 있었다.

그러면, 포틀랜드지역의 농민시장들에서 대금 결제는 거래 과정에서 어떤 식으로 이루어지는가? 필자의 참여관찰에 의하면, 다른 곳에서와 마찬가지로 농민시장에서도 현금 거래가 가장 활발했다. 농민시장 여성·유아·어린이 영양 프로그램과 농민시장 노인 영양 프로그램의 경우에는 앞서 살펴본 바와 같이 2달러짜리와 3달러짜리 수표가 사용되고 있었다. 3명의 판매인에게 면접 당일에 두 프로그램의 수표를 몇 장이나 받았냐고 물었다. 한 판매인은 1장도 못 받았다고 했고, 다른 한 명은 30장, 또 다른 1명은 40장을 받았다고 답했다. 장터에 따라 또 판매인에 따라 수표의 수령 정도는 상당한 편차가 있었다.[50]

오리건 트레일 카드의 소지자와 현금 없이 시장을 찾는 고객은 토큰을 통해 대금 결제를 했다. 우선, 오리건 트레일 카드 손님들은 대개 시장의 입구나 중앙에 위치한 안내소에서 카드를 제시하고 그곳에 비치된 카드 결제기로 필요한 액수만큼 결제한 후에 시장의 이름이 새겨진 1달러짜리 목재 토큰(EBT 토큰)을 받아서 현금처럼 식품 구입비로 지불하고 있었다. 물론 토큰은 해당 시장에서만 사용할 수 있으며, 1달러짜리 외에도 시장에 따라 3달러, 5달러짜리가 함께 통용되고, 3달러짜리나 5달러짜리 중 한 가지만 유통되는 곳도 있었다. 1달러짜리는 어느 시장에서나 오리건 트레일 카드 손님만 교환해서 사용할 수 있게끔 되어 있었다. 그런가 하면, 직불카드나 신용카드 고객은 카드 결제와 함께 일정한 수수료를 공제한 후에 3달러짜리나 5달러짜리 토큰을 받아 사용하도록 되어 있었다.[51] 시장의 안내소에서는 어디서나 토큰 판매 현수막이나 카드 이용에 대한 안내 문구를 볼 수 있었다. 이런 안내소의 장면들과 토큰 이용에 대한 관심은 저소득층의 농민시장 이용과 신선한 농산물의 섭취를 촉진함으로써 이들의 건강을 챙기게 함과 동시에 농민시장을 육성하려는 의도를 간접적으로 보여주는 것이라고 할 수 있다.

그렇다면, 포틀랜드지역에서 운영되고 있는 15개 농민시장에서 위세 가지 프로그램의 수혜자와 농가소득의 규모는 얼마나 될까? 유감스럽게도 포틀랜드라는 특정한 행정구역과 농민시장의 경우를 특화시켜 파악한 통계자료는 현재로서는 보이지 않는다. 하지만 오리건주 전체 수준에서의 개괄적인 통계는 확보했기 때문에 이것에 근거해 간접적으로 추산해볼 수는 있다.

우선, 2007년의 경우 오리건주에서는 약 2만 6,000명 이상이 농민시장 여성·유아·어린이 영양 프로그램의 수표를 수령해서 지역의 농민시장과 농장 직판대에서 신선한 농산물을 구입하는 데 사용했다. 지역농민들은 이들의 구매로 인해 41만 7,000달러 이상을 벌어들였다.[52] 그리고 같은 해에 약 2만 8,000명 이상의 저소득층 노인이 그들에게 지급된 수표를 수령해서 마찬가지로 지역의 농민시장과 농장 직판대에서 농산물을 구입했고, 지역농민들은 이로 인해 약 68만 2,000달러 이상의 소득을 올렸다.[53] 또 2007년의 경우, 오리건주에서는 22만 7,000가구에서 약 44만 명이 매달 가구당 평균 176달러의 식품보조금을 지급받았고,[54] 이 중 일부가 오리건 트레일 카드를 매개로 농민시장에서 사용되었다.

포틀랜드지역의 농민시장의 규모나 오리건주의 경제적 중심도시로서의 포틀랜드의 위상에 비추어볼 때, 농민시장 여성·유아·어린이 영양 프로그램과 농민시장 노인 영양 프로그램에 따른 주내 소비의 약 20퍼센트 이상이 포틀랜드지역의 농민시장과 인근의 농장 직매대를 통해 이루어졌을 것으로 추정된다. 또한 저소득층의 식품보조금 중 일부도 포틀랜드지역의 농민시장에서 사용되었을 것으로 보인다.[55]

이와 같은 오리건주 차원의 통계자료와 포틀랜드지역의 추정치는 위의 프로그램들이 농민시장의 성장에 나름대로 기여해왔고, 저소득층의 농민시장 이용을 뒷받침해왔음을 보여준다. 하지만 이런 통계자료를 근거로, 과연 저소득층이 농민시장의 일상적인 고객으로 자리를 잡아가고 있다고 볼 수 있을까? 필자는 이 질문의 답변을 얻기 위해서는 집합적인 통계자료와는 별개로 개인적인 단위로 초점을 좁혀서 이 문제를 생각해볼 필요가 있다고 보았다.

이 맥락에서 먼저 짚어볼 것은 앞서 언급한 양대 프로그램을 통해 지급되는 수표의 총액이다. 여성·유아·어린이 영양 프로그램의 연간 지급 총액은 현재 20달러이고, 저소득 노인 프로그램의 경우에는 30달러다. 오리건주의 2008년도 프로그램 수혜자들은 이것을 5개월 내에 사용하게 되어 있기 때문에 이를 평균으로 환산하면 1개월간 사용할 수 있는 액수는 전자는 4달러, 후자는 6달러에 불과하다. 식품보조금의 경우에는 2007년 기준 가구당 월평균 176달러로 한 가족이 하루 평균 6달러 정도를 쓸 수 있는 수준이다.

필자가 가격에 대한 감각을 갖기 위해 조사 당시에 농민시장의 현장에서 작은 감자 열서너 개를 구입했는데, 12달러를 조금 넘는 가격을 지불해야 했다. 즉, 작은 감자 하나가 거의 1달러 수준임을 알 수 있었다. 또 작은 승도복숭아 6개를 구입하면서 3달러를 지불했다. 물론 농산물의 종류와 품질에 따라 가격은 제각각이지만, 이 정도라면 저소득층이 지급받는 현재의 보조금으로 몇 번이나 농민시장을 이용할 수 있을지 의문이 생기지 않을 수 없었다. 연간 지급 총액인 20달러나 30달러를 갖고는 5개월간 그저 2~3회 정도 장을 보면 끝나는 수준이라고 볼 수 있기 때문이다. 이런 추산에 따르면, 결국 오리건주의 경우 장터가 열리는 5개월 동안 저소득층 노인이나 여성 등은 정부 보조금으로는 한 달에 한 번꼴도 농민시장을 이용하기 힘들다는 결론에 이르게 된다. 그렇다고 저소득층이 하루 평균 6달러 내외를 사용할 수 있는 정도의 식품보조금을 갖고 일반 식품점보다 가격이 다소 비싼 농민시장의 농산물을 종종 구입할 것이라고 보기도 어렵다.[56]

결국 이런 측면들에 관한 검토는 농민시장과 저소득층에 대한 지원을 접목하고자 하는 현재의 정책 프로그램이 내포한 한계와 의의를 동시에 보여준다고 할 수 있다.

첫째, 지금과 같은 정도의 지원 금액으로는 저소득층이 신선한 과일이나 채소를 제대로 섭취해 영양을 보충하기에는 너무 미진해 보인다는 점이다. 다시 말해, 이런 프로그램들이 지향하는 저소득층의 특별 영양보충을 통한 건강 유지라는 정책적 목표는 지급액을 기준으로 판단할 때 현실적으로는 달성하기 어려운 수준이라는 것이다.

둘째, 이런 프로그램을 매개로 한 농민시장의 성장 촉진, 영농의욕 고취, 농가소득 증대 및 지역경제의 활성화 등의 효과도 의도했던 것보다는 제한적일 수 있다는 점이다. 즉, 현재의 프로그램에서 지급하는 보조금의 수준으로 소기의 경제적 효과를 유발하기에는 부족해 보인다.

셋째, 현재의 정책 프로그램으로는 결국 농민시장에서 신선한 먹거리를 거래하는 과정에서 이루어질 수 있는 생활공동체 형성에서 저소득층이 배제될 가능성을 온전히 차단하기는 어렵다는 점이다. 이들이 현재의 정부 지원금을 가지고 농민시장의 일상적 고객이 될 수는 없기 때문이다.

이런 측면들은 농민시장을 지원하기 위한 현재의 저소득층 프로그램들이 뚜렷한 한계를 내포하고 있음을 보여주는 것이고, 따라서 향후 관심과 정책적 보완이 요구됨을 시사한다. 농민시장에서 소비하도록 이들에게 공급되는 액수 자체가 아직까지는 너무 소액이라, 이들에게 농민시장의 문턱은 여전히 너무 높기만 하기 때문이다. 하지만 이런 미비점에도 불구하고 이와 같은 프로그램들은 양질의 농산물을 제공하는 농민시장에 저소득층을 동참시키고자 하는 착상을 담고 있는 정책이고, 이들을 실제로 일단 끌어들이기 시작했다는 점에서 일정한 의의가 있다고 평가할 수 있다.

맺음말

포틀랜드지역의 농민시장은 최근 들어 미국 전역의 농민시장 성장세보다 훨씬 더 빠른 속도로 성장을 거듭해왔다. 그렇다면, 그것의 성장 과정에서 확인된 여러 특징이 위기에 내몰려 있는 우리 농촌의 활로 모색에 시사하는 바는 무엇일까?

첫째, 지역에서 생산된 친환경 농산물의 거래 장소인 농민시장의 경제적 중요성에 대한 사회 전체 수준에서의 진지한 관심이 요구됨을 일깨워준다. 주지하듯, 우리 농가는 저렴한 외국농산물의 전면적 공세에 직면해 날로 피폐해지고 있고, 농촌경제는 바닥을 치고 있다. 농민시장의 활성화가 지역경제의 회생과 발전에 기여할 수 있는 상당한 잠재력을 지니고 있다는 점에 착안할 때 농민시장은 우리에게도 새로운 관심사가 아닐 수 없다. 즉, 농민시장이 활성화될 때 소비자가 농민시장에서 지불하는 상품대금은 이전처럼 외부로 증발하는 것이 아니라 농가의 생계와 영농의 경제적 기반이 됨과 동시에 농가의 필요에 상응하는 소비를 통해 다시 지역사회로 환원됨으로써 지역경제의 활성화를 촉진하는 효과를 낳을 수 있다는 점[57]에 유의할 필요가 있다는 얘기다. 이런 선순환적 관계가 형성되고 유지될 때 지역농가는 자연히 영농에 대한 애착과 미래의 발전 가능성을 발견하게 될 것이고, 지역경제도 회생과 성장의 궤도로 진입하게 될 것임은 더 말할 나위가 없다.

둘째, 포틀랜드지역의 농민시장에 관한 검토는 농민시장의 발달이 국민의 건강을 지킬 수 있는 강력한 저변의 힘이 될 수 있음을 상기시켜준다. 시장개방을 핵심으로 한 경제적 지구화의 거센 압력에 떠밀려 우리 소비자들은 산지불명의 식품에 거의 무방비 상태로 노출되어 건강을 위협받고 있다(김철규, 2006a). 이 같은 현실에서 도시 주민들이 각자 자신의 주거지나 일터 인근에서 열리는 농민시장을 통해 지역에서 생산된 신선하고 안전한 고품질의 농산물을 직접 생산자인 농민과의 만남을 통해 수시로 제공받을 수 있게 된다면 상황은 얼마든지 반전될 수 있을 것이다.

셋째, 포틀랜드지역의 농민시장을 성장으로 이끄는 가장 큰 동력은 품질의 우수성에 있다는 점도 간과해서는 안 될 대목이다. 소비자들이 지역농산물이나 지역농가 또는 지역경제의 중요성을 인식한다 하더라도 자신들의 기본적인 소비 욕구를 충족시키지 못하는 상품을 지속적으로 구입하지는 않을 것이기 때문이다. 즉, 농민시장이 소비자들의 지속적인 사랑을 받으면서 성장해온 것은 판매인들 스스로가 자부심을 느끼고 소비자도 인정할 정도로 신선하고 고품질의 농산물을 재배해 내놓았기 때문이라는 사실에 주목해야 한다는 것이다. 이것은 지구화에 대한 지역적 대항이나 도농 간 연대가 정서적 공감대의 형성을 넘어 상품가치의 측면에서도 확실한 경쟁력을 갖추어야 함을 의미한다. 이런 맥락에서, 정부가 유기농산물 인증제나 친환경 농업을 장려하는 다양한 제도가 확산·정착될 수 있도록 정책적으로 배려하는 것도 농민들의 자발적 노력 못지않게 매우 중요한 의미를 가질 수 있다. 요컨대, 농민시장이 정부의 정책적 후원과 농민들의 자발적 노력에 기초해 소비자들의 인정을 받는 수준의 농산물을 제공할 수 있어야 지역농업이나 지역농민을 후원하려는 선한 의지도 지속적으로 더해지고 강화될 수 있음을 늘 명심해야 할 것이다.

넷째, 정부가 농민시장의 정책적 지원을 매개로 지역농업을 활성화하면서 저소득층의 건강도 챙기려는 시도 자체도 우리의 관심을 끈다. '농민시장 여성·유아·어린이 영양 프로그램', '농민시장 노인 영양 프로그램', '식품보조금 EBT 시스템' 등이 그것이다. 물론 이런 정책의 상당수가 아직 소기의 성과를 거두지 못한 것으로 판단되지만 저소득층까지 농민시장의 정책 대상으로 고려하고 있다는 점은 일단 높이 평가할 만하다. 향후 적절한 보완이 이루어진다면, 이런 정책들이 농민시장의 성장을 뒷받침할 뿐만 아니라 소외되기 쉬운 저소득층 노인과 여성도 지역먹거리를 매개로 지역공동체의 형성과 발전 과정에 동참하게 하는 성과를 거둘 수 있을 것이라는 점에서 우리도 이를 적극 참고할 필요가 있다. 물론 국가의 거시적 복지정책의 차원에서 적절한 조치들이 강구되어야겠지만, 지방자치단체의 수준에서도 나름대로 고민하며 대안을 마련해가야 할 것이다.

다섯째, 농민시장은 경제적 기능만이 아니라 그 밖의 사회적 기능들을 동시에 갖는다는 점도 우리에게는 주목거리가 아닐 수 없다. 이를테면, 농민시장이 방문객들의 즐거운 휴식공간으로서의 기능을 할 수 있다는 것이다. 판매대의 시식코너에서 조금씩 맛을 보면서 다양한 과일과 채소류 등을 구경하며 구입하기도 하고, 음악도 들으면서 친구나 가족과 더불어 쾌적한 분위기를 즐길 수 있는 공적 공간이 바로 농민시장인 것이다. 도심이나 주거지에서 마땅한 나들이공간을 확보하기 힘든 우리의 현실에서 농민시장을 계기로 주중이나 주말에 잠시나마 지역구성원들이 함께 모여 갖가지 구경도 하면서 웃고 즐길 수 있다면, 이것도 충분히 가치 있는 일이다. 따라서 우리의 농민시장도 이런 의미의 장소 기능을 감당할 수 있도록 개설할 때부터 이 점에 대한 고려가 있어야 할 것이다.

또, 미국의 농민시장이 농민과 도시 주민 간의 지속적인 교류를 통해 일체감을 형성하고 강화하는 사회적 공간으로서의 기능을 수행하고 있다는 사실도 이런 맥락에서 놓치지 말아야 할 측면이다. 이 점은 특히 우리의 도농복합지역에 시사하는 바가 적지 않다. 농촌과 도시가 함께 묶여 있는 도농통합시는 여전히 양 지역 주민 간의 크고 작은 갈등을 내포하고 있기 때문에[58] 농민시장의 활성화는 문제의 실마리를 풀어가는 하나의 출발점이 될 수 있다. 또한 농민시장의 지역농산물을 매개로 서로 신뢰를 쌓아가고 이해의 깊이를 더해갈 때, 경제적 지구화에 맞설 수 있는 공동체의식의 형성으로까지 발전해갈 여지도 있다.

여섯째, 포틀랜드지역 농민시장의 개설 현황은 우리에게 보다 구체적인 시사점들을 제공해준다. 시의 여러 지역에서 서로 다른 요일과 시간에 다양한 장소를 이용해 장터가 열리고 있기 때문이다. 이를테면, 장터를 여러 지역에 분산시켜 개설함으로써 소비자들의 접근 편의성을 높이고, 해당 지역 소비자들의 특성을 고려해 그들에게 가장 적합한 시간대에 장을 열 수 있도록 하는 것이 중요함을 보여준다. 또 장터는 주된 잠재적 고객의 이용을 극대화할 수 있는 장소로 정할 수 있도록 신중하게 물색해야 함도 일러준다. 즉, 농민시장이 개설되는 그 지역의 여건을 고려해 대학 캠퍼스, 시청, 구청, 군청, 도청, 병원, 도심이나 대형 상가의 일정 구역, 주차장 같은 다양한 장소와 시설들을 검토해 최적의 장소를 활용하려는 노력이 있어야 한다는 것이다.

일곱째, 포틀랜드지역의 농민시장에 관한 검토는 농민시장의 전체적인 운영 실태에 대한 자료 정리와 축적 및 연구에도 지속적인 관심을 기울여야 함을 시사한다. 오리건주립대학교OSU나 농민시장의 관련 기관 등은 이 점에 관한 문제의식을 갖고 단편적이나마 여러 작업을 수행해왔다. 그럼에도 포틀랜드시와 같은 시 단위나 개별 농민시장 단위에서의 체계적인 시장 관련 정보들은 아직 거의 축적되어 있지 않은 듯하다. 이런 점에 비추어볼 때, 향후 우리의 농민시장을 운영할 때에는 처음부터 이 점에 대한 합리적인 대책을 갖출 필요가 있어 보인다. 이것이 중요한 까닭은 기초 통계자료의 작성과 현장 참여관찰을 통한 질적 분석 등에 토대를 둔 실태 파악이 제대로 이루어지고 축적되어야 발전적 대안을 모색하는 작업이 객관적인 근거 아래 수행될 수 있고, 그 결과가 농민시장을 활성화하는 자구적인 노력이나 정책으로 반영되는 효과로 이어질 수 있기 때문이다. 각 지역대학의 농업·농촌 관련 학과나 연구소, 연구원 등에 소속된 전문가들이 정부나 농민단체 등과 연대하는 가운데 시종일관 관심을 기울인다면, 이 작업은 그리 어렵지 않게 해결될 수 있을 것으로 전망된다.

역사적 배경이나 지리적, 환경적, 사회경제적 제반 여건이 우리의 농촌 및 농업과 판이하게 다름에도 불구하고, 지금까지 살펴본 바와 같이 미국 지역농민시장의 운영 실태에 관한 구체적인 사례분석은 우리에게 시사하는 바가 결코 적지 않다. 우리 농촌공동체의 위기를 타개할 하나의 작은 출구를 농민시장의 활성화에서 찾고자 한다면, 포틀랜드지역을 비롯한 미국 여러 지역의 농민시장들에 지속적인 관심을 갖고 개별 사례연구와 다각적인 비교연구를 시도하면서 우리의 실정에 맞는 농민시장을 구축하고 육성하려는 치열한 노력들이 이어져야 할 것이다.

3장

농민시장의 경제사회학적 함의:
길거리음식 판매인의 보육과 활동 및 상생의 공간, 농민시장

머리말

미국 전역의 '농민시장' 숫자는 1994년 1,755개에서 2013년 8,144개로 4배 이상 증가했다.[1] 미국 농무부는 최근 한 보고서에서 전통적인 '지역먹거리'의 판로로 CSA와 함께 농민시장을 거론하면서 이를 '엄청난tremendous' 성장이라고 표현했다(USDA, 2013a). 이 같은 묘사는 미국 정부도 지역먹거리, 특히 농민시장의 급성장을 놀라운 눈으로 바라보며 이에 주목하고 있음을 보여준다.

미국 농민시장의 지속적인 양적 성장세는 그 자체로도 눈길을 끌만큼 중요한 의미가 있다. 농민시장의 숫자가 전국적으로 늘고 있다는 사실은 이에 대한 지역 주민들의 수요가 그만큼 커지고 있음을 보여주기 때문이다. 1,300명의 미국 소비자를 대상으로 한 최근 조사에 의하면, 소비자들은 온라인 매장, 전국 브랜드의 슈퍼마켓, 지역 슈퍼마켓, 자연식품 전문 슈퍼마켓, 농민시장 같은 여러 소매 판로 중에서 농민시장을 가장 신뢰하는 것으로 나타났다. 또 품질에 있어서 농민시장은 슈퍼마켓이나 온라인 식품업자 같은 다른 판로를 큰 격차로 제치고 1위를 기록했다. 상품의 품질뿐만 아니라 가격 비교까지 집계한 종합 평가에서도 농민시장은 1위를 차지했다(Ruehle & Mike Goldblatt, 2013).

이와 같이 농민시장이 지속적으로 성장하고 소비자의 신뢰를 받게 된 배경에는 시대적 환경 변화에 생존전략의 차원에서 대응하기 시작한 농민 쪽의 절박한 몸부림이 있었다는 점에 유의할 필요가 있다. 주지하듯, 제2차 세계대전 이후의 산업화 과정에서 어느 국가에서나 농민에게는 단지 먹거리 생산자로서의 사회적 역할 수행만 부과되었지 1차 생산물의 가공이나 판매 등을 매개로 한 이들의 기업가적 역할은 강조되지 않았다. 그로 인해 농산물의 생산, 유통, 판매, 소비의 전 과정에서 농기업자본이 이윤의 대부분을 차지했고, 농민들에게 돌아가는 몫은 극히 적었다. 이런 역사적 규정과 제약 조건 아래 놓여 있던 생산자농민이 이제 단순 생산자의 역할을 넘어 가공업자, 직접적인 판매업자로 등장해 '먹거리경제'에서 자신들의 몫을 조금씩이라도 되찾고 확장하고자 움직이기 시작한 대표적인 공간이 바로 농민시장인 것이다(브라이언 핼웨일, 2006: 145-147). 생산자와 판매자 역할의 동시적 수행으로 지금까지 유통업자에게 넘어가던 몫을 자신의 몫에 덧붙이게 된 농민시장의 농민판매인은 여기에 더해 다른 판로와의 경쟁에서 소비자의 신뢰를 쟁취하기 위해 자신의 신선하고 친환경적인 생산물에 내재된 품질 경쟁력을 무기로 내세웠다. 이런 점에서 농민시장은 전 세계적인 산업화 과정에서 생산자로서의 역할만을 강요받으며 빈곤의 벼랑으로 끝없이 내몰려온 농민들이 세계적·전국적 수준의 브랜드와 네트워크를 가진 대형 식품업체 및 매장과 지역 단위에서 틈새경쟁을 벌이기 시작한 역사의 장場이라고 볼 수 있다.[2] 농민시장은 전체 먹거리시장에서 차지하는 비중이 아직 작지만 도처에서 그 숫자가 증가하고 있고 성공의 가능성을 보여주고 있다. 미국 정부가 농민시장의 성장을 위한 제도적인 지원 방안에 정책적 관심을 보이는 주된 이유의 하나도 이런 점에서 찾을 수 있을 것이다.

이같이 농민시장이 미국사회에서 일단 양적으로 가시적인 성장세를 이어가고, 소비자의 두터운 신뢰를 받는 시장으로 부상하면서 학계 내외에서도 이에 관한 지속적인 연구가 이뤄졌다. 그렇다고 해서 이 분야의 최근 연구가 미국사회의 농민시장에 국한되었던 것은 물론 아니다. 세계 주요 국가의 농민시장을 대상으로 한 연구는 그동안 폭넓게 진행되어왔다. 가령, 1997년 바스Bath에서의 첫 농민시장[3] 개장 이후 10여 년 만에 그 숫자가 이미 800개에 육박할 정도로 급증한 영국(탐진 핑커턴·롭 홉킨스, 2012: 247-248; 브라이언 헬웨일, 2006: 147)을 비롯해서 캐나다, 뉴질랜드, 체코, 일본 등에서 열리는 농민시장들에 대한 연구가 그것이다(예컨대, Archer et al., 2003; Beckie et al., 2012; Holloway, 2000; Lawson et al., 2008; Spilková, 2012; Wittman et al., 2012; Youngs, 2002; 윤병선·김철규·송원규, 2013). 하지만 농민시장에 관한 그간의 연구 성과들을 일별하면, 미국 농민시장 연구가 이런 와중에서도 세부 대상 지역이나 연구 주제 등에 있어 그 어느 국가의 사례보다 풍성하고 활발하게 이뤄져왔음을 부인하기 어렵다(이를테면, Gillespie et al., 2007; Griffin et al., 2003; King, 2008; Lev et al., 2007; Ostrom et al., 2007). 따라서 방대한 기존 연구 성과를 개괄적으로 평가하는 일 자체가 독자적인 작업이 되어야 할 정도로 큰 연구 과제이기 때문에, 여기서는 사례연구 대상 지역인 미국 서부지역의 농민시장과 연관된 연구들을 중심으로 범위를 좁히고 단순화시켜 간략하게 점검하려 한다.

미국 서부지역의 농민시장을 직접적인 대상으로 삼은 연구로는 포틀랜드지역의 농민시장에 관한 연구들을 들 수 있다. 2007년 당시에 포틀랜드지역에서 운영되던 14개 농민시장을 대상으로 한 양적·질적 조사연구(Barney & Worth, Inc., 2008), 2008년 포틀랜드시의 4개 농민시장에 대한 심층면접조사 연구(김원동, 2008), 2011년 포틀랜드시와 그 인접 시지역 농민시장의 판매인, 소비자, 시장관리인 등을 대상으로 면접조사 연구(김원동, 2011) 등이 그것이다. 이 중 바니앤드워스사의 연구는 농민시장에 대한 경제적 분석에 초점을 둔 것이었고, 필자의 2008년 연구는 저소득층의 농민시장 이용 촉진을 위한 프로그램에 주목한 것[4]이었으며, 2011년 연구는 도농통합형 생활공동체를 형성하고 지속가능하게 하는 매개공간으로서 농민시장을 부각시킨 것[5]이었다.

포틀랜드지역을 포함해 오리건주 내에서 운영되는 다수의 농민시장들을 좀 더 폭넓게 이해하고자 할 때에는 위의 연구들과 더불어 오리건주립대학교가 소농 지원 차원에서 수행해온 농민시장에 관한 일련의 실태조사 연구를 살펴볼 필요가 있다. 이 대학교는 이스트뱅크, 코밸리스, 힐스버러, 포틀랜드 등을 비롯한 오리건주의 곳곳에 산재해 있는 여러 농민시장을 대상으로 간략한 설문조사를 통해 소비자의 농민시장 방문 빈도, 농축산물 소비 규모, 희망 품목 같은 제반 사항을 파악하고 평가하는 짤막한 보고서의 형태로 농민시장의 성공적 운영을 위한 '건설적 제언'을 해왔다(OSU, 1998, 2001a, 2001b, 2002, 2003, 2004, 2005, 2006, 2008, 2009). 이 같은 오리건주립대학교의 지속적인 노력은 무엇보다 오리건주 소재의 농민시장 실태를 이해하는 데 도움을 주고 있으며, 이의 육성에도 적지 않은 기여를 해온 것으로 보인다.

한편, 캘리포니아주 소재의 농민시장 연구들 중 눈에 띄는 것으로는 샌프란시스코만지역에서 열리는 농민시장들에 관한 연구가 있다. 앨콘의 연구(Alkon, 2008, 2009)가 대표적이다. 앨콘은 버클리 북부지역과 오클랜드 서부지역의 농민시장에 관한 자신의 두 연구를 통해 농민시장의 판매인, 고객, 시장관리인이 추구하는 생존전략과 타협의 양상, 농민시장의 성격에 따른 관계자들의 환경의식, 농민시장의 공간적 성격에 대한 관점 등을 대비시켜 보여줌으로써 여러 측면에서의 시장별 차별성을 환기시켜주었다(Alkon, 2008a, 2008b; 김원동, 2011).

지금까지 살펴본 바와 같이, 미국 북서부지역의 농민시장에 관한 주요 선행연구들은 농민시장에 관한 사례분석을 통해 해당 지역의 농민시장이 어떻게 운영되고 있고, 어떤 차별적 특징들을 지니고 있는지를 개략적인 수준에서 이해할 수 있게 해주었다. 그럼에도, 그간의 연구는 농민시장이 사회학적 관점에서 어떤 함의들을 내포하고 있는지를 다각적으로 보여주지는 못한 듯하다. 특히, 농민시장의 입지나 고객 대응 전략, 기존 상권과의 관계, 소규모 자영업자의 성장 경로, 농민시장에서 음식 판매인이 갖는 위상과 역할, 지역사회와의 소통 방식 등에 대한 사회학적 조명과 그에 따른 구체적인 함의나 시사점의 도출에 있어서는 미흡했던 것으로 보인다.

이런 문제의식 아래, 이 장에서는 캘리포니아주 샌프란시스코에 위치한 '페리 플라자 농민시장Ferry Plaza Farmers Market'에 관한 사례연구를 통해 그간의 농민시장 연구에서 미진했던 측면들을 집중적으로 검토하고자 한다. 이번 연구의 대상인 페리 플라자 농민시장은 워싱턴주의 '파이크 플레이스 시장Pike Place Market'[6], 오리건주의 '포틀랜드 농민시장'과 더불어 태평양과 접해 있는 미국 서부지역의 대표적인 농민시장 가운데 하나로 손꼽히는 곳(김원동, 2012)이기도 하다.[7] 요컨대, 3장의 주된 목적은 페리 플라자 농민시장의 사례분석을 통해 여기에 내포된 다양한 사회학적 함의들, 특히 경제사회학적 함의들을 찾아보는 데 있다. 이와 함께 부차적으로는 그러한 함의들이 '농민시장의 사회학' 발전을 위해 시사하는 바는 무엇인지에 관해서도 생각해보려한다.

개장 요일별 개성의 발산과 함께
지역명소에서 열리는 농민시장

페리 플라자 농민시장의 연혁과 운영체제

'지속가능한 농업을 위한 도시교육센터Center for Urban Education about Sustainable Agriculture, CUESA'[8]가 운영하는 페리 플라자 농민시장은 '캘리포니아주의 인증을 받은 농민시장'이다. 다시 말해, 페리 플라자 농민시장은 농작물이 재배되는 지역의 카운티county 소속 농업부서의 검

증을 거쳐 인증을 받은 농민에게만 판매인의 자격을 주는 시장이라는 특징을 갖는다.[9]

　페리 플라자 농민시장의 연혁에 의하면, 이곳은 20년 이상의 역사를 가진 시장이다. 이 농민시장은 지역농민들과 음식업자들이 모여 1992년 9월 샌프란시스코의 선창가 찻길의 한가운데서 처음 문을 열었다. 당시에는 '수확시장'이라는 이름으로 일요일에 한 번 장이 섰다고 한다. 이 첫 번째 시장의 성공에 힘입어 그다음 해 봄에는 일주일에 한 번 열리는 '토요농민시장'이 설립되었다. 페리 플라자 농민시장은 이후 10년이 지난 2003년 현재의 페리 빌딩 쪽으로 자리를 옮겨 오늘에 이르고 있다. 현재 페리 플라자 농민시장은 '일주일에 세 번 열리는 농민시장a triweekly Farmers Market' 체제로 운영되고 있다. 평일에 두 번(화요일과 목요일), 그리고 주말(토요일)에 개장한다. 그래서 각각 '화요시장', '목요시장', '토요시장'이라고 불린다. 이 시장들은 모두 날씨와 무관하게 연중 열린다. 물론, 요일에 따른 시장별 운영 시간과 역사 그리고 유명세는 다소 차이가 있다. 먼저 요일별 시장의 운영 시간을 살펴보면, 화요시장과 목요시장은 오전 10시부터 오후 2시까지 네 시간 동안 열리고, 토요시장은 소비자가 몰리는 주말의 특성을 고려해 평일보다 두 시간 빠른 오전 8시부터 오후 2시까지 여섯 시간 동안 운영된다. 요일별 시장의 역사를 비교해보면, 화요시장은 1995년에, 목요시장은 세 시장 중 가장 최근이라고 할 수 있는 2009년에 시작되었고, 토요시장은 1993년에 문을 열었다. 또 연륜을 반영하듯, 토요시장은 화요시장과 목요시장보다 그 규모가 크고 유명하다.[10]

개장 요일별 색깔에 따라 지역 주민·직장인·관광객이 어우러지는 시장

미국의 농민시장은 장터의 지리적 위치를 떠나 농민시장으로서 공통적인 특징들이라고 부를 만한 장면들을 대개 자연스럽게 발산한다. 이를테면, 지역농산물 생산자로서 농민이나 그 가족 또는 피고용인이 장터에 나와 자신의 생산물을 판매하고, 인근 도심의 거주자들은 소비자로 장터를 찾아 필요한 것을 구입한다. 또 농촌의 판매인과 도시의 소비자가 거래를 하면서 짧게나마 정겹게 얘기를 주고받는다. 장을 함께 보러 나온 가족이나 방문객, 혹은 장터에서 우연히 만난 이들도 시장통 거리에서 선 채로 혹은 벤치에 걸터앉아 담소를 나누거나 여유롭게 장터 연주자들의 공연을 즐긴다.[11]

페리 플라자 농민시장에서 이런 전형적인 장면들을 필자는 첫날에는 부분적으로, 그리고 두 번째 날에는 좀 더 다양한 형태로 목격할 수 있었다. 페리 플라자 농민시장에 관한 독자의 이해를 돕기 위해 여

사진 3-1 농민시장에서 장을 보다 지인을 만나 대화를 나누는 소비자들

사진 3-2 음식 판매대 주변에 마련된 식탁에서 식사하는 방문객들

기서는 먼저 참여관찰자로서 필자의 눈에 비친 이틀간의 시장 모습을 좀 더 구체적으로 묘사하려 한다. 참여관찰법을 활용함으로써 농민시장 홈페이지와 기타 자료를 통해 파악한 농민시장에 대한 정보를 보완하고 피면접자들의 얘기를 눈으로 직접 확인하며 새로운 느낌들을 추가할 수 있다고 보았기 때문이다.

필자가 페리 플라자 농민시장의 목요시장을 찾았을 때 처음 눈에 들어온 것은 농산물과 가공식품을 취급하는 판매인들, 그리고 길거리음식street food 판매인들이 페리 빌딩의 전면 공터에 자리를 잡고 있는 모습이었다. 특히, 인상적이었던 것은 시장의 전체 규모에 비해 의외로 길거리음식 판매인들이 많았고, 음식 판매대 주변에 음식을 주문하기 위해 줄을 서거나 식사를 하는 방문객도 많았다는 점이다. 이 날 장터는 농민시장에서 흔히 접하게 되는 연주자의 공연이 없어서 그랬는지 장터의 분위기가 그렇게 흥겹지는 않았다. 하지만 장터를 오가는 사람은 꽤 많았다.

페리 플라자 농민시장의 활기찬 분위기를 확연하게 느낄 수 있었던 것은 토요시장이었다. 토요시장을 방문한 날은 화창했다. 주말인데다 날씨가 좋아서 그런지 페리 빌딩의 외곽에 위치한 농민시장뿐만 아니라 빌딩 내의 상점과 음식점, 통로 전체가 관광객들로 발 디딜 틈이 없을 정도로 붐볐다. 토요시장은 목요시장과는 우선 규모 자체가 달랐다. "토요시장은 빌딩의 전면과 후면은 물론 빌딩 전체를 둘러싼 모든 공간에서 열리는 매우 큰 시장"(사례 3-1)이었다. 토요시장이 시끌벅적한 데에는 얼핏 보기에도 관광객의 영향이 컸다. 페리 플라자 농민시장은 샌프란시스코의 대표적 관광명소인 페리 빌딩 주변에서 열리는 농민시장이어서 특히 주말에는 관광객이 대거 몰리는 곳이라고 한다. 이처럼 관광객과 지역 주민이 뒤섞여 방문객이 늘어나서 그런지 농민시장의 외형적 규모 못지않게 거래되는 농축산물이나 음식의 종류도 다양하고 풍성했다. 장을 보거나 주변의 풍광을 감상하는 관광객들과 이곳에서 장보기와 더불어 주말 여가를 즐기는 지역 주민들로 인해 장터의 분위기는 무척이나 밝고 여유로워 보였다. 장터의 연주자들이 들려주는 경쾌하고 흥겨운 선율은 샌프란시스코만과 '샌프란시스코-오클랜드 베이 브리지San Fancisco-Oakland Bay Bridge'의 화사한 배경과 어우러져 도심 속의 평화와 풍요로움을 전해주는 듯했다.

페리 플라자 농민시장에서 거래되는 상품들은 다른 곳보다 다소 비싼 듯했지만, 시장이 입지한 페리 빌딩 주변이 경제적 여유가 있는 중산층 생활권역이고 관광객이 많이 찾는 곳이어서인지 거래는 매우 활발했다. 소비자들은 비교적 여유가 있어 보였고, 여러 품목을 관심 있

사진 3-3 연주자들의 음악 연주와 시장 주변의 풍광을 즐기며 식사하는 방문객들

게 살펴보고는 별 망설임 없이 구매하곤 했다. 가게 앞에서는 상품 구입을 위해 길게 줄을 서 있는 대기자들의 모습을 쉽게 볼 수 있었다. 소비자를 응대하는 판매인들의 모습도 대부분 방문객의 표정 이상으로 매우 활기차 보였다. 또 필자가 이들에게 생산품의 품질과 직업만족도 등에 관해 물었을 때는 마치 기다렸다는 듯 자부심이 묻어나는 답변들이 쏟아졌다. 필자가 면담했던 유기농 꽃 판매인(사례 3-2), 과일 판매인(사례 3-3), 채소 판매인(사례 3-4), 축산물 판매인(사례 3-5), 아몬드 피고용 판매인(사례 3-6) 등은 자신들의 취급 품목과는 관계없이 이 점에 있어서 모두 한결같았다.

페리 플라자 농민시장의 또 다른 특징적인 모습들은 필자가 방문했던 '도시의 심장 농민시장Heart of the City Farmers' Market'과 비교할 때 잘 드러났다. '도시의 심장 농민시장'은 샌프란시스코시의 '행정 중심구역 Civic Center'의 가운데에 위치한 유엔 광장에서 열리는 시장이다.[12] 이

곳의 주변은 페리 플라자 농민시장 인근과는 달리 도심의 저소득층이 많이 거주하는 곳이고, 백인 외의 여러 인종이 모여 사는 곳이기도 했다. 페리 플라자 농민시장과는 달리 이 시장 근처에서는 노숙자도 많았다. 농민시장 부근의 샌프란시스코 시청으로 가는 길가나 대로변, 그리고 지하도 인근에는 노숙자들이 군데군데 무리를 지어 자리 잡고 있었다. 말끔하고 산뜻한 복장의 관광객들로 붐비던 페리 플라자 농민시장 주변의 풍경과는 대조적이었다. 시장의 규모 또한 페리 플라자 토요시장에 비해 상당히 작았고, 고객은 주로 근처의 거주자들인 듯했다. 장터에서는 백인보다는 중국인을 비롯한 소수인종 출신자들이 많이 눈에 띄었고, 느긋하게 쇼핑이나 장터의 분위기를 즐기는 사람보다는 먹거리 구매 자체에 관심을 보이거나 식재료를 사고는 잠시 주위를 둘러보다 장터를 뜨는 이들이 많았다.

필자는 '도시의 심장 농민시장'을 두 차례 방문했다.[13] 일요일에 열리는 '도시의 심장 농민시장'은 규모 면에서 수요시장보다 다소 작았고, 건장한 체격의 남성 안전요원 2명이 수시로 시장 통로를 오가며 순찰하는 모습을 볼 수 있었다. 음식 판매인도 수요농민시장보다 적어 보였다. 시장통의 좌우변에 위치한 판매인 매장들과는 다소 떨어진 시장의 넓은 공간에서는 젊은 연주자들이 흥겨운 음악을 선사하고 있었지만 왠지 모르게 을씨년스럽다는 느낌이 들기도 했다. 그 전날 방문했던 페리 플라자 토요시장에 비해 농민판매인이나 음식 판매인의 숫자와 전체적인 규모는 상당히 작은 편이었고, 장터의 분위기도 그렇게 들떠 있거나 흥겨운 정도는 아니었다.[14]

이처럼, 페리 플라자 농민시장은 외관상으로도 '도시의 심장 농민시장'과는 여러 가지로 다른 모습을 보여주었다. '도시의 심장 농민시장'

과는 달리 페리 플라자 농민시장은 무엇보다도 주변 경관이 빼어난 명소에 인접한 쾌적하고 넓은 장소에서 열리고 인근의 중산층과 관광객이 몰려 북적대는 시장이었다. 또 평일에는 지역 주민과 인근의 사무직 종사자들을 상대로 점심을 제공하는 일에도 관심을 기울이지만 주말인 토요일에는 지역 주민과 관광객이 어우러져 생기가 넘치는 시장이었고, 풍성함과 여유 그리고 사람들 간의 정겨운 소통을 강렬하게 느낄 수 있는 사회적 공간이었다.

페리 플라자 농민시장의 경제사회학적 함의

페리 플라자 농민시장에서의 면접조사는 2012년 1월 26일(목)과 28일(토) 이틀에 걸쳐 이뤄졌다. 페리 플라자 농민시장에서의 조사에 응해준 피면접자의 간략한 정보를 개관하면 〈표 3-1〉과 같다.

여기서는 이들을 대상으로 면접조사를 실시함으로써 농민시장에 내포된 경제사회학적 함의들을 찾아보고자 한다.

시장 입지적 경제성과 고객층 전략에 대한 고려가 내재된 공간

미국 농민시장의 지속적인 성장 추이를 보면, 농민시장의 순항만을 연상하기 쉽다. 하지만 현실은 그렇지만은 않아 보인다. 미국의 전국 농민시장이 평균적으로 늘어나고 있는 것은 분명한 사실이지만 시장에서의 실패로 사라져간 농민시장도 적지 않기 때문이다.[15] 자본주의 시장경제에서는 농민시장도 다른 농민시장을 비롯한 여러 형태

표 3-1 페리 플라자 농민시장에서의 피면접자 개관

사례 식별기호	성별	범주	비고
사례 3-1	남	농민시장 임원	-
사례 3-2	남		유기농 꽃 재배
사례 3-3	남		과일 재배
사례 3-4	여	판매인	채소 재배
사례 3-5	남		축산(유기농 닭, 쇠고기, 칠면조)
사례 3-6	남		아몬드(피고용인)
사례 3-7	남		점심식사를 위해 방문
사례 3-8	여		보모(保姆)
사례 3-9	남		채식주의자1
사례 3-10	남		채식주의자2
사례 3-11	여		요리사
사례 3-12	남	소비자	-
사례 3-13	남		-
사례 3-14	남		-
사례 3-15	여		-
사례 3-16	여		-
사례 3-17	여		농민
사례 3-18	여		-
사례 3-19	여	농민시장 직원	시간제 근무자

의 시장들과 경쟁해야 하는 시장 중 하나이기 때문에 시장으로서 경쟁력을 상실하면, 도태될 수밖에 없다는 점에서 이는 당연한 것일 수 있다. 이런 측면에서 농민시장의 경제성에 대한 분석은 농민시장의 사회학적 이해를 위해서도 중요하다.

농민시장의 경쟁력이나 성장에 영향을 미치는 요인은 매우 많다. 하지만 빼놓을 수 없는 핵심적 요인 중의 하나가 시장의 입지조건이라는 것은 재론의 여지가 없어 보인다. 가령, 소비자들이 농민시장의 위치를 잘 파악할 수 없다거나 대중교통을 이용하기 어렵다면, 또 접근은 용이하지만 주차 공간이 없다면, 그곳을 다시 방문할 소비자는 거의 없을 것이다. 또 가족과 더불어 나들이해도 좋을 정도의 안전감과 쾌적함을 느낄 수 없는 장소라면, 다른 필요가 충족되더라도 그 시장을 다시 찾을 소비자는 많지 않을 것이다. 이런 점들은 모두 시장의 입지가 갖는 중요성을 시사한다. 그래서 시장의 입지를 선정하는 과정에서는 장소의 '가시성visibility'이나 '접근성access'이 강조돼왔고, 각 시장의 주변 여건에 따라 도서관·시청·우체국·학교 같은 공공건물이 위치한 곳, 쇼핑몰, 도심의 길가, 주차장, 공원, 대학 캠퍼스 같은 다양한 공간이 농민시장의 장소로 실제로 이용돼왔다(Corum et al, 2001; 김원동, 2008). 그렇다면, 페리 플라자 농민시장은 시장으로서 경제적 기능을 극대화하기 위해 입지적 조건을 어떻게 활용해왔으며, 그로부터 우리는 어떤 경제사회학적 함의를 도출할 수 있을까?

이런 관점에서 페리 플라자 농민시장의 입지를 살펴보면, 페리 플라자 농민시장은 무엇보다도 관광도시인 샌프란시스코의 유명한 문화관광자원을 잘 활용한 사례라고 평가할 수 있다.

앞서도 언급했듯, 페리 플라자 농민시장은 샌프란시스코 시민과 샌프란시스코만 주변 공동체 주민들의 접근을 용이하게 해주는 대중교통의 요지에 위치한 유서 깊은 페리 빌딩 둘레에 터를 잡았다.[16] 그렇기 때문에 대중교통을 이용해 누구나 쉽게 시장을 찾아 쇼핑과 더불어 주변의 풍광을 즐길 수 있다. 농민시장의 후면에는 탁 트인 샌프란시스코만이 펼쳐져 있고, 페리 빌딩 전면의 주도로를 통해서는 바다사자를 볼 수 있는 '39번 부두pier 3'를 비롯한 여러 관광지가 길게 이어져 있다. 페리 플라자 농민시장은 이런 도심의 기존 문화관광자원을 제대로 활용할 수 있는 곳에서 열리고 있는 것이다. 말하자면, 페리 플라자 농민시장은 '관광도시 샌프란시스코'라는 도시 브랜드와 '페리 빌딩'이라는 구체적인 역사적 문화자원을 지리적 지주支柱로 삼고 주변의 자연적·인공적 관광자원들을 시장 성장의 또 다른 원군援軍으로 동원하고 있는 셈이다. 샌프란시스코를 찾는 관광객들이 페리 플라자 농민시장의 주요 고객 중 하나로 자리 잡게 된 것은 이런 요인들의 영향이 크게 작용한 것으로 판단된다. 물론 페리 플라자 농민시장의 방문객 중에는 순전히 관광을 목적으로 자발적으로 이곳을 찾은 관광객과 지역 주민의 안내로 이들과 함께 방문한 관광객이 뒤섞여 있다.

이곳은 시 전체에서 봐도 관광객의 매력을 끌 수 있는 매우 훌륭한 장소라고 생각합니다. 친구나 가족을 비롯한 손님이 방문하면 저는 언제나 그들을 이곳으로 안내합니다. 저는 이곳이 산책뿐만 아니라 캘리포니아 주가 지니고 있는 것을 볼 수 있는 정말 좋은 관광지라고 생각하기 때문입니다(사례 3-15).

당신이 걸어 다니든 자전거를 타고 가든 차를 몰고 가든, 많은 사람이 이곳에서 걷는 모습을 볼 수 있을 것이라고 저는 생각합니다. 우리의 지역공동체에게도, 시내의 관광객에게도, 이곳은 모두가 걸어서 올 만큼 충분히 가까운 곳에 위치한 멋진 장소입니다(사례 3-14).

이런 얘기를 통해, 페리 플라자 농민시장이 손님들을 구경시켜주기 위해 안내하는 대표적인 명소의 하나일 뿐만 아니라 지역 주민들이 산책하며 즐길 수 있는 공동체적 자산임을 짐작할 수 있다.

한편, 일주일에 세 번 열리는 요일별 농민시장의 고객 유형과 시간대별 이용 행태를 살펴보면, 페리 플라자 농민시장의 요일별·시간대별 소비자 구성의 특징과 관광객 비중이 어느 정도 드러난다. 페리 플라자 농민시장의 임원(사례 3-1)은 필자와의 면접 과정에서 이 점에 관해 다음과 같은 재미있는 얘기를 들려주었다.

> 화요시장과 목요시장의 경우, 시장에서 장을 보는 사람의 75~80퍼센트는 아마도 지역 주민들일 것이고, 20퍼센트 정도가 방문객이나 여행객인 것 같습니다. 토요일은 상황이 매우 다릅니다. 토요시장은 대규모 시장이기 때문입니다. 토요시장은 유명한 시장이라 많은 관광객을 끌어들입니다. 그런데 시간대별로 살펴보면 흥미로운 사실을 발견할 수 있습니다. 토요시장은 오전 8시에서 오후 2시까지 열립니다. 요리사와 음식점 관계자들, 이들의 대부분은 우리 시장의 단골손님이자 우리 지역에 거주하는 고객들입니다. 그런데 이 사람들은 이른 시간인 오전 8시에 나와서 일찍 장을 보고 9시나 10시면 일을 끝내고 장터를 떠나기 시작합니다. 오전 10시에서 정오까지는 우연히 시장에 들러 장을 보는 사람과 일부 주민과 관광객이 뒤섞여 있습니다. 정오부터 폐장 시간인 오후 2시까지는 거의 모든 방문객이 관광객입니다.

이 같은 사실은 농민시장 소비자에 관한 전형적인 사회학적 이해 방식에 새로운 고려사항과 추가적 해석의 필요성을 제기한다. 왜냐하면 농민시장에 관한 기존 논의에서는 '지역성'에 초점을 두고 지역농민과 농민시장 인근 주민 간의 상호작용에 주목하는 것이 일반적이기 때문이다. 이런 경향에 비추어보면, 페리 플라자 농민시장이 관광객을 주요 고객층의 하나로 설정한 것은 농민시장의 사회경제적 기능과 먹거리공동체의 성격 규정에 있어 일반적인 이해 방식과 다소 다른 해석을 요한다고 볼 수 있다.

우선, 사회적 관계망의 측면에서 보면 페리 플라자 농민시장 사례는 그런 사회적 관계망의 확장과 그로 인한 관계망의 이중적 운영을 의미하는 것으로 이해할 수 있다. 즉, 페리 플라자 농민시장은 단골로 분류할 수 있는 지역 주민들과 맺는 관계망[17]을 갖춤과 동시에 관광객 같은 비정기적 소비자들과 연결되는 관계망을 갖고 있는 셈이다. 전자는 농민시장에 관한 일반적 논의에서 상정하는 생산자와 소비자 간의 긴밀한 관계망이고, 후자는 관광객이자 소비자로서 인연을 맺은 이후 형성되는 느슨한 관계망이라고 할 수 있다. 후자의 경우는 농민시장을 방문했을 때 현지에서 맺게 되는 일시적 관계망과 이후 그 강도는 느슨하지만 간간이 지속성을 갖는 정도의 관계망으로 다시 대별할 수 있다. 여기서 일시적으로 형성되었던 관계망이 느슨하게라도 지속되는 공동체적 관계망으로 발전하지 못한다면, 그것은 물론 더 이상의 진전 없이 사라져버리고 말 것이다.

하지만 현장에서 받은 강한 인상이나 상품의 질,[18] 구입 과정에서 경험했던 좋은 서비스 등에 관한 기억은 이후 온라인을 통한 상품 구매 또는 소통의 계기가 되어 느슨한 먹거리공동체나 가상공동체를 구성하는 성과로 이어질 수도 있다. 이런 경우에 이들은 농민시장의 비정기적인 소비자나 소통의 구성원 또는 재방문의 잠재력을 지닌 구성원이 되는 것이다. 페리 플라자 농민시장의 '주간 전자메일 소식지

Weekly E-letter', 페리 플라자 농민시장의 방문자 숫자, CUESA 홈페이지의 월평균 방문자 숫자, 트위터와 페이스북의 팔로워 숫자 등에서의 지속적인 증가 추이[19]를 봐도 그런 느슨한 공동체 구성원의 비중과 역할은 결코 작지 않은 것으로 추정된다. 결국 페리 플라자 농민시장이 관광객을 소비자의 한 축으로 설정하고, 이들을 포함한 광의의 구성원들을 대상으로 현장과 온라인상에서 공동체를 형성하고 유지한다는 사실은 시장의 사회경제적 기능과 공동체의 외연 확장을 위한 부단한 노력을 보여준다고 해석할 수 있다.

이런 관점에서 보면, 페리 플라자 농민시장이 관광객을 상대로 구사하고 있는 판매 전략도 무심코 지나쳐서는 곤란하다. 페리 플라자 농민시장 임원(사례 3-1)의 얘기를 더 들어보자.

농민들 또한 관광객을 상대로 어떻게 돈을 벌 수 있는지를 배우게 됩니다. 초창기의 많은 참여 농가들은 토마토나 신선한 오렌지, 양파같이 농가에서 생산한 것들만을 팔았습니다. 하지만 관광객은 그런 농산물을 원치 않습니다. 그래서 농민들은 우리가 부가가치 상품이라고 부르는 다른 것들을 추가하기 시작했습니다. 농민들은 남은 과일들을 가져다가 관광객이 꾸러미형 간식이나 기념품으로 사갈 수 있도록 과일 통조림이나 말린 과일로 가공했습니다. 성공한 많은 농민들은 이런 여러 부가생산품들을 추가해왔고, 관광객을 상대로 여전히 판매하고 있습니다. 이런 식으로 관광객들도 훌륭한 손님이 되었지만 이들이 구입하는 것은 다른 종류의 것들입니다. 그러니까 이게 좋은 전략인 셈이지요.

이와 같이 부가가치를 갖는 가공식품의 개발이 관광객 대상의 효과적인 판매 전략의 일환으로 고안, 추진돼온 것이다. 이것은 여행 중이라 농산물을 조리해 먹기도 어렵고 신선도의 유지나 상품의 무게로 인해 갖고 다니기도 힘든 관광객의 현실적 여건을 염두에 둔 유효한 판매 전략임이 분명하다. 하지만 필자는 그의 설명을 들으면서 한 가지 아이디어를 추가하고 싶었다. 가공식품에 대한 주목 자체에서 한 걸음 더 나아가, 그런 가공식품 전략을 고도화하려는 관점을 적극 도입할 필요가 있다는 생각이 그것이다. 즉, 가공식품 종류의 다양성, 상품의 품질 보증, 반품·운송 서비스 수준의 제고 등에 더욱 정성을 쏟고 이를 구체적으로 뒷받침할 방안을 찾아 체계화해야 한다는 것이다. 이런 고도화 전략은 관광객을 페리 플라자 농민시장의 잠재적 미래 구매자로 더욱 강하게 끌어들임으로써 시장의 경제적 활성화를 가져오고, 공동체의 확장과 강화에도 상당한 시너지 효과를 발휘할 수 있을 것이기 때문이다. 요컨대, 그러한 추가 전략의 도입은 농민시장 현장에서의 일시적인 소득 증대를 겨냥하는 것을 넘어 이들을 미래의 소비자이자 공동체 구성원으로 유도하는 장기적인 포석이 될 수 있을 것으로 예상된다.

지금까지 살펴본 바와 같이, 페리 플라자 농민시장 사례는 시장으로서 경제적 지속가능성을 담보하고 확장할 수 있는 입지의 선택이 농민시장의 성장에 매우 중요함을 실증해준다. 다시 말해, 농민시장의 지속가능성과 성장을 위해서는 지역 주민뿐만 아니라 관광객을 끌어들일 수 있는, 경관이 뛰어난 관광명소 및 기존 문화관광자원과의 결합을 통해 시너지 효과를 창출하고 선순환관계를 형성할 수 있는 장소의 확보에 관심을 기울일 필요가 있다는 것이다. 이것의 경제사회학적 함의를 좀 더 현실적인 수준에서 표현하면, 페리 플라자 농민시장의 성장은 경제적 제도로서 '시장'이라는 경제적 측면뿐만 아니라 그 주변의 역사적·문화적 환경이라는 비경제적 요인들과의 성공적인 결합이 빚어낸 결과라고 할 수 있다.[20] 다른 한편, 경제적 거래를 비롯한 상호작용의 주체로 지역 주민 이외의 행위자를 고려할 경우에는 기존의 지역 주민 소비자에게와는 다른 별도의 맞춤형 판매 전략을 기획하고 실행할 필요가 있음도 페리 플라자 농민시장 사례는 보여준다. 말하자면, 주요 고객층의 차별화에 따른 상품과 판매의 다각화 전략이 요구된다는 것이다. 요컨대, 페리 플라자 농민시장 사례는 농민시장의 경제적 지속성을 위해서는 시장의 입지, 고객층에 대한 정밀한 진단 그리고 다각적인 마케팅 전략을 중시함과 동시에 그 과정에서 그와 연관된 역사적·문화적 요인 등을 동시에 고려해야 한다는 경제사회학적 함의를 시사해준다.

기존 상권과의 상생 터전이자 소규모 창업자의 보육 공간

페리 플라자 농민시장을 연구하면서 발견한 것 중의 하나는 이 시장의 성장 과정에서 농민시장과 페리 빌딩 상권 간의 협력도 한몫했다는 점이었다. 페리 빌딩이 관광명소라 하더라도 관광객이 이곳에서 구매한 상품이나 음식의 질에 실망하면 그 여파가 빌딩과 바로 인접한 실외에서 열리는 페리 플라자 농민시장에도 미칠 것임은 쉽게 짐작할 수 있는 일이다. 페리 빌딩 내의 가게들과 농민시장의 가게들은 별도로 운영되고 있지만 관광객이나 소비자의 입장에서는 그런 경계가 의미가 없기 때문이다. 말하자면, 도매금으로 평가되기 때문에, 페리 빌딩 내의 가게와 농민시장의 가게가 모두 관광객과 소비자의 호감을 살 수 있어야 양쪽이 모두 피해 대신 시너지 효과를 누릴 수 있다는 것이다. 페리 플라자 농민시장은 이런 점을 제대로 인지하고 대처해왔을까? 필자가 이 점에 관해 묻자 페리 플라자 농민시장 임원(사례 3-1)은 다음과 같은 답변을 내놓았다.

　빌딩 내부의 시장은 빌딩 측에서 관리합니다. 우리는 빌딩 안에 있는 사무실을 임대해 빌딩 바깥에서 열리는 시장[농민시장]을 관리합니다. 실내의 시장은 매일 열리고, 추구하는 목표와 필요조건도 다르지만 [우리와] 유사점을 갖고 있습니다. 실내에서 영업하는 모든 가게는 캘리포니아산産 식품업체들입니다. 이 가게들의 상당수는 식재료를 우리 시장에서 구입하기 때문에 이런 점에서 우리 시장과 연결되어 있습니다. [양쪽 시장은 모두] 품질이 좋고 지속가능한 상품을 [소비자에게] 제공한다는 공통의 가치를 추구하고 있습니다. 우리는 대규모 판촉 행사나 공동체 이벤트를 함께 개최합니다. 일반 소비자들이 양쪽 시장을 구별해서 생각하지 않는데다 우리는 같은 장소에서 영업을 하기 때문입니다. 일반 소비자는 양쪽을 그냥 하나의 큰 시장이라고 생각할 따름입니다. 구분을 한다면, 바깥 시장은 일주일에 3일 열리고, 안쪽 시장은 7일 내내 열린다고 생각하는 정도일 겁니다. 사람들이 차이가 있다고 생각하지 않기 때문에 우리가 가치와 품질을 공유하는 것은 중요한 일입니다. 우리는 서로에게 영향을 주거니 받거니 하는 것입니다. 모두에게 더 유익하기 때문에 서로 협력해야 할 목적과 목표가 있는 셈이지요.

실제로 페리 빌딩 안에는 지역농산물 판매점, 카페, 치즈가게, 도자기가게, 빵집, 허브가게, 과일가게, 올리브유가게, 다양한 음식점과 특

사진 3-4 페리 플라자 빌딩 안의 상가 통로를 오가는 방문객들

산품가게 등이 나름의 시장공동체Ferry Building Marketplace를 구성하고 있고, 샌프란시스코의 지역 문화와 지역 고유의 풍부한 요리를 선보이는 구심체 역할을 하고 있다.[21] 이 같은 평가를 입증이라도 하듯, 필자가 2012년 1월 하순에 페리 플라자 토요시장을 방문했을 때에도 실외의 농민시장 이상으로 페리 빌딩 안의 통로와 가게는 시민과 도처에서 방문한 관광객으로 붐볐다.

이처럼 페리 빌딩 실내의 일반 시장과 실외의 농민시장에 인파가 몰려드는 상황에서 상품의 품질이나 서비스 수준에 현저한 격차가 생긴다면, 그 부정적 파급 효과는 결코 적지 않을 것으로 보였다. 물론 그 반대의 가능성도 마찬가지다. 양측 노력의 결과인지, 다행스럽게도 페리 플라자 농민시장과 빌딩 안의 시장은 모두 후자에 따른 이익을 향유하고 있는 것으로 보였다.

다른 한편, 두 시장의 우호적 관계와 시너지 효과는 페리 플라자 농민시장이 음식 판매인의 보육 장소incubator로서 성공적으로 기능하고, 그 성과를 페리 빌딩으로 투영하는 데 힘입은 바 큰 것으로 보였다. 필자는 이런 해석의 근거를 페리 플라자 농민시장 임원(사례 3-1)의 얘기에서 얻을 수 있었다. 페리 빌딩 안팎에서 영업 중인 시장들 간의 관계에 관한 필자의 물음에 그는 다음과 같은 놀라운 얘기를 들려주었다.

우리 농민시장은 이런 음식업체, 즉 음식 판매인들의 일종의 보육 장소입니다. 페리 빌딩 안에 있는 가게의 약 3분의 1은 일주일에 하루씩 우리 시장의 판매인으로 활동하는 것으로 출발했습니다. 그런데 사업이 커져서 상설 가게를 차릴 정도로 성장할 수 있었던 것입니다. 그들이 매일 장사를 할 수 있는 가게를 열 정도로 그렇게 성공할 수 있게 도움을 주었다는 점을 우리는 매우 행복하게 생각합니다. 그들도 이 점을 감사하게 생각하고 있고요.

농민시장이 여기서 소규모 자영업자로 시작한 음식 판매인의 경제적 안정과 자립을 돕는 일종의 창업보육센터와 같은 기능을 해왔고, 그런 성과가 농민시장과 바로 인접해 있는 페리 빌딩 내의 상설 가게의 개업으로 나타나고 있다는 얘기였다. 한 소비자(사례 3-7)에게 이 농민시장의 미래에 관한 의견을 물었을 때 그는 흥미롭게도 이와 유사한 평가를 했다.

제가 감명받은 것은 이 시장이 처음부터 추구해온 목적에 여전히 충실하다는 점입니다. 페리 빌딩 안에서 영업 중인 판매인들도 이 점에 있어서는 대체로 마찬가지입니다. 대기업은 많지 않습니다. 저는 대기업에 적대적인 사람이 아닙니다. 저는 대기업에서 일합니다. 하지만 저는 또한 소기업을 위한 기회를 만들어주는 것을 좋아합니다. 저는 그것[소기업을 육성하는 것]이 이것[이 시장의 목적]의 일부분이라고 생각합니다.

이 같은 얘기들은 페리 플라자 농민시장의 지속적인 성장에 인접한 페리 빌딩 내 업체들과의 가치 공유와 협력이 일조했고, 농민시장이 음식 판매인들의 경제적 안정과 자립을 위한 터전이 되어왔음을 입증해준다.

이런 사실들은 농민시장의 성장과 활성화를 위한 몇 가지 경제사회학적 함의를 추가해준다. 페리 플라자 농민시장 사례에서는 무엇보다도 농민시장의 지속가능성과 성장이 그저 주어지는 것이 아니라 시장 주변의 환경적 여건을 활용하여 시너지 효과를 극대화할 수 있도록 기획하고 노력할 때 가능하다는 함의를 읽어낼 수 있다. 즉, 페리 플라자 농민시장의 성장은 단순히 페리 빌딩 같은 문화관광자원과의 기계적인 접목의 결과가 아니라 인접한 시장과의 가치 공유와 상호 협력이 일구어낸 의도적 산물이라는 것이다. 이는 특정한 농민시장 그 자체만 분리해 분석할 것이 아니라 그것과 다른 변수들 간의 연계성을 동시에 고려해야 농민시장의 현실적 역동성을 온전히 파악할 수 있다는 경제사회학적 함의를 보여주는 것이기도 하다. 주목해야 할 또 하나의 중요한 함의는 농민시장이 자영업자 자립화의 산실이자 자영업 부문 일자리 창출의 터전이 될 수 있다는 점이다. 자영업자들의 명멸明滅이 끝도 없이 이어지는 격심한 생존경쟁의 와중에 소자본 창업자들의 자립과 새로운 일자리의 창출 가능성을 먹거리 부문에서 실증해주고 있다는 사례의 확인은 우리에게 매우 중요한 의미가 있다. 농민시장에서 일하던 일부 음식 판매인들은 경제적 자립을 통해 페리빌딩 내의 상설 매장으로 자리를 옮기고, 또 다른 음식 판매인이 농민시장에 새로 진입하는 상황이 여기서 실제로 일어나고 있었기 때문이다. 이런 점들은 또한 역으로 작게는 자영업의 육성이라는 관점에서, 크게는 지역경제의 활성화와 확대라는 관점에서 농민시장에 대한 지원에 적극적인 관심을 기울일 필요가 있음을 시사한다.

길거리음식 판매인의 주체적 활동 공간

농민시장이라는 얘기를 들을 때 제일 먼저 떠오르는 모습은 채소나 과일류 등을 판매하는 농민판매인과 소비자 간의 거래 장면이다.[22] 가정에서 식사용 식재료나 후식용 과일 등을 구매하기 위해 시장을 찾은 고객과 그것을 제공하는 판매인 간의 상호작용을 연상하게 되는 것이다. 이것은 아마도 농민시장에서 가장 흔히 볼 수 있는 사회적 관계가 판매인과 소비자 사이에서 형성되는 관계이기 때문일 것이다. 농민판매인과 소비자가 농민시장의 핵심적 구성 주체로 간주돼온 것도 마찬가지라고 할 수 있다.

그렇다면, 농민시장에서 주목해야 할 또 다른 중요한 구성 주체는 없는 것일까? 이런 자문에 대한 답변으로 필자는 농민시장의 '길거리음식 판매인'(이하 음식 판매인)을 제시하고자 한다.

음식 판매인은 농민시장에서 일반 농축산물 가게처럼 일정한 판매 부스를 할당받아 영업 활동을 한다. 그래서 어느 농민시장에서나 많든 적든 이들을 발견하게 된다. 하지만 농민시장의 음식 판매인은 지

사진 3-5 목요농민시장에서 손님맞이를 준비하고 있는 길거리음식 판매인들

금까지 농민판매인의 수적 우세나 비중에 가려 대체로 정당한 주목을 받지 못한 채 농민판매인과 소비자 간의 관계를 보조하는 부차적인 존재로 인식돼온 경향이 있다. 즉, 장을 보러 온 김에 같은 장소에서 간단히 끼니를 때우려고 할 때 필요한 존재 또는 간식용으로 소량의 음식을 맛보고 싶을 때 찾는 존재 정도로 간주되어온 것이 음식 판매인(음식 노점상)이다. 또 농민시장이라는 장터의 성격 규정 자체가 농민판매인을 중심에 두고 있기 때문에 시장의 구성뿐만 아니라 소비자나 연구자의 눈길도 자연스럽게 농민판매인 쪽으로 기울었던 셈이다. 이런 복합적인 요인들이 음식 판매인을 농민시장의 주연이 아닌 조연의 역할로 비치게 만든 것이다.

특히, 우리 한국인은 이런 통념에 매우 익숙하기 때문에 미국 농민시장의 음식 판매인을 대할 때에도 그렇게 생각하고 가볍게 지나칠수 있다. 이들이 농민시장이나 지역공동체에서 어떤 의미를 갖는 존재인지를 깊이 생각하지 않을 수 있다는 것이다. 문제는 그로 인해 미국의 농민시장에서 음식 판매인이 차지하는 비중이나 사회적 기능 또는 음식의 성격 등에 내포된 복합적인 사회적 의미를 간과하거나 제대로 이해하지 못할 공산이 크다는 데 있다. 심지어 그 의미를 왜곡한 채 넘어갈 개연성도 적지 않다. 우선 우리는 미국 농민시장의 길거리 음식을 우리의 시골 장터나 아파트의 임시 장터에서 접하던 정체불명의 값싼 식재료로 만든 음식, 싼 맛과 어린 시절의 향수가 버무려진 불량식품, 그래서 모처럼 한번 맛보고 넘어가는 정도의 음식으로 생각하기 쉽다. 미국 농민시장의 음식 판매인 또한 자칫하면 우리나라 장터의 음식 노점상처럼 신원을 알 수 없는 떠돌이 영세 판매인 정도로 오해할 수 있다.

이 같은 오해의 가능성을 경계하면서 미국 농민시장의 음식 판매인 쪽으로 시선을 돌려보면, 이들을 통해 농민시장의 또 다른 경제사회학적 함의들과 마주하게 된다. 페리 플라자 농민시장 사례는 이와 관련된 몇 가지 경험적 근거를 제공해준다.

본격적인 논의에 앞서 미국 농민시장에서 음식 판매인이 갖는 시장 구성원으로서의 지위를 먼저 명확하게 이해할 필요가 있어 보인다. 앞서도 언급했듯이, 음식 판매인은 농민시장을 구성하는 정식 주체로서 농민판매인과 마찬가지의 권리와 책임이 부여된 판매인이다. 일정한 자격 요건을 갖춘 뒤 농민시장 측에 참여 신청을 해서 허가를 받아야 하고, 농민시장 운영 규정을 지키고, 일정한 회비를 납부해야 자격을 유지할 수 있다. 페리 플라자 농민시장은 시장의 '안내소'에 판매인 명부를 비치함으로써 방문객이 관심 있는 판매인에 관한 개략적인 정보를 확인할 수 있게 한다. 또 시장의 홈페이지에서는 음식 판매인을 비롯한 판매인들을 상호명의 알파벳 순으로 사진과 함께 소개함으로써 네티즌들이 모든 판매인 정보를 바로 접속해 살펴볼 수 있고, 요일별 시장·판매인의 유형·상품의 종류에 따른 판매인 검색도 가능하다. 게다가, 특정한 판매인을 클릭하면 페리 플라자 농민시장 중에서 참여하는 시장의 요일, 자기소개, 취급 상품 종류, 각종 연락처나 접촉 방법(전화·이메일주소·웹사이트·페이스북·트위터 등), 상품 제조 정보 등을 얻을 수 있다.[23] 이런 사실은 미국 농민시장의 음식 판매인이 뜨내기 상인이 아니라 자신과 상품에 관한 일련의 정보들을 공개하고 영업하는 시장의 정식 구성 주체임을 보여준다. 그렇다면, 이곳에서 제공되는 음식이 시장과 지역사회에서 갖는 의미는 과연 무엇일까?

페리 플라자 농민시장 홈페이지에서 바로 접속할 수 있는 음식 판매인들의 자체 홈페이지에는 자신의 상품이 어떤 지역에서 구매한 어떤 부류의 식재료로 만든 것인지를 대략적으로나마 네티즌이 파악할 수 있게 소개해두고 있다. 이를테면, 100퍼센트 목초지에서 방목하여 기른 소와 양, 닭 등의 고기로 훈제한 소시지 샌드위치[24], 주로 인증 유기농 식재료로 만든 빵[25], 농민시장에 참여하는 생산자로부터 구매한 식재료로 만든 피자[26]라는 식으로 상품 안내를 한다. 또 음식 판매인들은 농민시장 이외에 자신들이 별도로 운영하는 시내 가게의 위치와 연락처, 가게의 연력, 음식 기술을 배우게 된 과정, 메뉴 등의 정보도 자체 홈페이지를 통해 함께 제공한다.

이 맥락에서 우리는 몇 가지 부수적인 사실을 확인할 수 있다. 우선, 페리 플라자 농민시장의 음식 판매인 중에는 소규모 자본으로 영업을 시작해서 성장하고 있는 이들도 있지만, 일정한 규모의 자본을 토대로 농민시장에서의 판매를 겸하는 판매인들도 있다는 점이다.[27]

또 음식 판매인들은 자신의 홈페이지를 통해 소비자에게 자기 음식의 품질은 물론 지역사회와의 연관성을 최대한 홍보한다는 점이다. 이런 점들은 이들 판매인이 자신의 음식과 지역사회와의 연계성, 음식의 품질 경쟁력 등을 스스로 예민하게 의식하고 있음을 보여주는 것이라고 할 수 있다.

이와 같이 페리 플라자 농민시장의 음식 판매인들은 가능하면 주변의 농민시장이나 농장, 목장 등에서 구입한 유기농 식재료로 만든 양질의 음식을 제공하려 노력하고 있기 때문에 음식의 품질이나 지역적 연계성은 일정 수준 이상 확보하고 있는 것으로 보아도 무방할 듯하다. 이 같은 생각은 페리 플라자 농민시장에서의 면접조사와 참여관찰 과정에서도 체감할 수 있었다. 구매자들이 음식 판매대의 전면을 향해 곳곳에서 길게 줄지어 서 있던 장면, 먹거리에 대한 소비자들의 후한 평가와 표정 등은 농민시장의 음식 품질에 대한 이들의 전폭적인 신뢰를 보여주기에 충분했다.

다른 한편, 페리 플라자 농민시장에서 음식 판매인이 차지하는 비중과 기능은 무엇보다도 요일별 시장의 특성 비교에서 잘 드러났다. 이 시장의 임원(사례 3-1)은 이를 다음과 같이 설명했다.

시장의 구성에는 차이가 있습니다. 토요시장은 대부분 농민들로 구성됩니다. 약 80퍼센트는 농민이고 20퍼센트 정도가 빵, 치즈, 저장식품, 피클 등을 취급하는 음식 판매인들입니다. 화요시장도 대부분 농민들로 구성되는 시장입니다만, 빌딩 전면에서만 열리는 다소 작은 규모의 시장이라고 할 수 있습니다. 그런데 이 시장도 마찬가지로 농민이 약 80퍼센트, 그리고 음식 판매인이 20퍼센트 정도 됩니다. 오늘 보시는 목요시장은 매우 다릅니다. 규모도 작고 개장한 지 2년밖에 안 된 새 시장[28]입니다. [이 시장에 참여하는] 농민의 규모는 매우 작습니다. 농민은 아마 30~40퍼센트 되고, 음식 판매인, 특히 따뜻한 음식, 점심, 인스턴트 음식을 취급하는 음식 판매인이 60~70퍼센트 정도 될 겁니다. 그러니까 농민시장이라기보다는 오히려 '길거리음식 시장'인 셈이지요. 우리가 이러는 데는 이유가 있습니다. 저곳에서 일하는 모든 사람이 시장을 다시 찾도록 하기 위한 것입니다. 평일에는 대부분의 사람이 시간을 많이 낼 수 없기 때문에 장을 보는 사람들 대다수는 걸어서 올 수 있는 근거리에 사는 이들입니다. 이들은 화요시장에 와서 농장 제품들을 구입해 갑니다. [그렇다면] 목요일이라고 해서 못 올 이유가 있을까? 그래서 우리는 이들이 [목요일에도] 시장을 찾을 수 있을 것이라고 판단했습니다. 이들은 [이곳에서] 점심식사를 하고 싶어하기 때문입니다. 여기 이 목요시장에 이렇게 많은 점심식사용 음식이 있는 이유가 바로 그것입니다. 그런데 농장에서 생산한 먹거리, 농장 제품도 있습니다. 점심식사를 하러 시장을 재방문한 사람들이 [온 김에] 필요한 농장 상품들을 추가로 구입하기 때문입니다.[29] 목요시장은 그러니까 쇼핑을 늘리기 위한 전략의 일환인 셈이지요.

이 같은 페리 플라자 목요시장의 성격에서 우리는 몇 가지 사회학적 함의, 특히 경제사회학적 함의를 도출해낼 수 있다.

첫째, 음식 판매인은 농민시장의 장신구accessory가 아니라 핵심 구성 주체라는 점이다. 이 점은 음식 판매인 위주의 농민시장 구성이 페리 플라자 목요시장처럼 판촉의 확대를 위한 전략적 차원에서 시도되든, 아니든 그것과는 무관하게 미국 농민시장의 현실을 특징짓는 중요한 한 측면임을 보여준다. 이것은 향후 농민시장의 사회학적 연구에서 음식 판매인이 보다 심층적인 연구 대상의 한 축이 되어야 함을 시사한다. 페리 플라자 목요시장은 농민시장의 사회학에서 더 들어가 '길거리음식 판매인의 사회학'에 관해 생각해보아야 함을 보여준다.

둘째, 농민시장이 지역 주민에게 양질의 신선한 음식을 현장에서의 식사용으로 비교적 저렴하게 공급하는 기능을 한다는 사실 그 자체도 지역사회 전체적으로 매우 중요한 의미가 있다는 점이다. 대개 농민시장이나 지역과 연관된 양질의 친환경적 식재료로 만든 따끈따끈한 즉석식사 음식을 도심에서 상대적으로 값싸게 지역 주민에게 제공하는 공간의 역할을 농민시장이 수행한다는 것 자체가 지역사회에 긍정적인 기여를 하는 것이라고 볼 수 있다.[30] 물론 그 같은 가격은 식재료의 직거래, 장소 임대료나 서비스비용의 절감 등에 따른 원가 절약으로 가능해진 것이라고 할 수 있다.

셋째, 음식 판매인은 농민시장에서 파는 다른 먹거리의 판매를 촉진하고 확대하는 데에도 크게 기여한다는 점이다. 페리 플라자 목요시장 사례는 음식 판매인이 주를 이루는 형태의 시장 운영이 농민시장 상품들의 구매 촉진과 증진은 물론 농축산물이나 가공식품 판매인 위주로 또 다른 요일에 열리는 농민시장으로의 방문을 유도하는 징검다리 역할을 할 수 있음을 보여주기 때문이다.

넷째, 소비자가 식사용이나 간식용 음식에 대한 관심으로 농민시장을 찾을 경우에도, 반복적으로 방문하는 경우 비경제적인 측면에서의 교육 효과를 낳을 수 있고, 그것이 다시 경제적 소비자층으로의 편입으로 이어지게 하는 선순환 구조를 만드는 계기가 될 수 있다는 점이다. 농민시장을 자주 찾다 보면, 자신이 먹는 음식을 비롯한 주변의 친환경 먹거리와 소비자들의 태도나 행동을 통해 지역산 먹거리, 지역

농민, 지역농업, 환경 등의 중요성을 점차 인식하게 되고, 그런 친숙함이 이들을 적극적인 농민시장 소비자로 전환시킬 가능성이 커진다는 것이다. 이런 일련의 과정에서도 농민시장의 음식 판매인은 일정한 기여를 하는 셈이다.

다섯째, 농민시장도 그 주변 환경의 특성을 고려해 주 고객층을 설정하기 때문에 농민시장의 개별적 특성과 지역사회에서 갖는 사회적 의미 등을 분석할 때에는 이 점을 중요한 변수의 하나로 감안해야 한다는 점이다. 페리 플라자 농민시장의 요일별 특성이 하나의 실례가 될 수 있다. 가령, 페리 플라자 농민시장 중에는 주말의 토요시장이 가장 크지만, '도시의 심장 농민시장'의 경우에는 인근 사무실에서 일하는 사무직 종사자들이 몰리는 주중의 수요시장이 지역 주민과 그 가족들이 주로 찾는 일요시장보다 훨씬 크다.[31] 이것은 많은 직장인이 쉬는 주말 농민시장이 어디든 가장 번화하고 주중 시장은 다소 한산할 것이라는 식의 일반화가 성립하지 않음을 보여준다.

요컨대, 농민시장에서 길거리음식 판매인의 비중이나 사회적 역할은 시장 여건에 따라 다르지만 이들이 농민시장의 경제적 지속가능성을 뒷받침하는 핵심적 주체인 것은 분명하다.

페리 플라자 농민시장의 사회학과 시사점

먹거리의 '이면'에 존재하는 모든 세계가 겉으로 보이는 것과 다름을 사회학적 분석이 보여줄 수 있기 때문에 '먹거리에 대한 사회학적 접근은 큰 의미가 있다'(마이클 캐롤란, 2013: 16). 마이클 캐롤란이 《먹거리와 농업의 사회학》을 펴내면서 서장에서 한 말이다. 이에 빗대어 질문을 던져볼 수 있다. '농민시장의 사회학'은 농민시장에 관한 피상적 이해를 넘어 우리에게 어떤 새로운 얘기를 들려줄 수 있을까?

이번 장에서의 연구 목적은 페리 플라자 농민시장에 관한 사례연구를 통해 그 안에 담긴 경제사회학적 함의들을 찾아보고, 이로부터 농민시장의 사회학을 위한 몇 가지 시사점을 얻고자 하는 데 있었다.

연구 결과에 의하면, 페리 플라자 농민시장은 풍성하고 평온한 시장의 모습 이면에 '시장 입지적 경제성과 고객층 전략에 대한 고려가 내재된 공간', '기성 상권과의 상생 터전이자 소규모 창업자의 보육 공간', '길거리음식 판매인의 주체적 활동 공간'이라는 경제사회학적 함의를 지니고 있음을 알 수 있었다. 페리 플라자 농민시장이 이런 공간으로 성장할 수 있었던 배경에는 경제적 요인뿐만 아니라 시장 주변의 역사적·문화적 자원이나 인근 상권과의 가치 공유 및 상호 협력 같은 비경제적 요인들과의 성공적인 결합이 있었다는 사실도 발견할 수 있었다.

그렇다면, 이 같은 페리 플라자 농민시장의 경제사회학적 함의들이 광의의 '농민시장의 사회학' 발전을 위해 시사하는 바는 무엇일까?

첫째, 지역별로 각 농민시장의 성격이나 특징을 심층적으로 이해하려면 해당 농민시장의 입지 및 그와 관련된 주변의 환경적 조건에 주목해야 한다는 점이다. 개별 농민시장의 그러한 특수성에 대한 지속적인 분석이 이루어져야 농민시장의 일반적 특성도 제대로 포착해낼 수 있음은 물론이다. 둘째, 농민시장에 관한 사회학적 연구에서는 각 농민시장이 주된 고객층으로 설정하고 있는 집단의 유형에 어떤 것들이 있는지, 또 그러한 고객집단을 대상으로 어떤 상품 판매 전략을 기획, 실행하고 있는지를 살펴보아야 한다는 점이다. 특히, 동일한 장소에서 일주일에 여러 차례 열리는 농민시장의 경우에는 이런 관점에서 요일별 시장의 차별성과 특성에 관심을 기울여야 그 전모를 올바로 파악할 수 있다는 점에 유의해야 할 것으로 보인다. 셋째, 두 번째 것과 연관된 것으로서, 개별 농민시장의 구체적 성격이나 특징을 제대로 파악하려면 해당 농민시장의 환경적·사회인구적 조건에 관한 분석이 반드시 요구된다는 점이다. 예컨대, 페리 플라자 농민시장이 관광객과 인근의 중산층을 위한 시장이라고 한다면, '도시의 심장 농민시장'은 주위에 일반 식료품점이 없는 이른바 '먹거리사막food desert'에서 양질의 신선한 먹거리를 인근의 저소득층에게 제공하는 시장[32]인 것이다. 넷째, 농민시장에 관한 사회학적 이해를 위해서는 농민시장과 주변 상권 간의 관계, 농민시장에서 자영업자의 충원과 성장 및 이동 경로 같은 측면에 대한 분석도 놓치지 말아야 한다는 점이다. 산업구조에서 서비스업, 특히 자영업자의 비중이 큰 우리나라의 경우에는 이 점에 각별한 관심을 가질 필요가 있어 보인다.

이 같은 시사점들은 지역별 농민시장에 관한 사례연구들이 앞으로도 지속적으로 이뤄져야 하고, 그 분석 결과도 매우 다양할 것이라는 전망을 가능케 한다. 개별 농민시장의 형성과 지속성에 영향을 미치는 이런 시사적 요인들 간의 상호작용과 다채로운 현상적 모습들은 '농민시장의 사회학'이 성립될 수 있는 논리적 근거이자 그 현실적 역동성을 기대하게 하는 발원지라고 할 수 있을 것이다.

제2부

미국의 공동체지원농업

4장

신뢰·헌신·공동체성에 기초한
영농 방식, 공동체지원농업

머리말

미국의 '공동체지원농업CSA' 모델은 매사추세츠주에 위치한 '인디
언 라인 농장Indian Line Farm'과 뉴햄프셔주의 '템플-윌턴 공동체 농
장Temple-Wilton Community Farm'에서 1986년 각각 처음 도입한 것이다
(McFadden, 2004a).[1]

2개의 농장에서 시작된 미국의 CSA는 등장 이후 농민시장과 더불
어 미국 대안농업의 주요 유형으로 관심을 끌면서 연구자들 사이에서
도 여러 관점에서 집중적인 조명을 받았다. 예컨대, 지구적 먹거리체
계 대 지역먹거리체계, 산업형 농업 대 생태적으로 지속가능한 농업,

관행농업 대 대안농업, 대규모 농업 대 소규모 농업, 공동체·먹거리·땅·지역·농민과 먹거리 소비자 간의 단절 대 일체의 연결성 회복, 반反환경성 대 환경친화성, 세계적 시장 대 지역시장, 식량위기 대 식량주권 같은 다양한 차원에서의 상호 대비 속에서, CSA는 주로 후자의 측면을 복원하거나 강화할 수 있는 모델로 간주[2]되어 지속적인 검토의 대상이 된 것이다(Beus et al., 1990; Dower et al., 2009; Feagan et al., 2009; Hinrichs et al., 2007; King, 2008; Lapping, 2004; O'Hara et al., 2001; Schnell, 2007; Thomson et al., 2007; Wittman et al., 2010). 이 같은 논의들에 힘입어, CSA가 지역공동체 구성원들과의 연결성에 기초해 지속가능한 영농을 추구하는 소농 중심의 대안농업운동인 동시에 '지구화된 산업형 먹거리체계'(Schnell, 2013)와는 대비되는 지역먹거리체계의 중요한 기축이라는 인식은 어느 정도 자리를 잡았다.

하지만 이 같은 인식의 확산에도 불구하고, CSA에 관한 통념적 이해 수준에서 좀 더 들어가면 여전히 애매모호한 상태로 방치되고 있는 중요한 쟁점들이 눈에 띈다. 이를테면, 다음과 같다. 미국의 CSA에서 회원들의 노동력 제공은 어떻게 이뤄지고 있고, 초창기와는 어떻게 다른가?[3] CSA에서의 회원 노동력 제공 프로그램은 일반 회원과 저소득 계층의 CSA 참여 가능성 문제와 관련해 어떤 의미를 갖는가?[4] CSA 운영 농민이 CSA를 통해 구현하려는 가치는 어떤 성격을 지닌 것으로 이해해야 하는가?[5] CSA 운영 농민들이 유기농법으로 작물을 재배하면서도 공식 인증을 받지 않는 이유는 무엇이며, 그것을 해소할 수 있는 방안은 무엇인가?[6]

그렇다면, CSA에 관한 국내의 연구동향은 어떠한가? 우리 학계에서 CSA에 관한 연구 성과가 드러나기 시작한 것은 2000년대에 접어

들어서라고 할 수 있다. 초기에는 농업이나 농촌개발 분야의 연구자들에 의해 외국 CSA운동의 전개 과정과 유형, 유기농업, 미국 CSA 사례 등에 관한 연구가 이루어졌다(손상목, 2000; 정진영·손상목·김영호, 2001a, 2001b; 박덕병, 2005). 사회학적 시각에서는 미국의 CSA, 한국의 로컬푸드운동과 CSA, 언니네텃밭 사업 등을 주제로 한 연구들이 선을 보였다(김종덕, 2004; 김철규, 2011; 정은정·허남혁·김흥주, 2011). 또 CSA 자체를 주된 연구 대상으로 설정한 것은 아니었지만 지역먹거리운동과 식량주권 문제의 틀 속에서 국내외의 CSA 사례를 부분적으로 검토한 연구 성과들도 발표되었다(송원규·윤병선, 2012: 299-300; 윤병선·김철규·송원규, 2013; 윤병선, 2013: 78-79). 이 같은 학계의 연구 작업과 더불어 최근 활성화 조짐을 보이는 먹거리 번역서들이 CSA에 관한 국내 학계와 독자층의 이해를 돕는 데 일조해왔다. 예컨대, 《비아캄페시나》(아네트 아우렐리 외, 2011), 《먹거리반란》(에릭 홀트-히메네스 외, 2011), 《우리가 사는 곳에서 로컬푸드 씨 뿌리기》(탐진 핑커던 외, 2012) 등은 소농, 식량위기, 굶주림, 식량주권, 영국의 CSA 같은 주제어를 부각시키면서 CSA의 이해에 필요한 배경지식을 제공해주었다.

이와 같이 CSA를 둘러싼 그간의 국내외 연구 성과들로 인해 미국 CSA 모델의 도입 배경과 이념, 운영 사례, 쟁점 등에 관한 일반적인 이해 수준은 일정한 궤도에 올랐다고 볼 수 있다. 그렇지만 국내의 연구 성과들까지 종합해서 보더라도 국외의 연구 동향에서 드러난 쟁점들은 여전히 미결 상태로 남겨져 있다. CSA 회원의 노동력 제공 여부, CSA에서 추구하는 가치의 문제, 유기농 인증 여부 같은 쟁점이 그것이다. 따라서 이 장에서는 주로 이와 같은 쟁점들을 점검하며 미국 북서부지역 CSA의 현실과 특징을 진단하고, CSA의 지속적인 성장을 위해 해결되어야 할 과제들을 짚어보고자 한다.

구체적인 분석 작업에 앞서, CSA의 개념 자체를 사회학적으로 어떻게 이해해야 할 것인지 생각해보자. 이론적 논의를 통해 CSA 개념의 핵심 구성요소는 무엇인지, CSA에서는 생산자농민과 회원소비자가 각각 어떤 방식으로 구체적인 지원 혹은 공유를 한다는 것인지, CSA에는 어떤 세부 유형이 있을 수 있는지 등을 살펴보려는 것이다. 이는 본문에서의 사례분석을 위한 일종의 이론적 기초 작업이라고 할 수 있다.

특히, 4장의 연구에서는 앞서 언급한 세 가지 주요 쟁점을 다룸에 있어 미국 오리건주 포틀랜드 광역생활권의 CSA 운영 농민들에 대한 심층면접조사 결과를 가장 중요한 분석자료로 활용하고자 한다. 또 연구의 배경지식을 확보한다는 차원에서 본문 분석에 앞서 사례 지역의 특성에 관한 개관 작업을 수행할 것이다. 요컨대, 4장의 연구 목적은 오리건주 포틀랜드 광역생활권의 CSA 농민 사례들에 대한 심층면접조사를 토대로 미국 북서부지역 CSA의 현실과 특징을 사회학적으로 이해하고, CSA의 지속적인 성장을 위한 시사점들을 도출하는 데 있다.

공동체지원농업: 농민과 회원의
상호 헌신에 기초한 영농공동체

우리는 CSA를 어떻게 이해해야 할까? 사회학적 관점에서 CSA에 관한 이론적 탐색을 시도할 때 1차적으로 숙고해야 할 쟁점은 바로 이 개념 자체라고 할 수 있다.

CSA 개념을 검토해야 할 필요성은 미국 CSA운동의 창시자로 꼽히는 로빈 밴 엔Robyn Van En의 고민에서도 엿볼 수 있다. 그녀의 회고에 의하면, 자신과 주변의 관계자들이 기획하던 새로운 영농 방식의 명칭을 어떻게 붙일 것인가를 놓고 여러 날 토의하고 논쟁을 벌였다고 한다. 자신들의 기획 의도를 충분히 전달하는 데 가장 적합한 구성 용어가 무엇인가를 놓고 씨름했고, 그 결과 CSA의 핵심 구성 개념인 '공동체'와 '지원'을 포함하고 여기에 '농업'을 덧붙인 지금과 같은 배열의 CSA라는 신조어가 탄생했다는 것이다(Robyn Van En, 1996: xiv).

헨더슨Henderson은 이런 로빈 밴 엔의 CSA 개념 정의에 담긴 농민과 먹거리 소비자 간의 관계의 본질을 생산자와 소비자 사이의 '상호 헌신mutual commitment'이라고 해석한다. 생산자농민은 그해의 수확기에 회원소비자에게 먹거리를 제공하고, 회원소비자는 농민을 지원함으로써 영농에 고유한 위험 요인과 잠재적 풍요함을 농민과 공유한다는 점에서 그렇다는 것이다(Henderson and Robyn Van En, 2007: 3).

이런 측면에서 CSA 영농 방식이 기존의 영농 방식과 다른 점은 생산자농민과 회원소비자 간에 각각 상대방에게 헌신적으로 뭔가를 '지원'하고, 그 과정에서 자연스럽게 공동체가 형성되고 영농 작업도 이루어진다는 사실에 있다.

미국 농무부의 CSA 소개[7]에서도 관계자 간의 이런 상호 '지원'과 그에 따른 '공유'의 정신[8]이 CSA의 핵심으로 인식되고 있음을 발견할 수 있다.

공동체지원농업은 재배자와 소비자가 먹거리 생산에서 비롯되는 위험과 이득을 서로 지원하고 공유함으로써 농지가 법적으로든 정신적으로든 공동체의 농장이 되는 방식으로 운영되도록 회원 가입을 통해 약속한 사람들의 공동체로 구성된다.

그렇다면, CSA 모델에서 핵심적 이해당사자인 회원소비자와 생산자농민은 각자의 입장에서 어떤 방식의 구체적인 지원이나 공유를 통해 서로에게 헌신하는 것일까?

우선, 회원소비자는 회원 가입을 통해 매년 영농 활동이 시작되기 전에 예상되는 한 해의 농장 운영비와 농민의 생활비에 해당하는 비용을 농민을 믿고 선납함으로써 지역농민을 지원한다. 또 그런 행위를 통해 회원은 악천후나 해충 등으로 인한 수확량 감소를 비롯한 영농 활동 전 과정에서의 위험부담을 농민과 공유한다(DeMuth, 1993). 이런 점에서, 이들은 거주지 주변의 식료품점이나 대형 매장에 필요할 때마다 가서 식품을 구매하는 일반 소비자보다는 지역농민이나 농업, 먹거리 등에 대한 관심과 애정이 더 많은 소비자라고 볼 수 있다. 물론 회원소비자는 CSA를 통해 양질의 먹거리를 얻는 것 외에도 정기적으로 배달되는 생산물과 소식지를 통해 새로운 농작물과 조리법을 접하고, 자신의 먹거리를 누가 재배하고 또 어떻게 재배되는가를 알게 된다. 또한 농장 방문이나 먹거리의 수취 과정을 통해 농민과의 인간적 관계를 형성하고 이를 발전시켜갈 기회를 얻게 된다.[9] 그리고 회비 납부나 단순한 농장 방문 수준을 넘어 먹거리의 수확이나 배송 과정에 부분적으로 자신의 노동력을 제공할 경우에는 또 다른 효과를 기대할 수 있다. 즉, 회원소비자로서 먹거리의 생산이나 분배 과정에 직접 참여하면서 종래에 단절되었던 먹거리 생산자와의 관계를 점차 회복하고, 먹거리를 매개로 친밀한 공동체를 형성, 발전시킬 개연성도 커진다.

농민의 입장에서는 새해의 영농 활동 개시 이전에 필요한 자금을 회원들로부터 조달받기 때문에 영농자금을 안정적으로 확보하게 되고, 예기치 못한 흉작이나 기후변화에 따른 피해의 부담감을 더는 이점이 있다. 또 자신의 농축산물을 일정하게 소비해줄 소비자를 사전에 확보하는 것이기 때문에 생산 이후의 판로에 대한 부담감을 대폭 줄이면서 영농에 전력투구할 수 있는 장점이 있다. CSA 농민이 이런 이점을 누리게 되는 만큼 그에 상응하는 농민의 답례품은 무엇보다도 자신이 정성껏 재배하거나 사육한 양질의 먹거리가 될 수밖에 없다. 농민은 신선한 먹거리로 회원소비자의 기대에 부응하고 소비자의 건강과 식생활을 지원해야 하는 의무를 갖기 때문이다.[10] 또한 농민은 앞서 언급한 것처럼 회원소비자가 생산자농민이나 그 토대인 토지나 농장, 자연, 보조적인 영농 활동 등과 맺게 되는 관계의 형성이나 회

사진 4-1 포틀랜드시 주택가 인근에 위치한 농장 초입의 CSA 가입 홍보 입간판

복 또는 참여 과정을 도움으로써 소비자를 지원하고 공동체를 발전시킬 의무를 갖는다. CSA 농민이 회원소비자를 그다음 해에 계속 확보할 수 있을지의 여부는 상당 부분 이런 지원 업무를 얼마나 잘 감당하느냐에 달려 있다고 봐도 과언이 아닐 것이다.

최근의 한 조사는 회원의 재가입률과 관련하여 이 점의 중요성을 일깨워준다. 이 조사에 의하면, CSA가 어느 정도 대중성을 확보하며 늘어남에 따라 CSA 농가의 회원 유치 경쟁이 이전보다 치열해졌고, 회원들의 욕구도 다양해졌다고 한다. 이 조사는 이런 관점에서 회원의 재가입을 유도하기 위해 CSA 농민이 양질의 먹거리는 물론이고 농장 초청 행사나 회원들과의 개인적 관계 구축, 회원의 욕구를 반영한 회원별 맞춤형 배송 품목의 구성 등에 관심을 기울여야 한다고 강조한다.[11]

CSA 농민과 회원소비자의 입장을 '지원'이나 '공유'의 관점에서 살펴본 이상의 논의를 종합해보면, CSA는 영농 활동에 따른 위험의 공유, 생산자농민에 대한 지원, 고품질의 먹거리 생산과 제공, 생산물의 재배 방식과 생산자에 대한 인지, 지역농업과 조리법에 관한 재인식, 먹거리 생산이나 분배 과정 참여, 농민과 소비자 및 소비자 상호 간의 대면적 관계의 형성을 통한 공동체 형성 등을 강조하고 있음을 보여준다.

이와 같이 '비시장적 요인들'에 새롭게 주목한다는 점에서, CSA는 '경제적 교환'의 중요성을 경시하고 '사회적 교환'에 초점을 두는 '산업적 먹거리체계'의 중요한 잠재적 대안으로 간주되기도 한다(Feagan and Henderson, 2009: 206). 이런 해석은 나름대로 타당성이 있지만 그렇다고 해서 CSA의 비시장적 측면에 지나치게 경도되는 것은 위험하다.

사진 4-2 할리우드 농민시장 한 매장 판매대의 CSA 가입 홍보 문구(정면과 측면)

CSA의 가치나 참여 동기, 참여 정도, CSA에 대한 기대감 등에 있어 참여 농민과 회원소비자들 사이에서도 얼마든지 편차가 있을 수 있기 때문이다(Feagan and Henderson, 2009).

  이런 맥락에서 CSA의 유형에 관한 논의를 살펴보는 것은 유익해 보인다. 헨더슨 등은 CSA 회원의 먹거리 생산 및 분배 작업 과정에의 참여 수준이 농장별로 매우 다양할 수 있다고 얘기하면서, 그 유형을 세 가지로 대별한 바 있다. 즉, 한쪽 끝에는 모든 회원에게 어떤 식으로든 농장 작업에의 참여를 회비 지불 방식의 일부로 애초에 요구하는 유형의 CSA가 있고, 정반대쪽 끝에는 농장과 관련된 모든 작업을 농장 관계자들이 수행하고 회원은 그저 매주 생산물 꾸러미를 수령하는 이른바 '단순 회원 가입형subscription' CSA가 있다. 그리고 이 두 가지 유형 사이에 특별한 작업 시기에 농장의 자원봉사자로 나서거나 농작물의 분배 작업에 도움을 주거나 작업에 참여한 대가로 회비를 할인받는 형태의 CSA가 있다(Henderson and Robyn Van

En, 2007: 7).

그러면, CSA의 핵심 구성요소인 '지원'이나 '나눔' 등의 이념에 비추어볼 때 이 세 가지 유형 가운데 가장 이상적인 형태는 어떤 것일까? 누구나 회원이 물질로서만이 아니라 자신의 노동력까지 제공하는 첫 번째 유형이 가장 적극적이고 이상적인 유형이라고 생각할 것이다. 실제로 그 단서는 CSA운동의 기수였던 로빈 밴 엔의 언급에서 확인된다(Robyn Van En, 1995: 2).

> CSA는 또한 사회경제적 격차를 메우는 데 도움이 된다. 회원은 식품구매권을 받는 사람에서부터 채소 배달비를 추가 지불할 여력을 가진 사람에 이르기까지 그 폭이 넓다. 이들이 모두 지역농민의 생존을 보장해주고 있고, 이들의 자녀와 손주가 지금과 같은 농장에서 먹을 수 있도록 확실하게 뒷받침해준다.

식품구매권 수령자들이 CSA에 참여할 수 있는 기회가 있다는 얘기는 이들이 부분적으로 자기 노동력을 제공함으로써 회비의 일부를 충당함을 의미한다. 'CSA 발달 초기 단계에서의 이상적 CSA 모델'이 물질과 노동력으로 회비를 내는 회원 형태였음을 시사해주는 대목이라고 볼 수 있다. 이런 방식은 영농 과정에의 참여를 통한 만족감과는 별개로, 경제적 측면에서도 노동력의 제공이 중요한 의미를 가질 수 있음을 뜻한다. 무엇보다 저소득층이 CSA에 참여할 기회를 가질 수 있기 때문이다.

이와 견주어볼 때, 가장 소극적인 CSA 유형은 단순 회원 가입형 CSA다. 다음의 논의(DeMuth, 1993)는 이 유형의 성격을 분명하게 이해하는 데 도움을 준다.

　CSA는 간혹 '회원 가입형 영농'으로 알려져 있다. 또 이 두 가지 용어는 때로는 동일한 기본 원칙을 전달해왔다. 하지만 또 다른 경우를 보면, 후자의 술어는 특정한 농장 운영 방식에 내재해 있는 철학적이고 실질적인 차이들을 전달하기 위한 의도로 쓰이고 있다. 즉, 회원 가입형 영농(혹은 마케팅) 방식은 진정한 CSA의 토대인 공동체 형성이라는 개념보다는 농장 생산물의 보장된 직거래 시장을 통해 소비자뿐만 아니라 농민이 얻는 경제적 이득을 강조하는 경향이 있다.

　그렇다면, 미국 CSA에는 초기 이후의 성장 과정에서 어떤 변화가 있었을까? 이 점에 관한 고찰은 이론적·경험적 관점에서 모두 중요한 의미가 있다. 가령, 현실적으로 운영되고 있는 CSA가 위의 유형 분류 중 대부분 두 번째 유형에 속한다고 하면, CSA가 초기에 추구하고자 했던 가치적 함의는 약화되고 주로 생산자와 소비자의 경제적 동기에 의해 운영되는 또 하나의 마케팅 전략으로 전락할 개연성이 커진 셈이기 때문이다.

　이상과 같은 이론적 논의에 기초해, 이 장에서는 CSA 회원의 노동력 제공 여부, CSA 농민이 추구하는 가치, CSA 영농 방식과 공식적인 유기농 인증 여부 같은 세 가지 소주제를 중심으로 CSA의 현실과 특징을 분석하고, 이로부터 CSA의 미래와 지속적인 성장을 위해 생각해볼 수 있는 시사점들을 도출하고자 한다.

조사 지역과 자료

조사 지역 개관: 포틀랜드 광역생활권

포틀랜드 광역생활권의 중심에는 포틀랜드시가 위치해 있다. 포틀랜드시는 지정학적으로는 태평양과 연해 있는 미국 서부 오리건주의 최북단에 위치해 있고, 컬럼비아강을 경계로 워싱턴주와 맞닿아 있다. 2013년 7월 기준 인구 추계에 의하면(Portland State Univ. PRC, 2014), 포틀랜드시의 인구는 59만 2,120명으로 오리건주 내에서 가장 많다.

포틀랜드시와 인근 지역의 인구는 지속적으로 성장하고 있는데, 이는 무엇보다도 이 지역이 오리건주에서 수행해온 경제적 중심지이자 사회문화적 중심지로서의 역할에서 비롯된 것으로 보인다. 이 지역에는 컴퓨터, 반도체, 모니터, 소프트웨어, 각종 검사 및 계측 장비 등을 생산하는 인텔Intel, 테크트로닉스Tektronix 같은 유수 기업들이 밀집해 있어, 캘리포니아주의 실리콘 밸리에는 미치지 못하지만 일찍이 '실리콘 포레스트Silicon Forest'라는 별명으로 불릴 정도로 유명세를 탄 지역이다(Dodds and Wollner, 1990; 김원동, 2007). 물론 2000년대 초에 몰아닥친 인터넷 기업 열풍의 붕괴 여파로 인해 오리건주 첨단산업의 전망이 긍정 일변도일 수는 없지만 이 지역은 여전히 여러 산업 영역에서 오리건주의 경제 중심지로서의 위상을 유지하고 있다.[12]

이와 같이 포틀랜드와 인근 지역에는 첨단산업과 그와 연관된 제조업 및 서비스업 분야에서 활동하는 수많은 유력 기업체가 밀집해 있고, 교통·주거·환경 등의 제반 여건이 잘 갖춰져 있기 때문에 환경의

사진 4-3 테크트로닉스사

식이 높은 고학력의 젊은이와 중산층이 다른 지역에 비해 상대적으로 많은 편이다. 이런 점에서 이곳은 CSA가 활성화되기에 유리한 지역에 속한다고 할 수 있다.

이 같은 포틀랜드시 중심의 생활권을 고려할 때 주목해야 할 또 한 가지 사실은 포틀랜드시의 영향력이 오리건주를 넘어 인접한 워싱턴주의 일부 지역까지 뻗쳐 있다는 점이다. 여기에는 양 지역을 이어주는 교량도 한몫하고 있는 듯하다. 컬럼비아강 인근의 워싱턴주 지역과 포틀랜드시는 교량으로 이어져 있어 다리만 건너면 바로 포틀랜드시 도심으로 진입할 수 있다. 이런 발달된 교통 여건이 인접한 워싱턴주의 일부 도시들을 포틀랜드 생활권으로 쉽게 끌어들이고 있는 셈이다.

포틀랜드주립대학교 인구조사센터가 제공하는 '포틀랜드–밴쿠버–비버턴 광역권Portland-Vancouver-Beaverton Metropolitan Area'[13]의 추계 인구는

표 4-1 '포틀랜드-밴쿠버-힐스버러(비버턴) 광역권'의 인구 추이(2000-2013)

기준일	오리건주 인구	포틀랜드-밴쿠버-힐스버러(비버턴) 광역권 인구
2000.4.1	3,421,399	1,927,881
2010.7.1	3,837,300	2,230,578
2011.7.1	3,857,625	2,246,083
2012.7.1	3,883,735	2,266,573
2013.7.1	3,919,020	2,292,725

주) '힐스버러(비버턴)'을 병기한 것은 이전에 사용하던 명칭과의 연계성을 보여주기 위한 것이다.
자료: Portland State University PRC. 2014. '2013 Annual Population Report Tables (April 15, 2014).'
http://www.pdx.edu/prc/population-estimates-0.

바로 이런 현실을 잘 보여주는 하나의 대표적인 지표라고 봐도 무방하다. 실제로 이 지역의 주민들은 일상생활에서 행정구역상의 경계를 거의 의식하지 못할 정도로 포틀랜드시를 중심으로 하나의 거대한 경제적·문화적 일상 생활권을 형성한 채 살아가고 있다. 필자가 이 권역을 앞서와 같은 통계적 범주의 명칭 대신에 '포틀랜드 광역생활권'이라고 부르는 이유는 이런 생활권적 어감을 좀 더 살려봤으면 하는 의도에서다.

워싱턴주의 일부 인구를 포함한 포틀랜드 광역생활권의 인구 규모를 오리건주 전체의 인구 규모와 비교하면 〈표 4-1〉과 같다.

이번 면접조사는 물론 포틀랜드 광역생활권을 염두에 두고 실시했고, 이번 조사 기간 중 직접 방문한 농장도 모두 이 권역에 위치한 곳들이었다.

자료와 면접조사

이 장의 연구 주제와 관련해 인터넷 사이트, 각종 연구 보고서와 문헌, 현장 참여관찰, 심층면접 등과 같은 여러 연구 방법을 동시에 활용하여 자료들을 수집했다. 이 중에서 심층면접조사를 통해 획득한 면담 내용이 분석의 핵심 자료인데, 면접은 주로 포틀랜드 광역생활권에서 CSA를 운영하는 생산자농민과 가족 구성원을 대상으로 진행했다. 그 밖에 농민시장의 관리인, CSA 이외의 일반 농업 종사자, 유기농 가공식품업체 직원 등도 면접 대상자의 일부로 포함시켰다. CSA 농민과 가족 이외의 면접자들은 전자의 견해를 보완해주는 자료를 얻을 수 있으리라는 기대감에서 조사한 것이다.

주된 분석자료를 얻기 위해 실시한 심층면접 대상자와 조사 과정을 간략히 정리하면 다음과 같다.

심층면접은 2013년 1월 28일부터 2월 4일까지 8일간 모두 17명을 상대로 하루에 대략 2건씩 매일 연이어 실시했으며 면접 대상자의 기본 정보는 〈표 4-2〉와 같다.

이들을 대상으로 한 면접조사는 1곳을 제외하고는 농민의 농장이나 농민시장에서 모두 실시되었다.

농장 방문을 통한 조사에는 적잖은 어려움이 있었다. 미국 현지로 출발하기 전에 이 지역 CSA 농가 현황에 관한 정보를 인터넷 사이트에서 찾아 명부를 만든 후 일부 해당 농가에 이메일을 보내기도 했으나 회신은 거의 없었다. 어쩔 수 없이 현지에 도착한 이후 작성해간 명부를 토대로 해당 지역 농장들과의 통화 접촉을 시도했고, 요청에 응해준 농장의 경우에는 약속 날짜에 맞춰 방문 조사를 진행

표 4-2 **면접 대상자 정보 개관**

면접 대상자 기본정보			면접 장소	면접 일자	농장(기업체 또는 농민시장) 소재 지역(가족관계 및 기타)
사례 식별기호	직업	성			
사례 4-1	농민	남	농장	1.28	Forest Grove(부부)
사례 4-2	농민	여			
사례 4-3	농민	남	농장	1.28	Forest Grove (부인은 영농 보조)
사례 4-4	관리인	남	농장	1.29	Beaverton
사례 4-5	FM 관리인	남	People's FM	1.30	Portland
사례 4-6	농민	남	People's FM	1.30	Ridgefield(워싱턴주 소재)
사례 4-7	농민	남	농장	1.31	Hillsboro
사례 4-8	식품업체 직원	남	식품업체 사무실	2.1	Portland(유기농 가공업체)
사례 4-9	농민	여	농장	2.1	Hillsboro('가정의' 겸업)
사례 4-10	학생 (고등학생)	남			농장 농민의 아들(영농 보조)
사례 4-11	판매인	여	Hollywood FM	2.2	Portland(농장 농민의 딸)
사례 4-12	축산농민	남	농장	2.2	Portland(CSA는 운영하지 않고 다른 직종과 겸업)
사례 4-13	농민	남	농장	2.2	North Plains(부부)
사례 4-14	농민	여			
사례 4-15	농민	여	Hillsdale FM	2.3	Rickreall(CSA는 운영하지 않고 FM에만 참여)
사례 4-16	판매인	여	Hillsdale FM	2.3	Philomath(농장 농민의 딸)
사례 4-17	농민	여	농장	2.4	Portland(남편은 침술사)

주) '농장'은 면접 대상자의 농장을 의미함.

했다. 여러 차례의 통화 시도에도 불구하고 연락이 닿지 않았던 농장들은 주소를 들고 무작정 찾아갔다. 다행히 면접이 성사된 경우도 있었지만 몇 곳은 농장에 사람이 없어 헛걸음을 하기도 했다. 또 주소지로 갔지만 폐업 상태의 농장을 마주쳐야 했던 경우도 있었다. 이는 인터넷 정보의 갱신이 제때 이뤄지지 않았기 때문에 빚어진 일이었다.

농장 방문과 더불어 필자가 중시한 또 다른 조사 장소는 농민시장이었다. CSA 운영 농민이 판매인으로 나오는 겨울철 농민시장을 관련 사이트에서 검색하여 확인해본 후 3곳의 농민시장을 각각 개장일에 맞춰 방문하여 관계자와의 면접을 시도했다. 짧은 조사 기간에 일일이 농장을 방문하기에는 역부족이었던 터라 농민시장과 같은 특정한 장소에서 CSA 관계자를 비롯한 여러 농민을 동시에 만나는 방식은 조사 진행에 큰 도움이 되었다. 이 경우에는 물론 이 방법에 내포된 한 가지 단점을 감수해야 했다. 농민시장은 소비자를 상대로 계속 거래가 이뤄지는 현장이기 때문에 판매인으로서 영업 중인 CSA 관계자들과 장시간 면접할 수 없었다는 것이다.

요컨대, 이번 면접조사는 주로 농장과 농민시장에서 실시되었고, 피면접자의 선정은 현실적인 제약 요인들로 인해 접촉이 가능한 이들을 대상으로 무작위적으로 이루어졌다. 하지만 피면접자와의 연락 및 실제 면접 진행 과정에서는 피면접자의 성별이나 연령대 등을 어느 정도 균형 있게 반영하고자 신경을 썼다.

회원 노동력, 공동체성, 유기농 인증 여부를
통해 본 미국 CSA의 현실

회원 노동력 제공의 부재와 함께 결속력의 상대적 약화와 계층 편향성 우려

헨더슨 등에 의하면, 미국의 CSA 농가 중에서 회원의 노동력 제공을 요구하는 사례는 여러 주에서 발견할 수 있다. 이를테면, 메사추세츠주의 '제네시 밸리 오가닉 CSAGenesee Valley Organic CSA'[14]나 '매니 핸즈 오가닉 농장Many Hands Organic Farm', 위스콘신주의 '블랙베리 힐스 농장Blackberry Hills Farm', 로드아일랜드주의 '케이시 농장Casey Farm', 코네티컷주의 '홀컴 농장Holcomb Farm', 미네소타주의 '밸리 크릭 커뮤니티 농장Valley Creek Community Farm' 등이 그것이다. 회원당 1일 작업, 개인회원 4시간·단체회원 50시간, 회원당 8시간 작업, 회원당 1회 수확기 작업 또는 배송 작업 등 농장별로 형태는 다양하지만, 이 CSA 농가들은 농장일의 참여로 회비의 일부를 지불하는 방식을 채택하고 있다 (Henderson and Robyn Van En, 2007: 99-100).

이 같은 예시를 담은 헨더슨 등의 저작이 처음 발간된 연도가 1999년이고, 개정확대판이 2007년에 나왔음을 감안할 때, 이 사례들은 대체로 CSA 초기에 시작된 것들이라고 볼 수 있다.[15] 그렇다면, 필자가 실제 면접조사를 수행한 지역의 CSA 농가들에서는 현재 회원 노동력의 제공이 과연 어떤 식으로 이루어지고 있을까? 여기서는 먼저 이 점을 검토하고자 한다.

한 여성 농민에게 노동력을 제공하는 회원들이 있는지를 물었다. 돌아온 답변은 단호하고 간결했다.

사진 4-4 농장 입구에 설치된 CSA 가입 홍보 및 농장 안내판

없습니다. 우리는 노동력 교환 같은 것은 하지 않습니다. 그건 너무나 복잡한 문제입니다(사례 4-17).

농민시장에서 면접했던 한 젊은 여성 농민의 답변도 마찬가지였다.

없습니다. 저희들의 노동력으로 모든 작업을 수행합니다. 회원들이 농장을 방문하러 올 수 있는 날이 물론 있습니다. 회원들이 약속을 하고 와서 둘러보는 것은 언제나 환영합니다. 하지만 작업은 모두 저희가 합니다(사례 4-11).

농가의 거실에서 농민 부부와 대화를 하던 중에 역시 같은 질문을 던졌다.

아니요. 지금은 없습니다. 하지만 이전에는 정말로 헌신적으로 도와주

사진 4-5 CSA 농장(워킹 핸즈 팜)의 산란용 닭장

던 분들이 좀 있었습니다. 그래서 우리도 참 행복했지요. 심한 진눈깨비가 몰아쳤던 해가 있었어요. 그때 여기 뒤쪽에 있는 것과 같은 큰 온실이 무너져버렸거든요. 그래서 우리는 그걸 완전히 철거하고 다시 지어야 했어요. 제 기억에는 3주간이나 주말마다 20~30명의 회원들이 오셔서 그 일을 도와줬습니다. 그리고 그분들은 그 일을 달가워했습니다. [저희끼리만 일했을 때에 비해] 정말 엄청난 차이였지요(사례 4-13).

자원봉사를 원하는 분들이 좀 있습니다. 하지만 "헌신적으로 해야 하기 때문에 매주, 같은 날 같은 시간에 오셔야 한다"고 얘기하면 대부분의 회원은 "너무 벅차다"고 말합니다. 하지만 사람들이 온다고 해도 저희 입장에서 보면, 이분들이 무엇을 어떻게 해야 할지를 잘 모르고 그래서 일을 그르치기도 한다는 겁니다. 어쩌면 저희가 훌륭한 교사가 아니라서 그런지도 모르지요(사례 4-14).

또 다른 농민 역시 마찬가지 대답을 했다.

저에게는 그런 회원들이 없습니다. 이전에는 그런 일을 해주는 회원들이 조금 있었습니다만 이들은 "방해가 되어서 미안하다"고 제게 사과하곤 했습니다(사례 4-3).

예전에는 회원들 중에 농장에 와서 농사일을 거들어주는 이들이 좀 있었지만 지금은 없다는 것이다. 물론 회원의 노동력 제공이 이뤄지는 곳이 전혀 없지는 않았다. 한 CSA 농민은 자신의 농장에는 일부 회원이 노동력을 제공하고 있다고 했다.

조금 있습니다. 먹거리와 교환하기를 원하는 회원이 몇 사람 있습니다. 하지만 포틀랜드 같은 도시지역에 거주하는 회원 대부분은 농장에 와서 일을 하고 싶어하지 않습니다(사례 4-2).

필자의 면접 사례들을 종합해보면, 적어도 포틀랜드 광역생활권에 위치한 CSA 농가들의 경우에는 노동력을 제공하는 회원이 최근에는 거의 없는 것[16]으로 정리된다. 그렇다면 그 이유는 무엇일까?

회원의 노동력 제공과 관련해 같은 질문을 했을 때 한 젊은 CSA 농민이 토로한 다음 얘기는 이런 맥락에서 눈길을 끈다.

제 농장에는 없습니다. 하지만 이 문제는 제가 해결하려고 고민 중인 사안입니다. 저는 가능한 한 많은 분을 농장과 결합시킴으로써 이들의 이해도가 지금보다 훨씬 더 제고될 수 있도록 하고 싶기 때문입니다. 하지만 상당히 많은 먹거리를 재배하려면 매우 효율적이어야 합니다. 그러다 보니 대개 교육하는 일과 생산하는 일을 동시에 감당하기에는 시간

사진 4-6 겨울철의 CSA 농장 비닐하우스 내부

이 충분치 않습니다. 그래서 제가 자원봉사자의 날을 갖는 경우는 한 해에 그저 두세 번뿐입니다. 회원들이 오셔서 제초 작업을 하며 저를 도와줍니다. 이런 작업 과정을 통해 이분들은 먹거리에 관해 좀 더 많은 것을 배울 기회를 갖게 됩니다. 하지만 문제는 균형을 잡는 것입니다. 이분들에게 시간을 많이 할애하면 할수록 먹거리를 재배하는 시간은 그만큼 더 줄어들게 되는 것이지요(사례 4-7).

당장 농사일에 쫓기기 때문에 회원들을 농사일을 잘 아는 능숙한 보조자로 교육시키는 데 필요한 짬을 낼 수 없다는 얘기였다. 이 같은 사정은 미국 농가의 채산성 악화와도 어느 정도 관련이 있는 듯했다.
CSA를 운영하지는 않지만 유기축산업에 종사한다는 어느 농민의 다음과 같은 비유적 예시는 이런 점과 관련하여 시사해주는 바가 있었다.

저희 부친이 어린아이였던 시절에는 20에이커를 경작하면 그것으로 가족을 부양할 수 있었을 겁니다. 그런데 제가 어린아이였을 때에는 60에이커 이상이나 100에이커 정도는 경작해야 그게 가능했을 겁니다(사례 4-12).

농축산물의 가격경쟁력이 약화됨에 따라 생계를 유지하기 위해 농민이 경작해야 할 농지의 면적은 이전보다 훨씬 커졌다는 것이다. 이는 곧 지금의 CSA 농민이 농사일에 이전 세대보다 더 많은 시간을 투입해야 하고, 그런 만큼 일손도 더 많이 필요하다는 것을 의미한다. 그렇다면 다시 의문이 고개를 든다. 그럼에도 불구하고 회원소비자의 노동력을 빌리지 못하는 이유는 무엇일까?

앞서도 살펴보았듯이, 농민의 입장에서는 무엇보다도 회원을 숙련된 노동력으로 훈련시킬 만한 시간적 여유가 없다는 것이 주된 이유인 듯하다. 달리 말하면, '시간 투자 대비 회원의 숙련도 달성'의 비교에서 효율성이 떨어진다고 진단하는 것이다. 이렇게 되면 적어도 저소득층이 자신의 노동력 제공을 통해 CSA 회원으로 참여할 가능성은 봉쇄될 공산이 커진다. 또 일반 회원들이 농민과 함께 하는 영농 작업을 통해 체험을 공유하고 공동체의식을 키울 가능성도 사라진다. 농장에서 직접 노동을 해본 회원들이 느꼈던 수확의 체험이 주는 신비감, 지구의 생명력이나 자연과의 교감, CSA와의 깊은 연계성 등을 맛볼 기회도 주어지지 않는다. 이런 폐해를 올바로 인식하고 효율성의 잣대보다 '공동체, 교육, 참여' 같은 또 다른 가치를 우선시한다면, CSA에서 회원의 노동력 제공 방식을 다시 도입하여 이런 문제에 대처할 수도 있다(Henderson and Robyn Van En, 2007: 99-106). 그럼에도 이런 사례를 거의 보기 힘든 이유는, 우선 CSA 운영 농민 자체가 대부분 효율성의 덫에 갇혀버렸기 때문일 수 있다. 다시 말해, 영농 작업의 효율성이라는 도구주의적 가치가 어느새 CSA 농민들 사이에도 깊숙이 침투해 금전적 가치만으로 환산할 수 없는 또 다른 소중한 비경제적 가치들을 자신들도 뚜렷하게 의식하지 못하는 사이에 CSA에서 아예 밀어내버린 것일 수 있다는 얘기다.

이 같은 현상을 야기한 원인의 일부는 회원소비자에게도 있는 듯했다. 회비 선불이라는 행위를 통해 그에 상응하는 양질의 먹거리를 주기적으로 공급받으면서 지역농민, 지역농업, 환경 같은 가치의 실현에 일조하는 수준 이상을 넘어서지 않으려는 것이 대다수 회원소비자의 모습이라고 판단되기 때문이다. 필자가 CSA 농민과의 대화에서 간접적으로 읽을 수 있었던 대다수 CSA 소비자의 모습은 아쉽게도 바로 이런 것이었다.

그 이유는 무엇일까? CSA 회원소비자들이 대부분 주로 도심이나 그 인근의 주택지에 거주하면서 쾌적한 삶을 영위하는 중산층[17]이라는 사회계층적 지위가 자신의 노동력 제공을 번잡스럽게 생각하는 쪽으로의 사고 변화를 가져온 한 원인인 것 같다.

물론 이런 현상을 영농 환경이나 먹거리시장의 환경 변화에 따른 CSA 유형의 변화로 간주할 수도 있다. 하지만 CSA 모델이 다른 관행적 영농 방식과 비교할 때 갖는 차별성이 생산자농민과 회원소비자 간에 이뤄지는 사회적 관계의 형성과 공동체성에 있다고 보면, 생산자나 소비자나 모두 적어도 이런 차원에서는 도구주의적 가치에 매몰된 측면이 있음을 부인하기는 어려워 보인다. 결국 이런 일련의 사실들은 회원의 노동력 제공을 통한 경험의 공유 부재와 그에 따른 공동체의식 혹은 결속력의 약화, CSA에 내재되어 있는 소중한 가치의 유실, CSA의 저소득층 배제와 계층 편향성 같은 구조적 맹점이 오늘날 적어도 미국 북서부지역 CSA의 현실이자 특징임을 보여준다.

경제성 속에서도 공동체성을 지향하는 영농 방식

CSA의 의미를 사회학적으로 탐색할 때 주목해야 할 주요 측면은 경제적 이해관계만으로는 전부 담을 수 없는 복합적인 '가치'의 문제일 것이다. 관행농법과는 달리 CSA라는 새로운 영농 방식에 뛰어든 농민들이 실현하려는 가치는 과연 어떤 것일까?

농장에서 만난 한 남성 농민에게 CSA를 운영하게 된 특별한 철학이나 이념이 있는지를 물었다.

저는, 말하자면 세계가 서로 연결되어 있다고 생각합니다. 당신도 아시다시피 바로 이런 상호 연결성에서 중요한 역할을 하고 있는 것이 CSA라고 봅니다. 저희는 근본적으로 사람들에게 영농에 관해 가르칩니다. 대다수 미국인은 영농과는 상당히 단절되어 있습니다. 아마도 우리의 기본철학은 사람들에게 자신이 먹는 음식이 어디에서 왔는지, 그리고 그 음식이 어떤 일련의 과정을 거쳐 자신의 식탁에 오르게 되었는지 그 전 과정을 알 수 있게 다시 연결시키려 애쓰는 일에서 찾을 수 있을 겁니다. 우리는 지금까지 정말 많은 것을 잃었기 때문입니다. 그러니까 불과 60~70년 전만 해도 인구의 40퍼센트가 농민이었지만 지금은 1~2퍼센트에 불과합니다. 모든 부류의 나쁜 일들이 여기에서 비롯된다고 볼 수 있습니다. 우리가 먹거리체계의 발자국을 잃어버릴 때 돈만이 중요시되고 불미스러운 일들이 터진다는 것은 더 말할 나위도 없습니다. 말하자면, 산업적 먹거리체계가 가동되어 우리가 행복해질 수 없는 방식으로 확산되기 시작한다는 것이지요. 그래서 우리가 정말 해보려는 것이 바로 일종의 품위 있는 얼굴을 가진 영농이 되게 만드는 일입니다(사례 4-1).

CSA 운영 농민의 이 같은 신념에는 미국 CSA운동 초기에 제기되었던 문제의식이 고스란히 스며 있었다.

인류 역사의 대부분의 시기에 사람들은 자신에게 먹거리를 제공하는 땅과 연결되어 있었다. 자신이 거주하는 인근 어딘가에서 재배를 하는 것(혹은 사냥을 하고 채취를 하는 것)은 호흡하고 마시고 생식하는 것만큼이나 인간의 실존에 있어 기본적인 요소다. 이런 기본적인 연결성이 와해되면, 틀림없이 문제가 생긴다. 오늘날 미국인에게 있어 이런 연결성은 깨졌다. 사람들 대부분은 자신이 먹는 음식이 어디에서 어떻게 재배되었는지 모른다. 이들은 땅을 만져보지도 못하고, 이를 돌보는 농민들과 대화할 기회도 없다(Henderson and Robyn Van En, 2007: 3).

CSA의 철학과 이념에 관한 남성 농민의 답변 도중에 부인인 여성 농민이 조리 얘기를 꺼내며 끼어들었다.

먹는 것과 조리하는 것에 있습니다. 가족이 함께 식사하도록 하는 것이지요(사례 4-2).

조리 얘기가 나온 김에 회원들이 조리법을 배울 의향이 있다고 보는지를 물었다.

　배우고 싶어하는 사람들이 좀 있습니다. 그래서 저희는 할 수 있는 한 조리법을 알려주려고 합니다. 저희는 둘 다 요리사가 아닙니다만 저희가 주말에 순무를 보내면 그것으로 맛을 못 내는 사람들이 많습니다. 그래서 사람들은 그걸 가지고 어떤 요리를 할 수 있는지, 또 어떻게 준비를 해서 조리할 수 있는지를 알고 싶어합니다. 그래서 저희는 조리법을 찾기도 하고 직접 그 조리법을 써서 요리를 해보기도 합니다. 그리고 조리법을 저희가 발송하는 소식지에 소개하곤 합니다(사례 4-2).

　소비자가 CSA 농장에서 배달된 신선한 제철 식재료로 인해 조리법에 관심을 갖게 되고 가정에서 식사 준비를 함으로써 가족과 얼굴을 맞댈 빈도가 늘어나는 상황이 확산되면, 그 효과는 사회의 여러 영역에서 매우 크게 나타날 수 있다는 점을 강조할 필요가 있다. 통상 상당한 양의 조미료가 가미되거나 인스턴트 식품으로 구성되는 외식 대신에 CSA를 매개로 건강한 가정식을 늘리는 것은 가족의 건강을 지키고, 가족 유대감을 강화한다. 또 사회적 수준에서는 비만을 비롯한 각종 음식 관련 질병과 그로 인한 의료비 지출 및 노동력 상실 같은 사회적 비용[18]을 줄이고, 그런 구조를 개선하는 데 일조할 수 있다. 회원소비자의 건강, 가족과 함께 하는 식사, 가족 간의 연대, 건강한 먹거리 생산자로서의 농민과 회원소비자 간의 연결성 복원 같은 복합적 가치를 추구하는 CSA는, 이런 점에서 일종의 사회적 건강법이자 치료법이라고 할 수 있다. 이는 CSA의 정착과 확산이 미국사회가 직면해 있는 여러 가지 구조적 문제를 해결하는 한 실마리가 될 수 있다는 기대감을 갖게 해주는 대목이다.

CSA를 하는 목적이 무엇이냐고 물었을 때 한 여성 농민에게서 들었던 다음과 같은 답변은 이런 기대감의 실현 가능성에 무게를 더해 준다.

그러니까 우리는 건강에 좋은 먹거리, 유기농 먹거리를 주변 사람들과 제 남편에게 먹이고 싶습니다. 우리는 그런 식으로 가족을 먹이고 있고, 우리 공동체에도 마찬가지로 그런 먹거리를 제공하고 있다는 믿음을 정말 갖고 있습니다(사례 4-9).

CSA를 시작하게 된 계기를 묻자 한 농민은 새해의 영농 개시와 농장 운영에 필요한 종자돈을 조달받는 이점 때문이라고 얘기하고 나서 호쾌하게 웃으며 또 하나의 중요한 계기를 털어놓았다.

CSA를 하는 또 다른 계기는 회원들에게 생산물을 가져다주었을 때 그들이 갖는 느낌을 보는 즐거움에 있습니다. 그들은 행복해합니다. 그게 좋은 거지요. 그런 보람이 여기서는 아주 큰 비중을 차지합니다. 단순히 돈만 보고 시작하고 이로 인해 사람들이 행복해하는지에 관해서는 무관심한 사람이 있다면, 나는 그 사람이 CSA를 제대로 하고 있다고 생각하지 않습니다(사례 4-3).

이윤 문제를 떠나 자신이 제공하는 신선한 먹거리로 인해 회원소비자와 그 가족이 더 큰 행복감을 갖게 된다는 점도 CSA를 운영하는 중요한 동기가 된다는 얘기였다.

또 다른 농민(사례 4-7)은 비만, 당뇨 같은 여러 가지 건강상의 문제로 인해 CSA 회원에 가입한 사람들이 고기를 비롯한 기름진 먹거리와 파스타, 쌀 등의 섭취를 줄이고 대신 매주 농장에서 전달되는 채소를 많이 먹으면서 식생활이 바뀌고 건강해지고 또 자신감도 회복하게 되는 모습을 볼 수 있었다고 했다. 그래서 오래 건강하게 살려면 가장 가치 있는 것을 먹어야 한다는 점을 사람들에게 이해시키려 애쓰고 있고, 지금은 이것이 CSA를 하는 자신의 중요한 동기 중 하나가 되었다는 것이다. 그러면서 그는 CSA의 공동체성을 제대로 유지하기 위해서는 회원의 적정성에 유의할 필요가 있다는 점을 강조했다.

저희는 회원이 75명인 매우 작은 공동체이기 때문에 여전히 5분 이내에 모든 회원과 소통할 수 있습니다. 저는 이들 75명의 이름과 그들의 아이 이름까지 모두 알 수 있습니다. 또 그들의 부모도 만날 수 있습니다. 그렇기 때문에 진정한 공동체의식이 있는 것이지요. 하지만 회원이 200명이나 되는 상황에서 그해의 작황이 나빠 자신이 낸 돈만큼 작물을 되돌려받지 못하게 된다면, 그 사람이 다음 해에 당신의 회원으로 다시 합류할 이유가 있겠습니까. 그들 중에 공동체의식이 있는 일부만이 재가입을 할 겁니다. 그 사람들은 당신이 최선을 다하고 있다는 사실을 알고 있고, 또 당신을 믿기 때문일 것입니다(사례 4-7).

CSA의 지속적인 운영을 위해서는 회원소비자와의 친밀한 공동체 형성 및 유지가 중요한데, 그러려면 무엇보다도 회원 규모의 적정선을 고려하고 그 선을 지키려고 노력해야 한다는 것이다. 또 이것은 CSA라는 영농 방식과 공동체적 가치를 동시에 추구하기 위해서는 규모의 측면에서 소농이 될 수밖에 없음을 뜻하는 것이기도 하다. 결국 회원 소비자에게 신선한 식재료는 물론, 여건이 허락하는 한 해당 식재료를 활용한 조리법까지 제공함으로써 회원과 그 가족의 행복을 증진시키고 이들과의 친밀한 공동체를 형성하고 유지해가려는 가치 지향을 동시에 담고 있는 대안농업이 바로 CSA라고 할 수 있다.

하지만 CSA가 이런 특징을 갖고 있다고 해서 CSA에 경제적 가치 지향성이 있고, 비경제적 관계에서도 이의 실현을 위한 의도성이 개입될 수 있다는 점을 간과하거나 경시해서는 곤란하다. 앞서 언급한 공동체나 사회적 관계 형성의 측면은 도구주의적 성격을 갖는 경제적 가치와 분석적으로 구별되지만, 전자가 경제적 가치의 실현과 밀접한 연관성을 지닌다는 사실에도 유의해야 한다는 것이다. 이를테면, CSA 농민과 회원 간의 친밀한 관계의 형성과 유지는 비경제적 가치의 실현이기도 하지만, 농장 운영의 입장에서 보면 기존 회원의 재가입뿐 아니라 기존 회원의 입소문을 통한 신규 회원 가입[19]의 가능성을 높여주는 방편이 되기도 한다는 것이다. 말하자면, 회원에 대한 농민의 인간적 배려와 교류에는 회원과의 우호적 관계의 지속을 통해 기존 회원의 보유율을 높이고 지속적 영농에 필요한 신규 회원을 추가함으로써 영농 자금의 조달과 농가 판로의 안정성을 도모하려는 경제적 동기가 일정 부분 내재해 있을 수밖에 없다는 것이다.[20] 자본주의적 경제의 틀 속에서 지속적인 영농이 가능하려면 경제적 지속가능성에 관한 고려는 현실적으로 불가피하기 때문이다.

남편은 다른 직종에 종사하고, 자신이 4명의 직원과 함께 영농을 전담하고 있다는 한 여성 농민에게 이 일에 만족하느냐고 물었다.

어떤 소규모 사업을 시작하거나 사업적 측면에 초점을 둘 때 혹은 손익계산과 같은 실리적 측면을 매우 걱정해야 할 상황에서는 그것이 열정을 앗아갈 수 있습니다. 하지만 저는 여전히 소규모의 지속가능한 농업과 저희가 하고 있는 이 일을 정말 신뢰하고, 저희가 사람들을 위해 생산하는 모든 것이 경이롭습니다. 그래서 그 물음에 대한 제 입장은 복잡합니다(사례 4-17).

몇 차례 시도 끝에 어렵게 면접 약속을 하고 찾아갔던 터라 필자와의 면접에 성심껏 응해주면서도 대화 중 그녀의 표정은 왠지 어둡고 매우 지쳐 있는 듯했다. 결혼 전에 농사일을 시작해서 20년을 계속 해오고 있지만 주부이자 생활인으로서 경제적 삶의 유지와 CSA에 대한 열정의 병행이 매우 버거움을 느끼게 해준 답변이었다.

CSA 운영에서 나타나는 현실의 한 단면을 짐작하게 해주는 대목이기도 했지만 그렇다고 해서 역으로 이런 점을 과도하게 강조하거나 부각시키는 일 또한 경계할 필요가 있어 보였다. 적어도 이론적 수준에서 CSA는 생계유지나 이윤이 유일한 관심사가 되거나 그것에 매몰되어 비경제적 가치를 도외시하는 영농 방식이 결코 아니라는 점에서 기존의 관행농과 구별되는데, CSA 운영 과정에서의 경제적 관심에 대한 지나친 강조로 인해 이런 차별성이 희석될 수도 있기 때문이다. 물론 CSA를 통해 추구하는 가치의 내용이 현실적으로는 CSA를 운영하는 농민의 가치관에 따라 편차가 크리라는 것은 재론의 여지가 없다.

지금까지의 분석을 종합할 때, 결국 CSA는 기존의 관행농과는 정반대로 비경제적 가치 추구에 몰입하는 영농 방식이라기보다는 기본적으로 지역공동체 지향적이고 친환경적인 영농을 추구하되 그에 필요한 경제적 측면을 동시에 고려하는 영농 방식[21]이라고 봐야 할 것이다.

유기농 인증보다 소비자 신뢰에 기초한 친환경적·노동집약적 영농 방식

CSA를 시작한 농민의 입장에서나 이에 동참하는 회원소비자의 입장에서나, 이들의 관계를 이어주는 중심에는 먹거리가 있다. 그 먹거리는 질적으로quality 다른 방식으로 생산한 것과는 확연하게 구별되는 신선한 고품질의 제철 채소나 과일 혹은 그것을 재료로 한 가공식품, 양질의 유기축산물이라는 식의 인식이 대전제로 깔려 있고, 이 점에 있어 생산자와 회원은 의견을 같이한다. CSA의 현실과 특징을 조명하면서 필자가 이 점을 각별히 중시하는 것은 CSA의 성립과 지속 가능성을 좌우하는 핵심적 토대가 바로 CSA를 통해 생산, 공급되는 먹거리의 질적 우수성에 있다고 보기 때문이다.

이런 관점에서 필자는 CSA 농민들이 자신의 먹거리 품질을 어떻게 생각하고 있으며, 양질의 먹거리를 생산하기 위해 어떤 영농법을 활용하는지를 검토해보려 한다. 또 흔히 먹거리 품질의 외적 지표로 간주되는 유기농 인증 문제에 관해 CSA 농민들은 과연 어떤 생각과 평가를 내리고 있는지 살펴보려 한다. 이와 함께 공식적인 유기농 인증의 획득 및 유지 제도가 어떤 문제점을 안고 있는지, 그리고 그것이 CSA 방식의 영농이 갖는 어려움을 가중시키고 있는 것은 아닌지도 알아보려 한다. CSA 농장의 규모에 따라 이런 문제에 관한 인식이나 관점에서 차이는 없는지도 주의 깊게 살펴보고자 한다.

면접에 응한 CSA 농민들에게 그들이 생산한 먹거리의 품질에 관해 질문하면 이구동성으로 최상품이라는 자부심에 찬 대답이 이어졌고, 회원소비자들도 자신을 전적으로 신뢰한다는 얘기를 덧붙이곤 했다. 생산물의 품질에 관해서는 이의가 없는 듯해서 실질적인 영농 방식과 인증 문제에 관심을 기울였다.

CSA를 운영한 지 8년째라는 부부 농민에게 재배하는 농작물의 인증을 받았는지에 관해 물었다.

저희는 제3의 인증자에게 비용을 치르지 않습니다(사례 4-2).

아니요. 받지 않았습니다. 저희는 유기농법으로 재배합니다. 그렇지만 저희는 인증자에게 경비를 지출하지는 않았습니다. 저희가 도매시장이나 뉴시즌스 같은 곳에 내다 팔고 싶다면, 인증을 받을 필요가 있을 겁니다. 지금은 저희가 저희 고객들을 대부분 압니다. 그들은 농민을 만나기 위해 저희를 찾는 가족입니다(사례 4-1).

이 부부는 5년 전에 다른 직업을 접었고 이후로는 CSA가 자신들의 유일한 수입원이라고 하면서, 유기농법으로 재배하고는 있지만 회원소비자들이 자신들을 믿기 때문에 공식 인증서를 받기 위해 굳이 비싼 비용을 치를 필요가 없다고 했다.

유기농 인증을 받았는지, 또 받지 않았다면 그 이유가 무엇인지에 관해 다른 농민에게 다시 물었다.

받지 않았습니다. 제 회원들이 매년 다 차기 때문입니다. 제가 제 목표를 이미 달성한 것이기 때문에 또 다른 추가비용을 들일 이유가 없지요. 저희 회원들이 저를 얼마든지 알 수 있고, 농장 주변을 직접 걸어 다닐 수도 있으며 생산물이 유기농법으로 재배되는 것을 볼 수 있기 때문입니다. 그렇기 때문에 인증서는 없습니다. 또 제가 증명서를 갖는다고 해서 유기농법에 더 충실할 것으로 생각하는 회원도 없을 것이기 때문입니다. 무슨 얘긴지 이해가 되시나요?(사례 4-7)

동일한 질문에 관한 또 다른 농민의 답변은 좀 더 구체적이었다(사례 4-3). 그는 자신도 유기농 인증을 받지 않았다고 하면서, 인증을 받는 과정에서도 비용이 많이 들지만 인증을 받은 이후에도 인증기관에 매년 판매액의 5퍼센트를 지불해야 하고, 영농과 관련된 모든 작업에 대한 서류기록 작업에 매달려야 한다고 했다. 인증의 유지비용도 만만치 않을뿐더러 그런 일 자체가 자신이 추구하는 생활양식과 자율성을 침해하기 때문에 자신은 앞으로도 공식 인증을 받을 생각이 없다고 했다. 그는 또한 공식 인증을 받지는 않았지만 자신이 재배한 것들을 자신이 먹을 정도로 해로운 화학비료를 사용하지 않고 농사를 지으며, 회원들도 자신의 영농법과 생산물을 전적으로 신뢰한다는 점을 강조했다.

필자의 동일한 질문에 관해, 답변 내용은 비슷했지만 그에 덧붙여 정부의 개선책을 요구하는 농민의 목소리도 들을 수 있었다.

그렇습니다. 모두 유기농입니다만 인증을 받은 것은 아닙니다. 우리 정부가 인증 과정을 운영하고 있기 때문에 [인증을 받기 원하는 사람은] 누구든 그 절차를 매년 통과해야 합니다. 그런데 비용이 약 700달러나 듭니다. 그것도 매년 말입니다. 저는 터무니없다고 생각합니다. 제가 저희 고객을 잘 알고 있고 그들도 우리가 어떻게 재배하는지를 알고 있기 때문에 저희는 회원들에게 저희 생산물이 유기농이고 유기농법에 따라 재배하지만 인증 과정을 거치지는 않는다고 얘기해줍니다. 그렇게 비용이 많이 들어서는 안 되지요. 정말 말도 안 됩니다. 정부가 비용을 전가해서는 안 됩니다. 비용을 감당할 수 있게 보조금을 지급하거나 인증 과정을 합리화해서 적정 가격이 책정되도록 해야 합니다(사례 4-9).

또 다른 CSA 농민들(사례 4-11, 사례 4-13, 사례 4-14 등)의 반응도 대체로 비슷했다. 자신은 회원들과 가족처럼 지내면서 생산물의 재배 방식에 관해 잘 얘기해줄 수 있고 그들이 농장을 방문해 모든 것을 볼 수도 있기 때문에, 굳이 비용이 많이 드는 공식 인증까지 받을 필요는 없다는 것이었다. 필자가 면접한 CSA 농민들은 모두 유기농 생산자였고, 그 대부분이 공식 인증을 받지 않은 상태였지만 회원들로부터 그 품질을 온전히 인정받으면서 영농 활동에 종사하고 있었다. 이런 점에서 보면, 적어도 CSA의 경우에서는 '로컬 대 유기농'의 대비나 논쟁[22]이 현실적으로 별 의미가 없는 듯했다. CSA 농민들이 공식적 인증과는 별개로 유기농법에 의해 자신의 농장에서 농사를 짓고 있고, 따라서 그 결과물이 지역적 특성을 갖는 것은 자명한 사실이기 때문이다.

CSA 농민들이 유기농법으로 지역먹거리를 생산하고 있으면서도 공식적인 유기농 인증을 받지 않고 있다는 것은 결과적으로 현행 유기농 인증제도에 문제가 있음을 보여주는 것이기도 하다. 그렇다면, 이런 상황에서 공식적인 유기농 인증을 받은 CSA 농가는 어떤 동기에서 그랬을까? 필자의 이번 면접 대상 중에서 공식 인증을 받은 CSA 농장은 2곳이었다. 이들 농장은 회원소비자의 숫자가 제법 되거나 CSA 외에 다른 판로를 동시에 활용하는 농장이었다. 1곳은 450여 명의 CSA 회원과 농민시장에서의 판매를 통해 소득을 확보한다(사례 4-16)고 했고, 또 다른 1곳은 600여 명의 회원과 음식점에 채소를 공급한다(사례 4-17)고 했다. 후자의 CSA 운영 농민은 회원소비자를 모집하거나 유기농법에 따라 재배된 것임을 보여주고자 할 때 공식 인증서가 유용하다고 판단[23]했기 때문에 비용이 많이 들지만 인증을 받았다고 했다.[24]

CSA의 유기농 인증 문제를 둘러싼 이상의 사례조사 결과는 다음과 같이 정리할 수 있다. 우선, 생산자농민과 회원이 친밀한 공동체로 엮여 있는 소규모 CSA의 경우에는 생산물에 대한 신뢰 보증서로서 공식적인 유기농 인증이 별 의미가 없다는 것이다. 회원들이 생산자농민과 그 생산물을 기본적으로 신뢰하기 때문이다. 따라서 이런 경우에 농민은 비용이 많이 드는 인증 절차에 매달릴 필요 없이 회원의 믿음에 화답할 수 있도록 실질적인 유기농 생산과 회원과의 공동체적 관계 유지에 전념하면 된다. 이에 비해, 회원 규모가 크고 CSA 이외의 판로를 동시에 활용하는 CSA 농가의 경우에는 불특정 다수도 상대해야 하기 때문에 비용이 들더라도 생산품의 품질을 객관적으로 입증해줄 공식적 유기농 인증에 관심을 기울이게 된다. 다만, 필자가 살펴본 제한된 사례에서는 후자보다는 전자가 현실적으로 더 두드러진 것으로 나타났다.[25]

이와 같이 CSA 운영 농민이 유기농법으로 생산물을 재배하고 있음에도 불구하고 공식적인 유기농 인증을 받지 않는 데에는 앞서 지적한 유기농 인증과 유지에 드는 비용의 문제 못지않게 CSA 영농 방식의 특징에서 비롯된 측면도 있는 것으로 보인다.

우선, CSA는 가족농 중심의 '다품종 소량 생산'이라 기계에 의존하는 단작 중심의 관행농업에 비해 생산 과정에서부터 배달 작업에 이르기까지 손이 많이 가는 영농 방식이다. 다시 말해, CSA 농민은 수많은 종류의 채소나 과일 등을 제한된 노동력으로 동시에 계획하고 재배할 뿐만 아니라 배달에도 관여해야 하기 때문에 농사일 외의 서류 절차나 기록 작업 등에 별도의 에너지를 투입할 시간적·정신적 여력을 갖기 어렵다는 것이다.[26]

> 저희는 제철에는 새벽에 일하러 나갑니다. 저희에게는 세 살과 네 살짜리 두 딸이 있습니다. 이 사람이 돌보거나 대개 제가 돌봐야 하는데 정오나 오후 1시가 될 때까지 계속 수확 작업을 해야 합니다. 그런데 그 시간이 되면 이번에는 차량에 작물을 모두 싣고서 배달을 나가야 합니다. 그래서 일주일 내내 매우 바쁩니다. 저희는 월요일, 화요일, 수요일, 목요일에 배달을 나갑니다. 그러니까 이런 날들이 전부 말하자면 수확 작업을 하는 날인 셈이지요. 너무 빡빡한 주간 일정을 소화해내야 합니다. 저희에게는 좀 더 많은 도움이 필요합니다(사례 4-2).

CSA 농민으로 하여금 유기농 인증과 같은 작업에 매달릴 마음의 여유를 갖지 못하게 만드는 또 다른 요인은 CSA 영농 방식의 '노동집약성'과 '노동 강도'에서 찾을 수 있다.

> 대부분의 사람은 이런 점을 이해하지 못하기도 하고 또 이해할 수도

없습니다. 저희는 유기농법으로 농사를 짓는데, 이 농법은 매우 노동집약적입니다(사례 4-1).

한 젊은 남성 농민은 영농 작업이 주는 기쁨이 크지만 동시에 육체적인 노동 강도가 결코 만만치 않음을 안쓰러울 정도로 솔직담백하게 표현했다.

그런데, 저는 향후 10년의 미래가 걱정됩니다. '이런 식으로 내가 앞으로 얼마나 오랫동안 계속 농사를 지을 수 있을까' 하는 의문이 들 정도로 이 일은 매우 많은 육체적 노동을 필요로 하기 때문입니다. 여름철에 저는 보통 10~15파운드까지 체중이 감소합니다. 체중이 줄기 시작하면서 매우 튼튼해지기도 했지만 동시에 내가 얼마나 오래 버틸 수 있을까 하는 의문이 생깁니다. 그러다 보니 몸을 구부리거나 운반할 물건을 집어올릴 때 매우 조심하게 됩니다. 제가 주당 투입하는 노동시간은 100시간에서 110시간 정도 됩니다. 그러니까 정말 상당히 헌신해야만 하는 것이지요(사례 4-7).

이것은 관행농업 종사자들보다 CSA 농민들 중에 젊은 세대가 더 많음에도 불구하고 강한 노동 강도로 인해 이들마저도 CSA 영농의 지속성을 우려해야 하는 현실에 봉착해 있음을 보여준다. 게다가, CSA 운영 농민은 '사업 모델로서 CSA가 매우 심각한 도전적 상황'에 직면해 있다는 위기의식도 갖고 있다. 회원소비자와의 사회적 관계를 의미 있게 유지하면서 영농 활동을 하려면 소규모 운영이 불가피한데[27] 자녀 교육비를 비롯해서 부양비가 전체적으로 커지는 연령대로 진입하면 경제적 상황이 더 어려워질 것임은 재론의 여지가 없기 때문이다(사례 4-7). CSA 영농의 특성과 그에 따른 미래 전망에 비춰 봐도 비용과 시간이 드는 유기농 인증에까지 신경을 쓸 여유가 없는 것이다.

앞서 살펴본 바와 같이 필자와의 면담에서 CSA 농민들은 자신의 직업과 영농 방식 그리고 생산물 등에 하나같이 상당한 정도의 자부심을 보여주었다. 그럼에도, 그런 만족감과 자부심만 갖고 CSA를 지속하기에는 자력으로 극복하기 힘든 구조적 장애들이 가로놓여 있고, 이로 인한 고민이 날로 깊어지고 있음도 확인해주었다. 이 같은 갈등적 현실은 CSA의 정착과 성장을 위해 합리적으로 해결해야 할 시급한 사회구조적 과제가 무엇인지를 되묻게 한다.

맺음말: CSA의 지속적인 성장을 위한 시사점

지금까지의 분석 결과가 향후 미국 북서부지역 CSA의 내실화와 지속적인 성장을 위해 시사하는 바는 무엇일까? 여기서는 앞서 살펴본 세 가지 주요 조사 결과를 중심으로 그 시사점을 도출해보려 한다.

무엇보다, CSA 회원의 노동력 제공과 가치 추구라는 측면에서 현실을 직시하고, 여기서 발생하는 쟁점들을 바람직한 방향으로 풀어갈 수 있는 다각적인 방안을 모색해야 한다. 이런 관점에서 생산자농민과 회원소비자 편에서 할 수 있는 일을 생각해보면 다음과 같은 것이 있다.

우선, 농민과 회원 모두가 각자의 위치에서 CSA에 내포된 공동체적 가치의 의미를 진지하게 점검하면서 의식적 수준에서 재무장에 신경을 써야 한다. CSA 농민 입장에서는 무엇보다도 CSA 이념의 소중함을 인식하고 이를 지향해왔음에도 불구하고 자신도 모르게 영농 작업의 힘겨움과 시장 환경의 변화, 경쟁의 격화에 따른 생계의 위협 등으로 인해 효율성의 늪에 빠져 든 것은 아닌지 성찰해야 한다. 특히, 효율성의 잣대에 매몰되어 회원의 노동력을 비효율적인 것으로 간주해버림으로써 회원소비자가 발견하고 누려야 할 값진 가치들의 유실을 방치하고 있는 것은 아닌지 되짚어봐야 할 것이다. 이런 관점에서 생산자농민은 자신의 회원들이 CSA 영농 철학에 내재해 있는 가치들의 진가를 깨닫도록 돕겠다는 생각을 확고히 할 필요가 있다. 회원들의 작업 역량이 떨어지더라도 이들의 생산 과정 참여를 적극 권장함으로써 노동력 제공을 꺼리는 회원들의 인식이 바뀔 수 있도록 돕는 일부터 시작할 필요가 있다는 것이다. 회원들이 영농 활동 참여를 통해 지역먹거리, 노동, 땀, 가꿈, 수확, 참여, 건강, 환경, 자연 같은 가치들을 재발견할 때 비로소 CSA는 단순한 경제적 교환체계가 아니라 '함께 노동하며 그 소실을 함께 나누는' 생동감 넘치는 공동체를 일구는 토대가 될 수 있기 때문이다. 이것이 실현되려면 당연히 회원소비자 쪽의 각성도 있어야 한다. 회비 선납에 따른 지역농민의 후원과 영농 위험의 공유라는 측면을 빼면, 그저 건강에 좋은 먹거리를 일반 상품처럼 구입해 소비하는 것이나 다를 바 없는 단순 소비자에 머물러 있는 것은 아닌지 CSA 회원들은 진지하게 되돌아보아야 한다는 것이다. CSA 영농에 어떤 식으로든 자신의 노동력 제공을 통해 동참하는 것[28]은 CSA의 '지원' 혹은 '나눔'이 지향하는 진정한 가치의 발현에 참여하고 이를 확산, 정착시키는 시발점이

된다는 점을 회원들이 명확하게 인식하고 실천하려는 분위기를 만들어야 한다. 요컨대, 생산자농민과 회원소비자 양쪽 모두가 회원의 노동력 제공이 갖는 공동체적 가치의 의미를 재인식하고 그것이 실천적 노력으로 이어질 수 있도록 관심을 기울여야 한다는 것이다.

이것이 실효를 거두고 정착될 수 있도록 하기 위해서는, 우선 노동력의 제공을 통해 CSA 회비의 일부를 할인받거나 전액 대체할 수 있는 제도를 CSA 농민들이 적극 도입하고 확산시키려는 노력을 경주할 필요가 있다. 이미 일부 CSA 농장에서는 이런 일종의 '작업구좌work shares'를 활용하고 있었지만(Strochlic and Shelley, 2004: 17), 앞서 살펴본 대로 최근에는 이를 보기 힘들다. 따라서 이런 제도의 활성화는 식품구매권 수령자를 비롯한 저소득층이 CSA에서 배제되고 있는 현실을 타개하고 이들의 참여를 구조적으로 확대하는 계기도 될 수 있다. 이런 점에서 이 제도의 복원은 CSA가 중산층 위주의 영농 방식으로 계급화하는 경향을 완화시킬 뿐만 아니라 각계각층의 보편적 참여를 기반으로 성장할 수 있는 개연성을 높여줄 수 있다. 특히, 이런 제도는 아직 경제적 여력이 없는 젊은 학생층에게 CSA에 참여할 수 있는 경로를 제공함과 동시에 이들을 미래의 잠재적인 CSA 회원으로 육성하는 장기적인 전략도 될 수 있을 것으로 전망된다.

이것이 현재의 상황을 타개하고 미래를 열어가는 구조적 전환의 방향인 것은 분명하지만 이는 생산자농민이나 회원소비자만의 노력으로 실현될 수는 없다. 농민과 회원이 이런 방향의 조치가 적극적으로 모색되고 활성화되어야 한다는 확고한 의식을 갖는다 해도 그것이 온전한 해결책이 될 수는 없다는 얘기다. 그것은 문제의 핵심을 이해당사자 간의 개인적 문제로 축소시키고 보다 근본적인 사회구조적 처방의 모색을 간과하거나 경시하는 결과를 낳을 수 있기 때문이다. 다시 말해, 그런 방향으로의 전환을 촉진할 수 있는 구조적 환경을 조성하려는 사회정책적 노력이 병행되어야 그 처방이 실효를 거둘 수 있다는 것이다. 그렇다면, 그 노력은 어떤 것일까?

필자는 이 맥락에서 이번 조사 결과로부터 도출 가능한 구체적인 몇 가지 시사점을 제안하고자 한다.

첫째, CSA 회원 대상의 먹거리교육을 비롯해 농업과 관련된 교육 일체를 맡아줄 공공적 성격의 중간지원조직을 정책적으로 설립, 운영하는 방안을 마련해야 한다는 것이다. 앞서 살펴본 바와 같이 농장 운영 환경이 열악한 CSA 소농이 개인적 수준에서 회원들의 노동력 숙련 교육을 시간을 내 실시하거나 이를 홍보하는 것은 현실적으로 어렵다. 다시 말해, 그것이 갖는 가치적 측면과 의의를 감안한다 해도 농민이 감당해야 할 기회비용을 현실적으로 고려하지 않을 수 없다. 따라서 영농 기술, 관행농업, 대안농업, 건강한 먹거리, 미국을 비롯한 세계 농업의 현실, 지역먹거리체계와 지구적 먹거리체계, 조리법 등에 관한 이론적·실무적 교육을 공공교육의 차원에서 시민들을 모집해 실시하고 지역의 CSA 농장과 연결시켜주는 교육기관[29]이 곳곳에 설립되어 운영되어야 한다는 것이다. CSA를 운영하면서 겪었던 가장 어려웠던 점이나 CSA 농가를 비롯한 미국 농민의 경쟁력을 위해 바라는 정부의 조치가 무엇인지에 관해 물었을 때, 농민들(사례 4-7, 사례 4-12, 사례 4-14 등)은 이구동성으로 '교육'을 꼽았다. 회원을 교육하는 것이 제일 어려운 일이고 '제대로 교육받은 소비자'가 있어야 좋은 먹거리를 찾으며 그 과정에서 CSA 농가의 경쟁력도 강화될 것이라는 의견이었다.[30] 그리고 그 일을 가장 잘할 수 있는 주체가 바로 정부라는 것이 이들 농민의 생각이었다.

둘째, CSA 농가에 대해 체감할 수 있는 보조금 지원 정책이 마련되어야 한다는 것이다. CSA 농민이 회원소비자들과의 긴밀한 사회적 관계와 공동체성을 유지하면서 CSA를 소규모로 운영해야 하는데, 여기서 나오는 소득만 가지고는 지속적인 영농이 어렵기 때문이다. 회원들의 자원봉사가 활성화되어 있지 않고[31] 생산성 있는 노동력의 제공이 거의 유명무실하며 농업채산성이 떨어지는 현실에서 CSA 농민이 적은 농업소득으로 CSA 영농의 노동집약적 성격에 상응하는 유급 노동력을 고용하기란 쉽지 않다. 이런 점에서, 가령 노동력 제공 회원의 확보 비율, 특히 노동력을 제공하는 저소득층 회원의 확보 비율에 따른 CSA 농장 운영 보조금이나 농가 자녀의 양육 및 교육을 위한 특별 보조금 같은 정책의 실시를 생각해볼 수 있다. CSA가 도농 주민 간의 통합이나 공동체의 형성, 지역농업 육성, 친환경 농법의 확산, 먹거리보장, 환경보호, 지역먹거리체계의 구축 등에 미치는 사회적 차원의 순기능을 고려할 때, 이 같은 방향의 정책적 지원은 얼마든지 사회적 공감대를 확보할 수 있을 것으로 예상된다. CSA 소농에 대한 합당한 정책적 지원은 최근까지 진행된 미국 정부의 편향된 농가 지원 정책으로 심화된 농업 내부의 양극화[32]를 조금씩이나마 완화하고 교정하는 정책 방향이 될 수 있다는 점에서도 충분한 정당성과 설득력을 가질 수 있을 것이다.[33]

셋째, 유기농 인증제도가 CSA 농민의 경제적·시간적 부담을 획기적으로 덜어줄 수 있는 방향으로 개선되어야 한다는 것이다. 이를테면, CSA 농가가 유기농 인증을 받기 위해 거쳐야 하는 절차를 간소화하고 인증의 신청 시점부터 인증 이후의 유지 과정에 이르기까지 요구되는 일체의 비용을 최소화하거나 면제하고 서류 작업도 대폭 감축할 필요가 있다. 또 앞서 제안한 중간지원조직에서 유기농 인증에 필요한 일체의 업무를 대행하고 자문해주는 방식도 검토해볼 수 있을 것이다. 필자의 조사에 의하면, 소규모 CSA 운영 농민과 회원소비자 간의 관계에서는 공식적인 유기농 인증 여부가 별 의미가 없었다. 회원소비자의 전폭적인 신뢰가 이들 간의 관계 형성과 지속성에 중요한 토대 역할을 하기 때문이다. 하지만 다른 판로나 온라인 판로를 통해 불특정 다수의 소비자에게 생산물의 일부를 판매할 경우에는 공식 유기농 인증이 공신력의 근거가 될 수 있음은 물론이다.[34] CSA 농민들이 큰 부담 없이 유기농 인증을 받을 수 있게 인증과 관련된 지원책을 강구하고, 이와 동시에 제도 자체의 비합리적인 측면들을 적출해 개선해야 한다고 보는 것은 특히 이런 측면에서다.

5장

미국의 먹거리 정책과
공동체지원농업

미국의 먹거리 정책과 영양보충 지원 프로그램

사업 항목별 예산과 주요 프로그램의 추진기관

미국인의 먹거리에 대한 정부의 관심을 수치로 확인하는 방법 중 하나는 담당 부서의 예산을 검토하는 것이다. 이런 관점에서 2013년, 2015년, 2018년의 미국 농무부 주요 구성 항목별 예산 내역을 살펴보면 〈표 5-1〉과 같다.

이 표에 의하면, 미국 농무부의 2018년 총예산은 약 1,400억 달러[1]이고 지난 2013년에 비해 다소 감소했다. 이 표에서 무엇보다 주목을 끄

표 5-1 미국 농무부의 주요 항목별 예산(2013~18)

	2013	2015	2018
농가와 해외 영농 서비스	29,499(18.9)	17,372(12.5)	25,559(18.3)
농촌 개발	4,013(2.6)	4,353(3.1)	2,334(1.7)
먹거리, 영양 및 소비자 서비스	108,844(69.8)	103,958(74.7)	96,925(69.2)
먹거리 안전	1,007(0.6)	991(0.7)	1,047(0.7)
천연자원과 환경	9,856(6.3)	9,422(6.8)	9,633(6.9)
마케팅과 규제 프로그램	2,143(1.4)	2,806(2.0)	2,273(1.6)
조사연구, 교육 및 농업 경제	2,559(1.6)	2,686(1.9)	3,107(2.2)
부처 운영비	575(0.4)	361(0.3)	479(0.3)
상환 예산	−2,624	−2,834	−1,322
합계	155,872(101.6)	139,115(102.0)	140,035(100.9)

주1) 단위: 100만 달러.
주2) ( ) 안의 숫자는 백분율(%)로서 필자가 계산.
주3) 총예산에는 상환예산을 포함시킨 상태에서 각 항목별 예산 비율을 계산했기 때문에 합계의 백분율은 그에 따른 영향으로 인해 100퍼센트를 초과.
주4) 상환예산이란 대출상환, 사업취소, 이자, 수입, 조정 등으로 상환된 금액.
자료: USDA (2014e: 110, 2016a: 112, 2017a: 92)에서 재구성.

는 항목은 '먹거리, 영양 및 소비자 서비스' 부문이다. 이 장의 주된 관심사가 먹거리와 영양 문제이기도 하지만 이 부문은 연도별로 예시된 3개 연도의 예산 모두에서 약 70퍼센트 내외의 압도적 비중을 차지하고 있기 때문이다. 미국 농무부 예산의 70퍼센트 정도가 국민의 먹거리 및 영양과 관련해 집행되는 만큼 이를 좀 더 구체적으로 검토할 필요가 있다.

미국 농무부 내에서 이 항목의 정책을 관장하는 부서는 '먹거리·영양 서비스국Food and Nutrition Service, FNS'과 '영양 정책 및 촉진 센터Center for Nutrition Policy and Promotion, CNPP'다. 이 중 먹거리·영양 서비스국은 자국민을 대상으로 각 주의 담당 부서를 비롯한 지역별 협력기관들과 함께 국내의 다양한 '영양 지원 프로그램' 업무를 담당하는 조직이다. 이 부서에서 운영하고 있는 주요 프로그램에는 '영양보충 지원 프로그램SNAP', '여성·유아·어린이 영양 특별보충 프로그램WIC', 각종 '어린이 영양 프로그램Child Nutrition Programs, CNP', '긴급 식량 지원 프로그램The Emergency Food Assistance Program, TEFAP', '인디언 보호구역 식품 배분 프로그램Food Distribution Program on Indian Reservations, FDPIR', '물품보충 식량 프로그램Commodity Supplemental Food Program, CSFP' 등이 있다. 요컨대, 먹거리·영양 서비스국은 SNAP, WIC, 및 학교급식 영양 지원 프로그램을 주축으로 모두 15개에 달하는 연방 영양 지원 프로그램을 운영하면서 연간 전 국민의 약 25퍼센트에게 그 혜택을 제공하고 있다.[2] 그런가 하면, 1994년 창설된 영양 정책 및 촉진 센터에는 공중보건 전문가, 정책 자문관, 경제학자 등도 참여하지만 주로 영양사와 같은 영양학 전문가들로 구성되어 있다. 영양 정책 및 촉진 센터의 주된 임무는 영양에 관한 과학적 연구를 토대로 식이요법 지침을 개발하고 이를 고쳐시킴으로써 전 국민의 건강을 증진시키는 데 있다.[3]

이와 같이 미국 정부는 먹거리·영양 서비스국과 영양 정책 및 촉진 센터의 주도 아래 가정, 학교, 어린이 및 성인 돌봄기관 등에서 어린이와 저소득층을 대상으로 충분하면서도 영양가 있고 균형 집힌 식단을 제공함과 동시에 건강교육을 실시함으로써 굶주림과 비만의 감소 및 건강한 식생활을 정책적으로 유도하려 애쓰고 있다고 볼 수 있다 (USDA, 2017a: 4-5, 39).

영양 지원 프로그램과 예산 개요

다양한 영양 지원 프로그램들이 '먹거리, 영양 및 소비자 서비스' 부문 예산에서 차지하는 비중은 각각 얼마나 될까? 〈표 5-2〉는 가장 최근 자료인 미국 농무부의 2018년 영양 지원 프로그램 예산을 주요 프로그램별로 정리한 것이다.

〈표 5-2〉에 담긴 의미를 짚어보기에 앞서 미국 정부의 예산이 어떻게 구성되는지에 대한 최소한의 검토가 불가피해 보인다. 미국에서는 정부에서 운영하고자 하는 특정한 프로그램이나 사업의 예산이 지출되려면 먼저 프로그램에 대한 예산의 배분을 허용하는 '수권법 authorizing act'과 수권받은 프로그램의 지출을 승인하는 '세출법'이 있어야 한다. 미국이 예산법률주의를 채택하고 있다는 것은 연방정부의 예산이 이런 두 가지 법률의 형식으로 의회의 승인을 거쳐 최종 결정되기 때문이다. 세출예산은 의회에서 의결한 법률에 근거해 직접 지출이 결정되고 발생하는 '의무지출mandatory spending'과 매년 성립하는 세출법에 의해 결정되며 수권법에 근거하여 한 번 제정되면 매년 자동적으로 지출이 인정되는 '재량지출discretionary spending'의 두 가지로 구성된다(국회예산정책처, 2016: 48). 이런 형식에 따라 책정된 미국 농무부의 2018년 영양 지원 프로그램 예산의 주요 내역을 담은 것이 바로 〈표 5-2〉다.

〈표 5-2〉에 따르면, 2018년 영양 지원 프로그램 예산에서 SNAP와 CNP를 합친 금액의 비중은 전체 예산의 93.5퍼센트나 된다. 이는 곧 양자가 미국 농무부의 영양 지원 프로그램을 구성하는 양대 기둥임을 의미한다. 이와 함께 세 번째 비중을 차지한 WIC까지 고려한다면,

표 5-2 미국 농무부의 2018년 영양 지원 프로그램 예산

예산	프로그램	책정 예산	소계	합계
의무 지출 예산	1. 영양보충 지원 프로그램(SNAP)	73,613(70.3)	98,082 (93.7)	
	2. 어린이 영양 프로그램(CNP)	24,256(23.2)		
	3. 영속적 지출승인예산	191(0.2)		
	4. WIC: 통일 상품 데이터베이스	1(0.0)		
	5. 농업법: 농민시장 노인 영양 프로그램 (SFMNP)	21(0.0)		
재량 지출 예산	1. 여성·유아·어린이 영양 특별보충 프로그램(WIC)	6,150(5.9)		104,674 (100.0)
	2. 물품 지원 프로그램(CAP)		6,592 (6.3)	
	(2-1) 물품 보충 식량 프로그램	238		
	(2-2) 긴급 식량 지원 프로그램, 무료급식소, 푸드 뱅크	54	293 (0.3)	
	(2-3) 농민시장 영양 프로그램	0		
	(2-4) 태평양의 미국령 섬 지역 지원 및 재난 지원	1		
	(2-5) 영양 서비스 인센티브 프로그램	미정		
	3. 영양 프로그램 운영비	149(0.1)		

주1) 예산 단위는 100만 달러.
주2) ( ) 안의 숫자는 전체 예산 중 각 항목의 비중. 단위는 백분율(%)로서 필자가 계산.
주3) WIC 예산액은 2018년에 취소된 회복 및 비의무적 이월금 잔액 10억 달러가 반영되지 않은 금액.
주4) 장기적으로 SNAP에 투입될 예산을 줄이기 위한 여러 가지의 비용 절감 계획들을 감안해 원래 예산안에 계상한 금액은 표에서 생략.
자료: USDA(2017a: 4, 40-45)에서 재구성.

SNAP와 CNP 그리고 WIC가 미국 정부가 추진하고 있는 영양 지원 프로그램의 전부라고 해도 과언이 아니다.

영양보충 지원 프로그램과 어린이 영양 프로그램의 주요 내용과 실태

〈표 5-2〉는 미국 정부의 영양 지원 프로그램 중 SNAP의 비중이 가장 크고, 그다음이 CNP임을 보여준다. SNAP는 저소득층 대상의 식품보조금 프로그램으로서 지금까지도 일반인들에게는 '식품구매권 Food Stamp'으로 더 알려져 있다. 식품구매권에서 SNAP로 개칭된 것은 2008년도다. SNAP는 식품구매권 프로그램이라는 명칭으로 1939년 처음 도입되었고, 1960년대 초 시범사업 프로그램으로 운영되다 상설 프로그램으로 법제화되어 오늘에 이르고 있다.[4]

SNAP 프로그램 수혜자의 규모와 1인당 월평균 수령액 추이를 살펴보면, 〈표 5-3〉과 같다.

〈표 5-3〉에서 2008년을 제외한 나머지 해는 SNAP 프로그램의 수혜자 추이를 쉽게 파악할 수 있게 그 숫자가 100만 명대 단위에서 1,000만 명대, 2,000만 명대, 3,000만 명대, 4,000만 명대로 바뀌는 해들을 선택한 것이다. 물론 여기서 제시된 각 연도를 기점으로 그 이후 시종일관 수혜자 숫자가 증가한 것은 결코 아니다. 예시된 연도

표 5-3 SNAP 수혜자 규모와 월평균 수령액의 변화 추이(1969~2017)

	1969	1972	1980	2008	2009	2010	2015	2017
수혜자 숫자 평균	2,878	11,109	21,082	28,223	33,490	40,302	45,767	42,123
1인당 월평균 수령액	6.63	13.48	34.47	102.19	125.31	133.79	126.81	125.83

주1) 프로그램 수혜자 숫자의 단위는 1,000명.
주2) 1인당 월평균 수령액의 단위는 달러.
자료: USDA(2018c)에서 발췌.

사이의 기간에도 연도별로 수혜자 숫자는 증감을 거듭했다. 이를테면, 1980년에 SNAP 프로그램의 수혜자가 2,000만 명을 넘어섰지만 1985년부터 1989년 사이에는 모두 1,800만 명에서 1,900만 명대로 감소하기도 했다. 이런 증감 현상은 다른 연대에서도 마찬가지로 나타났다(USDA, 2018c). 연도별로 수혜자 숫자에 기복이 적지 않았던 데에는 미국 정부가 경기변동을 고려해 그다음 해의 SNAP 수혜자 숫자를 추산하고 그에 따라 예산을 책정하여 집행해왔기 때문으로 보인다.[5] 그 단적인 예가 2008년 미국발發 세계 금융위기 직후에 있었던 이 영역의 변화 양상이라고 할 수 있다. 금융위기가 발발한 바로 다음 해의 SNAP 프로그램 수혜자 숫자는 전년에 비해 이례적으로 500만 명 이상 급증했고, 1인당 월평균 수령액도 2008년 102달러에서 2009년 125달러로 23달러나 대폭 늘어났다. 이처럼 한 해 사이에 수령액이 20달러 이상 상승한 경우는 1969년 이후 2017년 시기까지의 1인당 월평균 수령액 변화를 모두 살펴봐도 전례가 없다. 1969년 이후의 기록을 담은 위의 가용한 자료에 의하면, 지난 약 50여 년간 1년 사이의 1인당 SNAP 수령액 증감 폭은 가장 컸던 해가 약 7퍼센트였고, 대부분은 1~2퍼센트 내에서 미세하게 움직였다(USDA, 2018c). 23달러 상승이 갖는 의미와 2008년 세계 금융위기가 얼마나 심각했는지를 짐작게 하는 자료가 아닐 수 없다. 2010년에는 SNAP 수혜자 숫자가 1년 사이에 약 700만 명이 증가함으로써 전년의 증가 폭보다 더 커졌다. 1인당 수령액도 약 8달러 상승한 133달러 수준으로 늘었다. 전년보다는 인상액이 줄었지만 이 또한 역대 2위에 오를 정도로 높은 증가액이었다. 정부의 재정 부담을 감안했기 때문인지 SNAP 수혜자의 1인당 월평균 수령액은 이후 2013년까지 133달러 선에 머물렀지만 그 절대적인 숫자는 2013년 약 4,764만 명으로 계속 증가했다. 2014년부터 SNAP 수혜자의 1인당 월평균 수령액은 125달러 전후로 내려와 2017년까지 그 수준을 맴돌고 있지만 그 숫자는 매년 조금씩 감소해왔다(USDA, 2018c). 이는 결국 2008년 세계 금융위기와 그 여파가 농무부의 먹거리 예산에도 반영되어 SNAP 수혜자의 숫자와 월평균 수령액의 급속한 증가를 가져왔고, 이후 경기가 점차 회복되면서 다시 조금씩 줄어들고 있음을 보여주는 것이라고 해석할 수 있다. 그럼에도 불구하고 지난 반세기의 변화 추이는 SNAP 프로그램 수혜자의 규모가 2010년대에 이르러 줄곧 4,000만 명대 수준을 기록할 정도로 전체적으로는 확대되었음을 보여준다. 이는 미국 전체 인구의 13~14퍼센트에 해당하는 꽤 큰 비중이다. 따라서 이 수치는 먹거리 복지 정책에 대한 미국 정부의 정책적 관심이 커졌음을 보여주는 것이라고 할 수도 있지만 미국사회의 소득 양극화 심화에 따른 저소득층의 점진적 증가를 대변하는 것이라고 볼 수도 있다(김원동, 2017: 64-65, 289; USDA, 2018c).

한편, 미국 정부의 영양 지원 프로그램 중 두 번째로 규모가 큰 것이 주로 학교급식의 형태로 제공되는 어린이 영양 프로그램CNP이다. CNP가 2018년 영양 지원 프로그램의 전체 예산에서 차지하는 비중은 약 23퍼센트다. 미국 농무부의 먹거리·영양 서비스국은 주정부와 지방자치단체 및 비영리 민간기관들을 통해 어린이의 굶주림과 비만을 예방하기 위해 어린이를 대상으로 운영되는 급식 프로그램을 지원한다. 정부 조직과 단체들은 학교나 어린이 돌봄센터에서 혹은 '방과후 프로그램'의 운영 과정에서 영양가 있는 식사를 제공함으로써 어린이들의 영양을 챙기는 동시에 건강한 식습관을 길러주고, 어린이 비만을 줄이고자 노력한다. 먹거리·영양 서비스국은 어린이의 건강 보호를 위해 상당한 액수의 어린이 급식 보조금을 확보해 이러한 여러 관련 조직을 통해 '전국 학교점심 프로그램National School Lunch Program, NSLP', '학교조식 프로그램School Breakfast Program, SBP', '어린이·성인 돌봄센터 먹거리 제공 프로그램Child and Adult Care Food Program, CACFP', '여름 기간의 식사 제공 프로그램Summer Food Service Program, SFSP', '신선한 과일·채소 제공 프로그램Fresh Fruit and Vegetable Program, FFVP', '우유 특별 제공 프로그램Special Milk Program, SMP'과 같은 다양한 어린이 영양 프로그램을 운영하고 있다(USDA, 2017a, 2018d). 여기서는 이러한 여러 프로그램 중에서 눈길을 끄는 전국 학교점심 프로그램NSLP, 학교조식 프로그램SBP, 여름 기간의 식사 제공 프로그램SFSP에 관해 좀 더 살펴보고자 한다.

먼저, NSLP는 공립학교, 비영리 사립학교 및 숙식 제공 어린이 돌봄기관이 어린이들에게 학기 중에 균형 잡힌 영양식 점심을 무료 또는 할인 가격으로 제공할 수 있게 연방정부가 지원하는 프로그램이다. 이 프로그램은 1946년에 시작되었고, 첫 해에는 약 710만 명의 어린이가 수혜를 받았으나 1970년 2,240만 명, 2000년 2,730만 명으로 늘어났고, 2006년 이후 최근 2017년까지는 전국적으로 3,000만 명에서 3,100만 명대의 규모로 계속 확대되었다(USDA, 2018e, 2019f). 한편, 먹거리·영양 서비스국은 SBP를 통해 학교와 숙식 제공 어린이 돌봄기관들이 어린이들에게 비영리적으로 조식을 제공할 수 있게 필요한 재원을 주정부에 현금으로 지원한다. 이런 점에서 SBP의 관리 주체는 역시 연방정부이지만 연방정부의 지원을 받은 주정부가 다시 산하 교육기관들을 통해 관리하되 실질적인 운영은 하위 단위의 학교 먹거리 담당 기관들을 통해 이루어지는 프로그램이다. 조식은 어린이가 처해 있는 상황이나 가정의 경제형편 등에 따라 무료 또는 할인 가격으로 제공된다. SBP는 1966년 시범사업으로 시작해, 1975년 정규사업으로 승격했다. SBP 수혜자 숫자는 완만하지만 꾸준히 늘어났다. 이를테면, SBP의 어린이 수혜자는 1970년 50만 명이었으나 1980년 360만 명, 1990년 407만 명, 2000년 750만 명, 2010년 1,167만 명, 그리고 2017년 1,466만 명으로 증가했다(USDA, 2018g, 2018h). SFSP는 여름방학 기간에도 저소득층 어린이에게 영양가 있는 식사를 확실하게 제공하기 위해 운영된다. 7월 기준의 수혜자 숫자와 이 프로그램의 예산 규모 변화의 추이를 살펴보면, 1969년 9만 9,000명에 30만 달러, 1980년 192만 2,000명에 1억 1,010만 달러, 2000년 210만 3,000명에 2억 6,720만 달러, 2010년 230만 4,000명에 3억 5,880만 달러, 그리고 2017년 264만 5,000명에 4억 8,300만 달러로 둘 다 지속적으로 증가해왔음을 알 수 있다(USDA, 2018i, 2018j). 이러한 프로그램들에 비추어볼 때, 미국 정부는 학기 중에는 물론이고 방학 기간에도 어린이, 특히 저소득층 가정 어린이의 결식이나 영양결핍 혹은 비만을 예방하기 위해 다양한 어린이 영양 프로그램을 지속적으로 확충하고 있음을 알 수 있다.

이와 같이 미국 정부는 지금까지 농무부 예산을 통해 먹거리와 영양 부문에 집중적인 관심을 기울여왔다. 즉, 연방정부는 지방정부 및 지역의 관련 단체들과 연대해 영양보충 지원 프로그램을 중심으로 저소득층과 어린이들에게 양질의 먹거리를 제공함으로써 이들의 영양과 건강을 뒷받침하고 건강한 식생활양식을 정착시키려는 정책 기조를 실행하고 있는 것이다.

영양보충 지원 프로그램과 CSA

영양보충 지원 프로그램과 CSA의 연계성

미국 농무부의 예산을 보면, 농민시장과 관련된 프로그램 예산 항목이 들어 있다.[6] 2016년과 2017년 예산에는 농민시장 영양 프로그램 예산이 각각 1,900만 달러씩 편성되어 있었지만(USDA, 2017a: 40), 이상하게도 2018년 예산 편성표에는 농민시장 영양 프로그램 예산이 책정되어 있지 않았다(〈표 5-2〉 참조). 2018년에는 이 프로그램에 왜 예산이 반영되지 않았는지 그에 관한 설명이 없어 다른 형태의 지원 방식으로 전환되었는지 아니면 없어졌는지, 그 이유는 알 수 없었다. 하지만 적어도 여기서 한 가지 분명하게 확인할 수 있는 것은 농민시장을 지원하는 프로그램 항목과는 달리 공동체지원농업CSA을 명시한 별도의 항목은 없다는 점이다. 농민시장 노인 영양 프로그램SFMNP과 농민시장 여성·유아·어린이 영양 프로그램WIC FMNP이 농민시장이라는 명칭을 포함하고 있지만 이 프로그램의 수혜자들은 지원금을 CSA와 관련해서도 사용할 수 있다(김원동, 2017: 66-67). 하지만 이런 정도의 근거만 가지고는 CSA에 대한 미국 정부의 정책적 지원 의지가 그렇게 분명하다고는 보기 어렵다.

그렇다면, 미국 정부의 먹거리 정책과 CSA의 접점은 현실적으로 어디에서 발견할 수 있을까? 그 출발점은 역시 SNAP와 농민시장의 관계에서 찾아야 할 것으로 판단된다. 미국 정부의 가장 큰 영양 지원 프로그램인 SNAP 수혜자들의 농민시장 이용의 증가 추이[7]는 농민시장과의 그러한 접촉이 농민시장을 넘어 CSA의 이용으로 이어질 개연성이 적지 않음을 시사하기 때문이다. 그 이유는 무엇보다도 농민시장의 판매인으로 활동하는 농민들이 CSA에도 참여하는 경우가 많다는 사실과 긴밀하게 연결되어 있다. 양자를 겸하는 농민들은 CSA 회원들의 몫을 그들의 집으로 직접 배달도 하지만 자신의 농장이나 농민시장의 가게를 '할당된 먹거리를 찾아가는 장소a pick-up point'로 삼기도 한다(USDA, 2018l). 이런 경우에 농민시장은 회원소비자들이 한가한 시간에 나들이 겸 들러서 추가로 필요한 장을 보거나 CSA 농민과 만나 가볍게 대화하면서 자신의 몫을 찾아가는 장소가 되는 셈이다. 농민시장에 참여하면서 CSA를 동시에 하는 농민들은 자신의 가게 기둥이나 모서리 등에 CSA를 홍보하는 글과 함께 회원 모집 공지문을 게시하기도 한다. SNAP 수혜자들의 농민시장 방문이 잦아질수록 이들의 CSA 동참 개연성도 자연스럽게 높아질 것이라는 얘기는 농민시장이 이와 같이 여러 방식으로 활용되기 때문이다. 이런 점에서 농민시장은 SNAP 수혜자들의 CSA 참여를 촉진하는 가교 역할을 할 여지가 적지 않다.

하지만 여기에는 구조적인 한계가 내재해 있다. SNAP 수혜자의 월별 수령액이 최근 기준으로 125달러 내외 수준(〈표 5-3〉 참조)이기 때문에 이들이 이 금액으로 CSA에 적극적이고 지속적으로 참여하기는 어렵다는 것이다. 즉, 이들이 농민시장을 이용하면서 그와 동시에 CSA에도 동참하기에는 보조금의 액수 자체가 너무 적다는 얘기다. 이에 대한 정부 차원의 조치 중 하나는 앞서도 언급했듯이 SFMNP와 WIC FNMP를 일부 주에서 해당 수혜자들의 CSA의 먹거리 대금으로 사용할 수 있게 한 것이라고 볼 수 있다. 캘리포니아주, 뉴욕주, 메릴랜드주, 버몬트주 등이 이에 해당한다(Center for Healthy Food

Access, 2018). 하지만 SFMNP와 WIC FNMP 수혜자들의 연간 수령액역시 매우 적기 때문에 이들 프로그램의 보조금이 향후 대폭 인상되지 않는 한 이들의 CSA 참여 활성화에 별 도움이 될 것 같지는 않아 보인다.

그렇다고 한다면, 그 액수가 충분치는 않다고 하더라도 매월 보조금을 지급받는 SNAP 수혜자들의 CSA 참여 증진 방안에 일단 주목할 수밖에 없다. 좀 더 구체적인 논의에 앞서 염두에 두어야 할 것은 SNAP 수혜자들의 보조금 사용상의 제약 규정들이다. CSA 일반 회원들과는 달리 SNAP 수혜자들은 자신의 보조금을 '회비membership fee', 배달료, 먹거리 보증금, 세금 납부용 등으로 사용할 수 없게 되어 있다. 또 구입 가능한 것과 금지된 품목도 정해져 있다(USDA, 2018k, 2018l; Zenger Farm, 2013: 5). 예컨대, 과일, 채소, 빵과 시리얼, 고기와 생선, 낙농 제품 등은 살 수 있지만 술이나 담배, 비타민류, 먹거리 이외의 품목은 구매할 수 없다. 또 먹거리 대금의 선불도 금지되어 있었다. 이런 제약들은 농민시장이든 CSA를 이용하는 경우든 모두 똑같이 적용되어왔다.

CSA 농장들이 SNAP 수혜자들의 '식품보조금 EBT 직불카드' 이용을 통한 CSA 참여를 보다 적극적으로 수용하도록 유도하기 위해 기획되었던 프로젝트[8]에서도 이런 규정과 관련된 문제들이 불거졌다. 이를테면, CSA 농가들의 취급 품목이 먹거리이기 때문에 SNAP 보조금을 먹거리 구입에 사용하는 것은 문제될 게 없었지만 SNAP 수혜자들이 CSA에 참여하고 싶어도 규정상 선불을 할 수 없게 되어 있다는 점이 장애 요인으로 부상했다. 그래서 위의 프로젝트 팀에서는 SNAP 수혜자들의 CSA 구좌 대금의 선불을 허용할 수 있도록 농무부 정책의 변경을 권고하기로 했다. 또 이들은 정책 변경이 이루어지기 전인 당시 상황에서 할 수 있는 조치의 하나로 SNAP 수혜자 중 CSA에 동참하려는 사람들에게 CSA 농가가 소액의 현금 보증금을 받는 방안을 제시했다. 액수를 떠나 보증금을 내게 되면 SNAP 수혜자들도 CSA에 계속 참여할 유인을 갖게 되고, 농가들로서는 이들의 참여 중단에 따른 위험 부담을 덜 수 있을 것으로 생각했기 때문이다(Zenger Farm, 2013). 이럴 경우, SNAP 수혜자들이 내는 보증금은 CSA 참여 기간이 끝나면 환불된다. SNAP 보조금으로 보증금을 내는 것은 여전히 금지되어 있지만, 2014년 농업법에서는 SNAP 수혜자들의 CSA 구좌 대금의 선불을 허용하는 긍정적 변화가 있었다(USDA, 2018l; Oregon SNAP CSA Farms, 2018b).

농가 주도에 의한 저소득층의 CSA 참여 촉진 사례

농가가 주도적으로 나서서 다양한 방식으로 저소득층의 CSA 참여를 활성화하려는 사례들이 곳곳에서 발견된다. 먼저 들 수 있는 유형은 저소득층의 CSA 회비를 할인해주는 방식이다. 이를테면, 캘리포니아주 오클랜드Oakland의 '피플스 식료잡화점People's Grocery'은 부유한 회원들이 자신의 몫 이상으로 낸 회비에 의해 조성된 재원으로 저소득층에게 혜택을 제공하는 '그럽 박스Grub Box'라고 불리는 CSA를 운영한다. CSA 회원이 자신의 노동력 제공으로 회비를 낼 수 있게 하는 방식도 있다. 예컨대, 메릴랜드주에 위치한 '체사피크만재단의 클라제트 농장Chesapeake Bay Foundation's Clagett Farm'의 CSA는 4시간 이상 농장에서 노동력을 제공하는 성인에게 1주간에 해당하는 CSA 농작물을 제공하는 '작업구좌'를 운영한다(Center for Healthy Food Access, 2018).[9] CSA 구좌의 할인이나 회비의 분할 납부, 대응자금 지급 같은 여러 가지 방식을 혼합하여 운영하고 있는 농가 사례들도 있다. 이를테면, 젠저 농장은 SNAP 수혜를 받는 소비자들이 주별로 구좌 회비를 지불할 수 있게 허용함과 동시에 주당 지불비용을 27달러에서 20달러로 감액하는 일종의 장학금 신청제도를 운영하고 있다. 또한 메인주 포틀랜드에 위치한 '프레시 스타트 농장 CSAFresh Start Farms CSA'[10]는 SNAP 회원들에게 매달 첫 번째 구좌의 가격을 완불하게 하고, 그 달의 두 번째 구좌 대금은 장려금의 의미로 무료 제공한다. SNAP 수혜자들이 정부로부터 매월 1회 보조금을 받기 때문에 월말에는 대개 식료품비가 떨어짐을 고려한 방식이라는 점에서 이는 괜찮은 전략으로 평가된다. 캘리포니아주의 세바스토폴Sebastopol에 있는 라구나 농장 Laguna Farms에서는 SNAP 수혜자가 CSA 회비로 지불하는 금액 중에서 20달러당 5달러씩의 대응자금을 장려금으로 제공한다(Wholesome Wave, 2018: 19-20). 요컨대, 연방정부가 저소득층의 CSA 참여 촉진을 위해 적극적인 정책적 지원을 하지 않는 상황에서 전국 도처의 농가들이 스스로 또는 지역사회와 협력해 다양한 방식으로 저소득층, 특히 SNAP 수혜자들의 CSA 이용을 유도하려는 자구책을 펼치고 있음은 주목할 만한 현상이다.

CSA 농가와 지역사회의 공조를 통한 FFVP 참여 제도화

그렇다면, 현재의 정부 먹거리 정책에서 CSA를 활성화시킬 수 있는 여지는 없을까? 미국 농무부의 예산 내역을 눈여겨보면, 그 속에서 지역별로 CSA 농가와 지역 내 주요 기관들을 연계할 수 있는 틈새시장을 간파할 수 있다.

우선, 학교와 돌봄센터에서 어린이들에게 제공되는 급식시장이 그것이다. 앞서 언급한 전국 학교점심 프로그램NSLP, 학교조식 프로그램SBP, 어린이·성인 돌봄센터 먹거리 제공 프로그램CACFP, 여름 기간의 식사 제공 프로그램SESP은 미국 연방정부에서 주도하는 프로그램이지만 구체적인 실행은 지역별 학교와 관련 조직들을 통해 이루어진다. 따라서 CSA를 활성화하고 확대할 수 있는 방안으로 각종 급식, 특히 어린이 학교급식 프로그램에 지역의 CSA 농가들이 연합체의 형태로 참여하는 방법을 생각해보자는 것이다. 다시 말해, 지역별 CSA 농가와 학교 간의 지속적이고 긴밀한 연결고리의 형성을 통해 어린이들에게 신뢰할 수 있는 양질의 지역먹거리를 제공하는 길을 모색해보자는 얘기다. 이 방안이 제도화된다면, 학교와 어린이를 중심으로 한 지역먹거리공동체가 자연스럽게 형성되고 진화해갈 수 있을 것이다.

한편, 이러한 프로그램들과 더불어 앞서 명칭만 소개했던 신선한 과일·채소 제공 프로그램FFVP이 또 하나의 중요한 착안점이 될 수 있을 것으로 보인다. FFVP는 저소득층 가정의 어린이들에게 신선한 과일과 채소를 무료 또는 할인 가격으로 제공하고 좀 더 건강한 식습관을 익히는 데 도움을 줌으로써 이들의 식사의 질을 전반적으로 개선할 목적으로 연방정부가 설계한 프로그램이다(USDA FNS, 2013a: xiii). 특히, CSA 농가들의 주요 생산 품목이 채소와 과일이라는 점에서 양자는 연결될 수 있는 충분한 잠재력을 지니고 있다.

미국 정부는 2002년에 4개 주와 인디언 부족 조직체 1곳의 초등학교 어린이들을 대상으로 이들의 과일과 신선한 채소 소비를 증대시킬 방안을 찾기 위해 FFVP 시범사업을 실시하기로 결정했다. 이후 FFVP는 2008년 농업법 개정을 통해 기준에 부합되는 학교들을 전국적 수준에서 선정하는 것으로 확대되었다. 그래서 FFVP는 이제 미국의 50개 주 전부와 컬럼비아 특별구, 미국령 괌, 푸에르토리코 및 버진 제도에 있는 초등학교가 자격만 갖추면 얼마든지 지원할 수 있는 전국적 프로그램으로 발전했다. 이 프로그램에 참여하고 싶은 초등학교는 반드시 NSLP를 운영하고 있어야 자격을 부여받을 수 있고, 일단 참여하게 되면 NSLP와 SBP 서비스 시간대와는 별도로 신선한 과일과 채소를 어린이들에게 간식으로 제공해야 한다(USDA, 2017b; USDA FNS, 2013a, 2013b). 이 프로그램에 참여할 자격을 얻은 초등학교들은 학생 1인당 50~75달러 정도의 지원금을 매 학년 받는다. 이 기금[11]으로 학교는 신선한 과일과 채소를 구매해 학기 중에 어린이들에게 무료 혹은 할인 가격으로 제공한다. 학교는 제공할 생산물의 종류와 주당 제공 횟수를 자율적으로 결정할 수 있는 유연성을 갖지만 정부는 주당 최소한 이틀은 제공할 것을 강력히 권고하고 있다. 미국 정부는 이 프로그램이 없었더라면 맛보지 못했을 다양한 과일과 채소를 어려운 가정의 어린이들에게 제공함으로써 소아비만을 방지하고자 노력했고, 나름 의미 있는 성과를 축적해왔다고 자부한다(USDA, 2017b; USDA FNS, 2013a, 2018).

이 대목에서 한 가지 더 주목을 요하는 것이 있다. 학교들이 서비스할 생산물을 지역의 도매업자나 소매상, 식료잡화점 또는 식품 중개인 등을 통해 구매할 수 있지만 농민시장이나 지역의 재배자로부터 직접 구매함으로써 지역농민을 지원할 수도 있다는 점이다. 구매 과정은 물론 연방정부, 주정부 및 지역정부의 지침에 따라 이루어진다

(USDA, 2017b). 따라서 CSA 농가와 지역의 학교, 정부가 이 프로그램과 CSA 농장 간의 연계 방안에 대해 적극적인 관심을 갖고 제도화에 박차를 가한다면,[12] 상생 효과는 결코 작지 않을 것이다.

그러한 노력이 자리를 잡는다면, CSA 농가들은 지역 학교들과 협의한 수요 예측을 근거로 CSA의 장점인 사전 약정을 통해 재배 품목과 양을 염두에 두고 생산에 전념할 수 있을 것이다. 이때 지역농가들은 일종의 분업적 생산체계를 갖춰 생산에 임할 수 있을 것이다. 또 학교는 자기 지역의 농민들이 정성껏 생산한 신선한 제철 채소와 과일 등을 안정적으로 공급받아 학생들의 건강을 챙길 수 있게 될 것이다. 여기서 한 걸음 더 나아가 FFVP를 중심으로 앞서 살펴본 NSLP, SBP, CACFP, SESP 등에도 CSA 농가가 연계될 수 있는 방안들이 강구된다면, 시너지 효과는 더욱 커질 수 있다. 지역별로 확실한 판로가 보이면, 기존의 관행농가뿐만 아니라 잠재적 농업인구가 CSA에 뛰어들 가능성도 열리게 된다.[13] 말하자면, 이것이 CSA의 확장성에 기여하는 추가 요인이 될 수 있다는 얘기다. 지역의 CSA 농가와 FFVP를 비롯한 어린이 급식 간의 연계성이 이런 선순환 관계 속에서 강화되고 확장될 때, CSA는 미국의 먹거리 정책 프로그램들과 유기적으로 맞물려 제도화의 길로 깊숙이 진입할 수 있을 것이다. 물론 이런 일련의 구상이 말처럼 순조롭게 진행되기는 어렵겠지만 적어도 가야 할 방향이자 전략이 될 수 있음은 재론의 여지가 없어 보인다.

제3부

미국의 농민시장과 공동체지원농업

6장

농민시장과 공동체지원농업의
특징과 활성화 방안

머리말

　미국은 '초국적 농식품복합체들transnational agri-food conglomerates'의 부상 이전부터 세계 주류 농산물 시장을 주도해온 대표적인 국가다(김철규, 1999, 2008; 박민선, 2009; 송원규·윤병선, 2012). 그러면서도 국내적으로는 농민시장과 CSA의 지속적 성장이라는 역설을 동시에 보여주는 나라이기도 하다. 예컨대, 미국 농무부 집계에 의하면, 농민시장은 1994년 1,755개에 불과했지만 2015년 8월 기준 8,476개로 늘어났다. 불과 20여 년 사이에 4.8배 증가한 것이다(USDA, 2015b; 김원동, 2014a: 222). 그런가 하면, 1986년 2개 농가로 출발한 미국의 CSA 운영 농가는 1990년 60개, 2005년 1,150개 이상, 그리고 2013년 다시 4,000개 이상으로 증가한 것으로 추산된다. 심지어 미국의 CSA 농가가 전국적으로 6,000개에 이른다는 추계도 있다(Ernst, 2013).

미국 농민시장과 CSA의 급속한 성장에 따라 이에 관한 연구도 활발하게 이루어졌다. 연구 성과들에 관한 개관 작업 자체가 별개의 연구 작업(예컨대, Brown, 2002; Brown and Miller, 2008)이 될 정도로《농촌사회학Rural Sociology》, 《농업과 인간의 가치Agriculture and Human Values》, 《농촌연구지Journal of Rural Studies》같은 주요 학술지를 통해 수많은 학술적 연구 성과의 발표가 이어졌다. 또 농민시장과 CSA의 동향에 관한 정책연구 보고서와 통계들이 미국 농무부와 대학의 연구기관들에 의해 제공되었다.[1] 이와 같이 학계와 정부에 의해 생산된 학술적·정책적 성격의 연구 성과와 자료에 힘입어 미국 농민시장과 CSA에 관한 이해도는 이제 상당한 수준에 이른 것으로 보인다. 그럼에도 불구하고 특이한 것은, 농민시장과 CSA를 비교론적 관점에서 조명한 연구가 의외로 드물다는 점이다. 이런 점에 비추어볼 때, 다음 두 논문의 성과는 주목할 만하다.

제일 먼저 눈길을 끄는 것은 2000년에 발표된 힌리히스Hinrichs, C. Clare의 논문이다(Hinrichs, 2000). 이 논문의 핵심은 농민시장과 CSA가 모두 시장성에 토대를 둔 것이지만 농민시장보다는 CSA가 탈상품화 관계에 더 근접한 직거래 시장 유형이라는 주장에 있다. 그녀의 논문은 농민시장과 CSA에서의 농민과 소비자 간 상호작용을 '탈상품화decommodification' 관계의 시각에 치우쳐 이해하던 초기의 경향에 쐐기를 박았다는 점에서 매우 중요한 성과라고 평가할 수 있다. 특히, 그녀는 자신이 동원한 '배태성embeddedness' 개념과 선행연구들을 근거로 논지를 전개함으로써 이 주제에 좀 더 객관적으로 접근할 수 있는 전기를 마련했다. 그럼에도 불구하고 그녀의 핵심 주장은 논리적 근거가 취약하고, 경험적 근거로 활용한 선행연구들이 모두 15년 이전의 것들이라 지금의 농민시장과 CSA의 특징을 대변하기에는 현실적합성이 떨어진다는 문제점을 안고 있다. 두 번째 논문은 구스먼과 모리스 등에 의한 연구다(Guthman, Morris, and Allen, 2006). 이들은 농민시장과 CSA를 대안적 먹거리 제도의 대표적인 두 가지 유형이라고 보고, 이것들이 과연 농민의 생계보장과 저소득층 소비자의 먹거리보장을 동시에 충족시킬 수 있는 제도인지를 검토했다. 이들의 결론은 두 가지로 요약할 수 있다. 양자는 모두 시장에 토대를 두고 소농을 중심으로 운영되는 것이기 때문에 농민은 농장의 지속성 보장이라는 목표에 우선순위를 둘 수밖에 없고, 따라서 저소득층의 먹거리보장이라는 목표를 충족시키지는 못하고 있는 게 현실이라는 것이다. 이런 점에서 저소득층의 먹거리보장이라는 목표를 구현하려면 영양 지원 프로그램[2]의 지속적인 확대, 식품보조금 EBT 시스템[3] 개선 등 정부의 재정지원이 뒷받침되어야 한다는 것이다(김원동, 2014b: 204; Kim, 2014: 226-227). 이들의 연구 결과는 농민시장과 CSA가 생산자와 소비자 모두에게 도움을 주는 현실적 제도가 되지 못하는 이유와 그 대안으로서 정부 정책의 중요성을 논리정연하게 환기시켜준다는 점에서 의미가 있다. 그렇지만 농민시장의 소비자와 CSA의 회원소비자는 빠진 채 농민시장과 CSA 참여 농민만을 대상으로 한 조사라는 점, 농민시장과 CSA를 저소득층 먹거리보장 문제의 해결 주체로 전제한 분석이라는 점 등에서 분명히 한계가 있다. 가령, 농민시장과 CSA 참여 농민이 처해 있는 현실적 어려움과 그로 인해 저소득층 먹거리보장이라는 목표의 실현 과정에서 이들이 노정할 수밖에 없는 한계에 대한 충분한 사전 점검 없이 공공정책의 필요성을 역설하는 단순한 결론으로 건너뛰고 말았다는 것이다.

한국의 경우를 보면, 아쉽게도 미국의 농민시장과 CSA를 동시에 비교분석한 학술적 연구 성과 자체가 아예 없는 실정이다. 그나마 다행스러운 것은 미국의 농민시장과 CSA의 각각에 관한 연구나 소개가 단행본, 연구논문, 번역서 등을 통해 지속적으로 이루어졌다는 점이다. 이 중 사회학적 관점에서 볼 때 주목할 만한 성과로 김종덕의 연구를 꼽을 수 있다. 그는 미국 CSA와 농민시장의 등장과 성장, 정부의 농민시장 지원 프로그램, 운영 현황, 이점과 문제점, 향후 과제 등을 선행연구들에 기초해 개괄적으로 짚어주었다(김종덕, 2004a, 2004b, 2009). 이 같은 김종덕의 연구는 이 분야의 국내 연구자나 활동가들의 관심과 후속연구를 촉발하는 시발점이 되었다는 점에서 큰 의미가 있다. 비슷한 시기에 이루어진 미국 농민시장과 CSA 각각에 관한 또 다른 연구 성과로는 박덕병의 연구를 들 수 있다. 박덕병의 농민시장 연구는 농민시장의 발전을 위해 농촌지도사업이 수행해야 할 역할에 초점을 맞춘 것이지만, 미국의 농민시장을 이해하는 데 있어 김종덕의 연구 결과와 상호 보완성을 갖는다고 볼 수 있다(박덕병, 2004). 미국 미네소타주 무어헤드Moorhead시에서 운영되는 CSA 농장 1곳을 집중적으로 분석한 그의 사례연구도 의미가 있다(박덕병, 2005). 특히, 연구자가 연구 대상 농장의 회원으로 가입하고, 여러 차례에 걸쳐 농장을 직접 방문하면서 농장주와 CSA 회원들을 대상으로 장기간 심층면접조사를 시도한 점이 돋보인다. 그런 노력이 미국의 CSA에 관한 우리 학계의 관심을 한 단계 끌어올린 것으로 보인다. 물론 미국 CSA

의 현황을 폭넓게 파악하고 전망하려면 더 많은 CSA 농장에 대한 사례연구들이 추진, 축적되어야 한다는 과제도 시사해준다. 이후 박덕병의 CSA 연구에서 한 걸음 더 나아가 좀 더 많은 미국 CSA 운영 농민들을 대상으로 한 사례연구가 진행되었다(김원동, 2014b). 미국 오리건주 포틀랜드지역과 캘리포니아주 샌프란시스코지역의 농민과 소비자들을 대상으로 한 일련의 농민시장 사례연구가 그것이다(김원동, 2008, 2011, 2012, 2014a). 이 연구들은 미국 농민시장의 사회적 기능에 초점을 맞추면서도 농민시장의 다양한 사회학적 함의, 운영 실태, 제도적 문제점 및 과제 등을 좀 더 분명하게 조명함으로써 기존의 국내 연구 성과들을 보완했다. 그럼에도 불구하고, 필자가 수행한 일련의 연구들도 여전히 미국 농민시장과 CSA를 별개의 대상으로 접근함으로써 양자의 특징을 비교론적 관점에서 정교하게 살펴보지 못한 한계를 보였다. 결국 국내의 연구 성과들을 종합해보면, 미국의 농민시장과 CSA 각각에 관한 사례연구는 조금씩 축적되었지만, 양자의 비교연구는 아직 제대로 이루어지지 않은 상태라고 할 수 있다.[4]

국내외를 막론하고 미국의 농민시장과 CSA에 관한 대다수의 연구가 이 중 어느 하나에 초점을 맞추고 있다는 것은 여러 가지 의미를 내포한다. 우선, 이런 연구 경향은 농민시장과 CSA가 빠르게 성장하는 현실에서 각각의 제도에 관한 연구의 시급함에서 비롯되었던 것으로 이해할 수 있다. 또 개별 제도의 구체적 측면에 집중함으로서 각각에 관한 이해도를 심화시키는 긍정적 효과를 거두었다고 평가할 수도 있다. 하지만 그와 같은 연구 방식은 다른 한편으론 양자의 공통점과 차이점을 선명하게 밝혀내는 데서 한계를 지닐 수밖에 없었던 것으로 보인다. 농민시장과 CSA의 개별적 특징은 각각에 관한 연구뿐만 아니라 양자의 비교연구 속에서 더 선명하게 드러날 수 있기 때문이다. 결국 양자를 동일한 비교선상에서 검토하려는 작업의 부족이 각각의 성격에 관한 보다 깊이 있는 이해를 가로막는 한 요인으로 작용한 셈이다. 이런 점에서 이 부문의 질적 도약을 위해 활성화되어야 할 것은 양자의 비교연구다. 필자는 이런 비교연구가 한국 농민시장과 CSA에 관한 이해의 심화와 성장 방안의 모색을 위해서도 절실히 요구된다고 본다. 한국의 농민시장이나 CSA 연구에 동원되는 주요 이론과 개념 및 선행연구들이 대부분 미국의 사례연구에 토대를 둔 것들이기 때문이다.

이런 문제의식에서 출발한 이번 연구에서는 이론적 배경으로 힌리 히스의 배태성 개념을 집중적으로 검토, 활용하고자 한다. 그녀의 배태성 개념은 농민시장이나 CSA에 관한 국내외의 연구에서 가장 많이 원용되는 분석적 개념의 하나다. 따라서 이를 제대로 이해하려는 시도는 이 분야의 연구 방향과 내용을 구상하는 과정에서 매우 중요한 이론적 작업이 될 수 있다. 이런 관점에서, 필자는 미국의 농민시장과 CSA에 관한 그녀의 논지를 비판적으로 평가한 후, 그 문제점과 원인을 짚어보고자 한다. 그와 동시에 그녀의 연구로부터 도출해낼 수 있는 유용한 시사점은 무엇인가에 관해서도 유의하면서 그 결과를 이 장의 내용에 반영하려 한다. 이런 맥락에서 보면, 6장은 미국의 농민시장과 CSA에 관한 그녀의 분석과 주장의 타당성 여부를 이론적·경험적 수준에서 다시 검증하는 의미를 갖는다고 볼 수도 있다.

요컨대, 이 장의 첫 번째 목적은 배태성을 중요한 분석적 개념으로 설정한 바탕 위에서 미국 농민시장과 CSA의 특징, 특히 공통점과 차이점을 양자에 대한 비교론적 시각에서 이해하려는 것이다. 두 번째 목적은 농민시장과 CSA의 특징들에 대한 앞서의 분석을 토대로 양자를 활성화할 수 있는 방안들을 찾아보는 데 있다. 그 이유는 농민시장과 CSA에는 그에 내재된 다양한 배태성으로 인해 통상적인 시장과는 다른 사회적 관계의 형성과 변화를 이끌 잠재력이 있다고 보기 때문이다. 여기서는 이런 연구 목적의 실현을 위해 미국 오리건주 유진시와 스프링필드Springfield시 인근에서 농민시장에 참여하거나 CSA를 운영하는 생산자농민들과의 심층면접에 주력했다. 이 장에서는 주로 2014년에 실시한 경험적 사례조사 결과에 근거한 분석 결과를 담고 있기 때문에 미국의 농민시장과 CSA의 그간의 변화와 현재의 모습을 기존 연구 성과들과의 비교 속에서 대비시켜 이해하는 데에도 도움이 될 것으로 보인다.

배태성·시장성, 농민시장 그리고 CSA

인간의 경제적 행위에 내재해 있는 비경제적 요소들에 주목해온 경제사회학자들의 시각과 통찰(폴라니, 2009; 그라노베터, 2012)은 먹거리 연구자들에게도 영향을 미쳤다. 먹거리의 생산과 판매 및 소비자 구매 결정 과정에서도 단순히 경제적 이윤이나 이익 동기만이 아니라 여러 측면에서의 비경제적인 동기가 동시에 작용한다는 점에 착안하게 된 것이다. 이 과정에서 집중적인 조명을 받으며 발전된 대표적 개념이 바로 배태성이다(Hinrichs, 2000; Sage, 2003; Winter, 2003; Kirwan, 2004; Penker, 2005; Feagan and Morris, 2009; Morris and Kirwan, 2011).

농민시장과 CSA를 배태성과 관련하여 비교, 검토한 대표적인 학자로는 앞서 언급한 힌리히스를 들 수 있다. 이 문제를 다룬 그녀의 논문은 16년 전에 발표된 것이기 때문에 다소 낡은 분석이라고 볼 수도 있다. 하지만 이 논문은 '시장성marketness'과 '배태성'이라는 이론적 개념을 농민시장과 CSA의 분석에 본격적으로 적용하는 계기를 만들었다는 점에서 여전히 중요한 이론적 준거로서 가치를 지닌다. 우선, 이 쟁점에 관한 그녀의 주요 논지를 필자 나름대로 요약[5]하면 다음과 같다(Hinrichs, 2000: 295-303).

첫째, 농민시장과 CSA에 관해 초기의 많은 연구자와 활동가는 사회적 친밀성이나 신뢰, 사회적 참여 등과 같은 '사회적 배태성social embeddedness'을 칭송하고, 행위자의 시장성이나 도구성의 근거들을 경시하는 경향을 보였다. 둘째, 그런 분위기로 인해 직거래 농업 시장에서의 경제적 행위에서도 사회적 배태성과 시장성 내지 도구성이 동시에 작동한다는 현실이 간과되었다. 셋째, 농민시장과 CSA의 대면적 관계가 갖는 효과에 대한 감상적 가정이 그런 경향과 결과를 낳았다. 즉, 그와 같은 현실 왜곡은 농민과 소비자 간의 대면적 상호작용에 따른 친밀성과 가치 공유가 거래 과정에서 시장성이나 도구성을 중요하게 고려하지 않게 만든다는 가정에서 비롯된 것이다. 넷째, 농민시장과 CSA에서도 시장성과 도구성은 '사회적인 것'과 함께 필수적인 구성요소다. 다섯째, 그럼에도 배태성 및 시장성의 측면에서 비교하면, CSA가 농민시장보다 탈상품화의 관계로 발전할 잠재력을 훨씬 더 많이 갖고 있는 소비자 직거래 유형이다. CSA 구좌 구입을 통한 영농 위험부담의 공유, 양질의 지역먹거리 구입을 위한 투자, 지역농민의 후원 같은 측면에서 CSA는 농민시장과 뚜렷이 구별되기 때문이다.

이상과 같은 그녀의 주장을 어떻게 평가해야 할까? 이 논문의 발표

시점을 감안한다면, 그녀의 주장은 적어도 다음 두 가지 점에서 분명히 기여한 바가 크다고 판단된다. 앞서도 지적했듯이, 무엇보다도 농민시장과 CSA를 배태성 일변도로 이해하려는 편향적 분위기에 경각심을 갖게 했다는 점이다. 농민시장과 CSA의 상호작용에서도 먹거리를 매개로 한 생산자와 소비자 간의 교환관계가 핵심이라는 점에서 보면, 먹거리 가격이나 농민 소득 같은 경제적 요인이 여기서도 중요한 고려사항이 될 수밖에 없다는 현실을 환기시킨 것이다. 또 그녀는 농민시장과 CSA 간의 공통점과 함께 차별적 특성을 강조함으로써 후속 연구자들에게 후자에도 공정하게 시선을 돌릴 수 있게 해주었다는 점에서 일정한 기여를 했다고 평가할 수 있다. 물론 그렇게 실질적인 효과로 나타났다고 볼 수는 없지만, 농민시장과 CSA의 차별적 특성에 관심을 갖게 시야를 확장시켜준 그녀의 공은 결코 작다고 할 수 없을 것이다.

이 같은 기여에도 불구하고, 그녀의 연구는 몇 가지 중요한 문제점을 안고 있다. 무엇보다 먼저 눈길이 가는 대목은 배태성과 대비되는 개념으로 설정한 '시장성'과 '도구성instrumentalism'의 개념적 구분 문제다. 그녀는 블록F. Block의 주장을 근거로 하여 시장성을 생산자의 소득이나 소비자 입장에서의 먹거리 가격 같은 것으로 보았고, 도구성은 농민시장이나 CSA에의 소비자 참여 동기로 이해했다. 여기서 주목할 것은 도구성 개념이다. 자신과 가족의 건강을 위해 신선한 먹거리를 구하려 농민시장이나 CSA에 참여하는 것을 그녀는 도구성이라는 개념으로 포착하려 했는데(Hinrichs, 2000: 296-299), 여기에 문제가 있다. 그녀의 이런 분석 틀에는 생산자의 동기에 관한 설명이 빠져 있다. 또 농민시장이나 CSA에 참여하는 소비자의 특정한 동기를 시장성과 양립하는 독자적 개념으로 규정함으로써 오해의 소지를 남겼다. 왜냐하면 소비자의 농민시장 또는 CSA 참여 동기에는 지역농민의 후원이나 지역먹거리, 환경에 대한 관심 등 배태성과 결부될 수 있는 것들도 많기 때문이다.[6] 따라서 그녀의 배태성, 시장성, 도구성 등의 개념에 내포된 유용성을 농민시장과 CSA의 특징을 이해하는 데 적극 활용하려면, 이런 문제점들에 대한 손질은 불가피하다. 이런 관점에서 그녀의 개념들을 보다 논리적인 분석 틀로 재구성하기 위해 필자는 도구성의 적용 범위를 제한하고, 그것을 시장성의 구성요소로 귀속시키는 방식으로 수정하고자 한다. 말하자면, 그저 건강에 지향점을 두고 양질의 먹거리를 얻기 위한 수단으로 CSA나 농민시장에 참여하는 것을 '도구성' 대신 '도구적 동기'로 규정하고, 그것을 시장성의 개념에 포함시키는 것이다. 그런 의도로 농민시장과 CSA에 참여하는 행위는 일정한 대가를 지불하고 신뢰할 수 있는 양질의 먹거리를 얻는 방법으로 선택한 일종의 소비자 전략이라고 볼 수 있기 때문이다. 농민이 농가소득의 확보 자체를 농민시장이나 CSA 참여의 주된 동기로 삼는 경우도 마찬가지로 '도구적 동기'로 규정하고 시장성의 개념에 넣게 되면, 동기의 차원에서 생산자와 소비자를 하나로 묶는 방법이 될 수 있다. 이런 방식으로 생산자와 소비자 모두가 가질 수 있는 동기의 일정한 측면, 즉 경제적 성격의 동기를 시장성의 구성요소로 정리하면 생산자가 포함된 간명한 개념적 분석 틀이 될 수 있다. 요컨대, 그녀의 분석 틀을 시장성 대 배태성의 양대 개념으로 재정비하고, 이에 근거해 농민시장과 CSA의 특징을 분석하면 양자 간의 공통점과 차이점을 훨씬 더 선명하게 확인할 수 있다는 것이다.

그녀의 주장이 안고 있는 또 하나의 중요한 문제점은 농민시장을 '하나의 대안적 시장an alternative market'으로, 그리고 CSA를 '시장에 대한 하나의 대안an alternative to the market'으로 특징지었다는 점에 있다. 이같은 성격 규정은 주로 다음과 같은 인식에서 비롯된 결과라고 볼 수 있다. 그녀에 의하면, 농민시장은 생산자농민과 소비자 간의 사회적 친밀성과 연대감에 기초한 시장이라는 점에서 슈퍼마켓이나 잡화점 등과는 구별되지만 '여전히 전통적인 교환관계에 확고하게 뿌리를 내린 시장'(Hinrichs, 2000: 300-301)이다. 그렇기 때문에 농민시장은 본질적으로 배태성보다는 시장성 쪽에 근접한 '상품 관계의 시장'이고, 어느 정도 배태성이 내재해 있다는 점에서 통상적 시장과는 다소 구별되는 일종의 대안시장이라는 것이다. 그에 비해, CSA는 시장성을 완전히 배제하지는 않지만 기본적으로 '먹거리의 탈상품화' 관계에 토대를 둔 것이기 때문에 전통적인 시장경제에 대한 대안으로서의 잠재력을 내포하고 있다는 것이다. CSA와 농민시장은 이런 측면에서 확연하게 구별된다는 게 그녀의 주장이다. 그런데, 그녀가 이런 대조적 결론을 도출하는 과정에서 배태성 혹은 탈상품화 관계의 근거로 끌어들인 내용과 적용 방식을 주의 깊게 살펴볼 필요가 있다. 그녀가 자신의 주장을 뒷받침할 근거로 든 것은 CSA 구좌 구입에 따른 농민과의 영농 위험부담의 공유, 환경적·사회적으로 유익한 영농 방식의 후원, 지역농민 및 먹거리에 대한 신뢰와 후원, 양질의 지역먹거리에 대한 투자 등이었다. 바로 이 대목에서 여러 의문이 제기될 수 있다. 예컨대, 농민시장의 고객들이 지역먹거리를 CSA 회원만큼 신뢰하지 않는다고 보는 근거는 무엇인가? 농민시장의 고객이 농민시장에서 장을 보는 것은 양질의 지역먹거리에 대한 투자가 아닌가? 농민시장 소비자와 CSA 회원의 먹거리 구입 방식의 차이를 농민시장과 CSA의 질적 차이라고까지 해석할 수 있는가?

이런 의문의 상당 부분은 힌리히스의 연구 방법의 취약성과 현실 해석 방식에서 연유한 것이라고 볼 수 있다. 우선, 그녀는 CSA 회비의 선납 지불 방식과 양질의 지역먹거리에 대한 투자 등을 근거로 CSA 에서의 상호작용을 탈상품화 관계로 해석하는 일련의 과정에서 치밀한 논리적 연계성을 보여주지 못했다. 또한 그녀는 동일한 시점에서 농민이나 소비자를 대상으로 직접 실시한 조사 결과가 아니라 조사 대상과 연구 시점이 제각각인 다른 연구자들의 연구 결과와 그에 관한 주관적 해석을 토대로 농민시장과 CSA의 현실적 특징에 관한 자신의 주장을 펼쳤다. 이와 같은 문제점들로 인해 힌리히스는 결과적으로 논리적·경험적 근거를 제대로 확보하지 못한 채 CSA를 탈상품화 관계에 근접한 교환 유형으로 과도하게 해석하고, 앞서 언급한 바와 같은 갖가지 의문을 불러일으킨 셈이다.

유명세와는 별개로 그녀의 분석과 주장에 그와 같은 여러 문제점이 있다면, 그녀의 연구가 이 장의 주제와 관련해 제공할 수 있는 시사점은 무엇인가? 그녀의 연구는 비교론적 시각에서 농민시장과 CSA의 특징을 제대로 도출하려면 무엇보다도 동일한 응답자를 대상으로 한 현장조사가 필요함을 시사해준다. 자신의 주장을 입증할 2차 자료들을 선행연구에서 제대로 확보하기는 어렵기 때문이다. 이 장에서는 이 점을 고려해 농민을 중심으로 심층면접조사를 실시했다. 하지만 피면접자 선정은 간단한 문제가 아니었다. 농민시장과 CSA에는 여러 범주의 관련 집단이 있기 때문이다. 예컨대, 농민시장 참여 농민, CSA 운영 농민, 농민시장의 소비자, CSA 회원, 농민시장의 시장관리인 등이 그것이다. 또 이 각각의 범주 안에서도 세부 분류가 얼마든지 가능하다. 이와 같이 농민시장과 CSA를 둘러싼 집단은 다양하기 때문에 연구의 내실화를 위해 이번 연구에서는 그 주된 대상을 농민시장이나 CSA에 참여하는 농민으로 한정했다.[7] 이들의 경험과 시선을 통해 배태성과 시장성의 측면에서, 그리고 배태성의 여러 차원에서 농민시장과 CSA의 공통점과 차이점을 짚어보려 한 것이다.

심층면접 대상자와 조사 지역

이 장의 연구는 주로 농민시장과 CSA에 참여하고 있는 농민들을 대상으로 심층면접법에 근거해 이루어졌다. 이번 연구의 주된 연구 방법으로 심층면접법을 사용한 이유는 계량적 조사에서는 간과되기 쉬운 농민시장과 CSA 간의 공통점과 미묘한 차이점 등을 섬세하게 포착해낼 수 있으리라고 보았기 때문이다.

〈표 6-1〉에서 보듯, 이번 조사는 2014년 4월 7일부터 4월 12일 사이에 농민 9명, 농장 직원 1명, 농민시장 관리인 2명 등 모두 12명을 대상으로 이루어졌다.

면접 대상 농민 9명 중 CSA만 하는 농민은 없었고, 농민시장에 주로 참여하는 농민은 2명, CSA와 농민시장 모두에 참여하는 농민은 7명이었다. 또 농민들은 농민시장에 고용인을 내보내기보다는 대개 본인들이 직접 나가 판매인의 역할을 동시에 수행하고 있었기 때문에 농민시장의 특징이나 장단점 등에 관해 자신의 경험에서 우러나는

표 6-1 면접조사에 대한 기초 정보

사례 식별기호	성별	직업	면접 장소	면접 일자	CSA 및 FM과의 관계
사례 6-1	남성	농민	농장	4.7	• CSA와 FM 병행 • 주된 소득원은 FM
사례 6-2	여성	농민	농장	4.8	• 다른 판로와 함께 CSA와 FM 병행 • FM과 CSA 중 CSA에 더 비중을 둠.
사례 6-3	남성	농민			
사례 6-4	남성	농민	농장	4.8	• 다른 판로와 함께 CSA와 FM 병행 • 연매출액 중 CSA, FM 비중: 각 35퍼센트
사례 6-5	여성	농장 직원	농장	4.10	–
사례 6-6	여성	농민			• 다른 판로와 함께 CSA와 FM 병행 • 연매출액 중 CSA, FM 비중: 각 10~15퍼센트, 50~60퍼센트
사례 6-7	남성	농민	농장	4.10	• 이전에는 CSA를 운영했지만 지금은 주로 FM에 참여 • FM 이외의 15개 식료잡화점에 가공식품 납품
사례 6-8	여성	농민	농장	4.11	• 주로 FM에 참여 • 블루베리 잼을 유기농 가게 1곳에 판매
사례 6-9	여성	농민	농민 시장	4.11	• 다른 판로와 함께 CSA와 FM 병행 • 연매출액 중 CSA, FM 비중: 각각 30퍼센트
사례 6-10	남성	시장 관리인			• 스프라우트 농민시장(Sprout FM)
사례 6-11	여성	농민	농민 시장	4.12	• CSA와 FM 병행 • 연매출액 중 CSA, FM 비중: CSA 1/3, FM 2/3
사례 6-12	여성	시장 관리인			• 레인 카운티 농민시장(Lane County FM)

주) 면접 장소에서의 '농장'은 해당 면접 대상자 농민의 농장.

나름의 견해를 갖고 있었다.

한 농장을 방문했을 때는 농장 경력 7년차 직원을 농장주보다 먼저 만나게 되어 면접 대상자 집단에 포함시켰다. 일한 경력으로 미루어 볼 때, 농장주 농민의 설명에 대한 보충적 자료를 얻을 수 있으리라는 기대감이 있었기 때문이다. 또 농민시장 관리인 2명과도 면접을 실시했다. 이들이 농민들의 견해를 보완해주고, 농민시장 자체에 관한 다양한 정보를 제공해줄 수 있다고 생각했기 때문이다.

필자가 이번 조사를 계획하면서 떠올린 주요 시지역은 유진과 스프링필드였다. 그 이유는 미국 북서부의 주요 지역 중 오리건주의 포틀랜드 광역권과 캘리포니아주의 샌프란시스코지역 농민시장이나 CSA에 관한 연구는 이미 국내에 소개된 것들이 제법 있기 때문에(Alkon, 2008a, 2008b; Barney & Worth, Inc., 2008; 김원동, 2008, 2011, 2012, 20014a, 2014b), 지금까지 소개되지 않은 그 중간 지역의 사례들을 조사하고 싶어서였다. 이때 생각난 유력한 지역이 유진과 스프링필드였다. 유진과 스프링필드는 오리건주에서 제일 큰 도시이자 경제적 거점도시인 포틀랜드로부터 남쪽으로 약 100마일 떨어진 곳에 위치해 있다. 또 오리건주 서부 중간 지역의 광역생활권[8]을 구성하는 중심도시들이라 주위에 농민시장과 CSA가 발달되어 있는 곳이기도 하다.

앞서 언급한 면접 대상자들의 농장은 유진시와 스프링필드시 인근에 위치한 정션Junction, 크레스웰Creswell, 덱스터Dexter, 노티Noti 등 여러 지역에 산재해 있다. 이들 농가 중에는 주간 고속도로 아이 파이브I5를 비롯한 지역도로망의 편의성에 힘입어 포틀랜드와 그 주변지역의 농민시장까지 오가는 이들도 있었다. 하지만 이 권역의 대다수

사진 6-1 필자가 방문한 한 농장의 풍경

농가는 유진과 스프링필드의 주민들을 CSA와 농민시장의 주요 고객으로 삼고 있었다.

농민시장 관리인과의 면접을 위해 필자가 방문했던 지역도 유진과 그에 인접해 있는 스프링필드였다. 필자는 두 지역의 대표적 농민시장인 유진의 '레인 카운티 농민시장Lane County Farmers' Market'과 스프링필드의 '스프라우트 농민시장Sprout Farmers' Market'의 관리인들을 만났다. 필자가 면접했던 대부분의 농민시장 참여 농민들이 이 두 시장, 특히 레인 카운티 농민시장에 참여하고 있었다.

시장성과 배태성의 관점에서 본
농민시장과 CSA의 특징

농민시장과 CSA의 현실적 존립 기반으로서 시장성

앞서 살펴본 바와 같이, 힌리히스는 농민시장과 CSA가 모두 시장성에 토대를 둔다고 보면서도, 농민시장과는 달리 CSA를 탈상품화 관계에 근접한 소비자 직거래 유형이라고 규정했다. 필자는 2014년 조사를 통해 미국의 현행 CSA와 농민시장이 실제로 그런 특성에 따라 구별될 수 있는지를 점검해보았다. 이 과정에서 특히 농가소득에서 차지하는 CSA의 비중, CSA 방식에 의한 농가의 지속가능성, CSA 농가의 새로운 먹거리 배당 방식, 저소득층의 양질의 먹거리 접근에 관한 CSA 농민의 입장, CSA 회원소비자의 노동력 제공에 관한 농민의 경험이나 입장, CSA와 농민시장의 증가에 따른 상호 경쟁 같은 항목에 주목했다. 이와 같이 필자가 농민시장보다 CSA에 초점을 맞춘 까닭은 CSA가 시장성과는 동떨어진 교환양식이라고 볼 수 있을 정도로 탈상품화 관계에 근접하는지를 확인하는 것이 중요하다고 보았기 때문이다.

먼저 필자는 CSA 농가의 성격과 판로 유형별 소득 비중을 확인해보았다. 필자의 조사가 소수의 농가를 대상으로 한 것이긴 하지만, 인터넷 자료에 CSA 농가로 나와 있는 곳들도 막상 찾아가보면 CSA만 운영하는 곳은 없었고 이들의 영농 소득 중 CSA의 비중이 압도적으로 크지도 않았다. 또 CSA나 농민시장의 목록을 제공하는 사이트와 개별 농장 홈페이지에서는 각 농장의 판로 유형별 비중이나 소득

등의 정보를 구체적으로 파악할 수 없었다. 이런 점들은 웹사이트에 CSA나 농민시장으로 소개된 농장들도 직접 방문해 조사하지 않는 한, 그 성격을 정확하게 파악할 수 없음을 의미한다. 이번에 조사한 농가들의 전체 소득 또는 판매액 중에서 CSA가 차지하는 비중을 살펴보면, CSA 소득이 5퍼센트 내외인 곳(사례 6-1), 10~15퍼센트인 곳(사례 6-6), 3분의 1 정도인 곳(사례 6-2와 사례 6-3), 약 35퍼센트인 곳(사례 6-4), 30~35퍼센트인 곳(사례 6-9와 사례 6-11) 등으로 농가소득에서 차지하는 CSA의 비중은 다양한 편이었다.

제한된 사례조사 결과이지만, CSA 참여 농가들의 CSA 소득이 대체로 연매출액의 3분의 1을 밑도는 수준이라는 것은 적어도 다음과 같은 함의를 지닌다. 우선, 미국의 CSA 농가들이 자신을 CSA 농가라고 얘기하면서도 CSA를 포함한 여러 판로를 동시에 활용하는 이유는 CSA에서 얻는 소득만으로는 농가의 지속성을 확보하기 어렵기 때문이다. 이 같은 현실은 CSA 농가들이 CSA의 운영 과정에서도 시장성의 제약에서 크게 벗어날 수 없음을 암시한다.

필자는 이런 추정이 사실일 수 있음을 뒷받침하는 여러 직·간접적인 근거를 이번 조사에서 확보할 수 있었다. "생계를 꾸려가려면 CSA만 운영해서는 안 됩니다. 시장에도 나가야 하고 도매도 해야 합니다"(사례 6-3). 한 시장관리인도 똑같은 얘기를 했다(사례 6-12). 또 다른 농민은 겨울 비수기에는 영농과 관련된 보수작업을 비롯해 처리해야 할 농장 일이 많음에도 불구하고 그 일들을 제쳐둔 채 2~3개월씩 소득 벌충을 위해 영농 활동과는 별개의 일을 하러 나가야 한다고 했다(사례 6-2). CSA 농민들이 회원소비자의 기호에 부응하려고 부단히 애쓰는 모습에서도 CSA 농가의 절박함이 묻어났다. 이를테면, 일반 소

사진 6-2 필자가 방문한 한 축산농가의 모습

비자들이 시장에서 채소를 골라서 사 가는 것처럼 회원들이 농장에 와서 그런 시장적 방식으로 자신의 필요 품목을 직접 선택할 수 있게 한 CSA의 새로운 배당 방식이 그것이다(사례 6-3). 이 경우에도 이런 방식을 원치 않는 회원이나 먼 곳에 사는 회원을 위해서는 지정된 배달장소에서 자신의 먹거리 꾸러미를 가져갈 수 있게 하는 전통적 방식이 병행되었다.

현실적으로 CSA의 운영에서 시장성을 가장 중시할 수밖에 없다는 것은 CSA를 중단하고 농민시장을 주로 활용하고 있다고 한 농민의 얘기에서도 읽어낼 수 있었다. 그는 CSA를 시작하면 바로 영농자금을 조달할 수 있지만 그 후에는 다양한 작물을 재배해 회원들에게 제공해야 하기 때문에 영농철에 앞서 회원 구좌를 판매할 즈음에는 항상 이 문제로 인해 압박감에 시달렸다고 했다(사례 6-7). 말하자면, 작황이 좋지 않아 회원들에게 선납 회비 가치에 상응하는 경제적 보상을 제공하지 못할 경우에 감당해야 할 부담감이 너무 컸다는 것이다. 이와 비슷한 답변은 또 다른 농민에게서도 들을 수 있었다(사례 6-9). 여전히 CSA를 운영하고 있다고 한 이 농민은, 수확이 신통치 않아 회비를 선납한 회원들에게 생산물을 제대로 공급하지 못할 경우에 겪게 되는 심적 고통을 CSA 운영의 가장 힘든 점으로 꼽았다. 이런 사례들은 CSA 농민이 회원과의 관계에서 회원 배당용 먹거리를 선납 회비 이상의 경제적 가치로 반드시 되돌려주어야 한다는 압박감을 느끼고 있음을 보여준다. 이와 같은 생산자농민의 의식은 회원소비자도 CSA에서 그런 시장적 교환관계를 분명히 염두에 두고 있으리라는 점[9]을 짐작할 수 있게 해준다. 필자는 이번 조사에서 경제적 여유가 없는 사람들에 대한 농민의 태도에서도 CSA의 운영이 현실적으로 시장성에 대한 고려에서 결코 자유로울 수 없음을 확인할 수 있었다. 한 농민은 저소득층의 먹거리 접근성을 위해 자신의 생산물 가격을 최대한 저렴하게 유지하려고 노력하고 있지만, 자신의 형편으로는 더 이상 어떻게 할 수가 없다고 했다. 자기는 자금이 많지 않고 재정적 후원을 해주는 사람도 없기 때문에 친환경적 방식으로 생산한 먹거리를 적정한 가격으로 판매하지 않고는 농장을 지속적으로 운영할 수 없다는 것이었다(사례 6-6). 경제적 여력이 없어 자력으로 영농 활동을 꾸려가야 하는 대다수의 CSA 농민에게 있어 시장성의 배제는 원천적으로 불가능함을 이 사례는 다시금 일깨워주었다.

CSA 회원의 노동력 제공과 관련된 농민들의 경험이나 의견에서도 현행 CSA의 기본 동력이 강한 시장성에 있음은 쉽게 추론할 수 있었다. 한 농민은 회원들에게 농장 일을 위해 그들의 노동력을 제공해 달라고 요청한 적이 없다고 하면서, 회원들과 일을 함께 하면 오히려 자신의 일거리가 더 늘어날 것 같다고 했다. 또 그녀는 CSA 회원으로부터 자신의 노동력 제공을 원하느냐는 질문을 받아본 적이 지금까지 한 번도 없다고 했다(사례 6-2). 또 다른 한 농민은 회원의 노동력을 제공받은 적은 없지만, 그런 방식이 저소득층의 CSA 참여 기회가 될 수 있다는 점에서 좋은 생각인 것 같다는 반응을 보였다. 그렇지만 농민의 입장에서 보면, 그런 방식의 도입으로 새로운 노동력 제공자들을 계속 훈련시켜야 하는 부담을 떠안게 되고, 영농 활동이 그만큼 더 어려워질 것 같다는 의견을 덧붙였다. 농장 작업 중에는 의외로 어려운 것들이 있어서 농장 일에 문외한인 신규 참여자들에 대한 최소한의 교육이 필요할 것이고, 그에 따른 추가 부담을 피할 수 없을 것 같다는 얘기였다(사례 6-6). 과거에 회원 노동력을 활용한 경험이 있다고 밝힌 한 농민은 지금은 양질의 노동력 투입을 위해 숙련된 일꾼을 쓴다고 했다. 회원들이 작업 기술을 익히는 데 시간이 오래 걸렸고 일도 서툴러 작업 효율성이 낮았다는 것이 이유였다(사례 6-4). 결국 이런 얘기들은 CSA 농민들이 모두 회원의 노동력을 거의 전적으로 경제적 생산성의 관점에서 바라보고 있음을 보여준다.[10] 말하자면, 생산자농민은 회원의 노동력이 생산 과정의 효율성 측면에서 제값을 하기 어렵다고 보는 셈이다.

CSA의 지속적인 증가에 따른 경쟁의 심화도 CSA 참여 농민들을 시장성에 더 연연하게 만드는 요인이 되고 있는 듯했다. 22년째 CSA를 운영하고 있다는 한 농민은 CSA의 증가세를 언급하면서 양가적 감정을 보였다(사례 6-4). 자신이 처음 시작할 때는 오리건주에 2개밖에 없었던 CSA 참여 농가가 지금은 250개로 늘어났는데, 한편으로는 좋은 일이지만 수적 증가에 따른 경쟁도 그만큼 치열해졌다는 것이다. 이는 소규모 CSA 농장들의 출현으로 인해 기존 회원의 잠식 현상이 발생하고, 경험이 없어 서투른 신규 진입 CSA에서 실망한 회원들이 CSA를 아예 외면하게 되는 데서도 볼 수 있다고 한다. 결국 이

사진 6-3 농민시장의 한 판매대

런 점들이 CSA 농가의 어려움을 가중시키고 이들을 시장성에 더 매달리게 하는 요인으로 작용하고 있는 것이다.

그런가 하면, 농민시장이 시장성에서 결코 자유로울 수 없다는 점도 농민시장 간의 경쟁이 갈수록 치열해지고 있다는 농민들의 의견에서 쉽게 간파할 수 있었다. 한 농민은 영농 활동 개시 전에 한 번 경쟁을 하는 CSA와는 달리 농민시장에서는 소비자를 상대로 매번 경쟁을 계속해야 하는 데다 시장이 많아 경쟁이 더 치열해지고 있다고 했다(사례 6-2).

이 지역의 농민시장은 경쟁이 너무나 치열합니다. 수요가 좀 더 많고 경쟁이 덜 하면 농민시장이 잘 운영될 텐데…. 정말 좋은 농장이 많습니다. 이미 충분합니다. 레인 카운티 농민시장은 토요시장, 화요시장, 목요시장, 이렇게 세 차례 개장합니다. 그 외에도 스프링필드에서 금요시장이 한 차례 열리구요.

또 다른 농민도 비슷한 생각을 털어놓았다. 자신과 같은 농민이 이 지역에 많고, 농민시장에 참여하는 농민판매인도 매우 많기 때문에 계속 경쟁을 해야 하고, 가격도 억제할 수밖에 없는 상황이라는 것이다(사례 6-7). 또 농장들이 한 곳의 농민시장이 아니라 다른 요일에 개장하는 여러 농민시장에 계속 참여하는 현실도 농민시장 참여 농가의 지속성 확보가 결코 만만치 않음을 시사해준다. 예컨대, 어떤 농가는 적게는 3곳, 그리고 여름철 같은 성수기에는 7곳의 농민시장에 나간다고 했다(사례 6-5). 바쁜 영농 작업 일정 속에서도 시간을 내서 여러 시장을 다녀야 하는 게 농민시장이나 CSA에서의 수입에 생계를 의존하는 농가들의 일반적 상황인 것이다.[11]

한편, 농민시장을 겨냥한 것이든 CSA 회원소비자를 위한 것이든 관계없이 농사일 자체가 노동집약적이고 노력에 상응하는 보상을 받지 못하는 일자리라는 점에도 주목할 필요가 있다.

> 이것[농사]은 정말로, 정말로 중노동입니다. 이 일은 [오전] 9시에 시작해서 [오후] 5시에 끝나는 직업이 아니라 [새벽] 6시에 시작해서 [밤] 10시에 끝나는 직업입니다. "그래 내가 농장 일을 다 해 낼 거야"라는 식의 환상을 갖고 있는 사람이 많습니다. 그러고는 깨닫게 되지요. 아침 일찍 일어나서 늦게까지 온종일 [농장에] 붙어 있어야 한다는 것을 말입니다. 이걸 제대로 알아야 합니다. 정말로 이 일을 하고 싶다면 큰돈 벌 생각은 아예 하지 말아야 합니다(사례 6-9).

이 같은 농민들의 고충은 또 다른 선행연구 사례에서도 볼 수 있다. 한 CSA 농민은 자신의 주당 투입 노동시간이 100~110시간 정도 되고, 일거리가 많은 여름철에는 체중이 10~15파운드까지 감소할 정도라 이런 식으로 얼마나 농사를 계속 지을 수 있을지 의문이라고 암담함을 호소하기도 했다(사례 4-7). 게다가, 농민들이 수고한 만큼 경제적 보상을 받는 것도 아니다.[12] 이런 현실은 결국 농민들, 특히 CSA 운영 농민들도 영농의 지속성을 위해서는 무엇보다도 시장성의 변수에 주목하지 않을 수 없음을 의미한다.

지금까지 살펴본 바와 같이, 미국 농민시장과 CSA의 현실은 시장성의 유무 또는 강도로 양자를 구분하는 것이 타당하지 않음을 보여준다. 힌리히스의 주장과는 달리, CSA의 생산자농민과 회원소비자도 농민시장에서와 마찬가지로 강력한 시장성을 상호관계 설정 및 유지의 기본 동력으로 삼고 있다고 볼 수밖에 없기 때문이다. 요컨대, 미국의 농민시장과 CSA는 농가의 존립 기반으로서 시장성을 공통된 특징으로 지니고 있는 소비자 직거래 유형이다.

배태성의 관점에서 본 농민시장과 CSA

여기서는 농민시장과 CSA의 특징을 배태성의 개념을 준거로 양자의 공통점과 차이점의 맥락에서 논의해보려 한다. 힌리히스에게 있어 배태성은 사회적 연결, 상보성, 신뢰 등의 의미를 내포한 '사회적 배태성'을 의미한다. 그런데 이것만으로는 농민시장과 CSA의 특징을 다각도로 조명하기 어렵다. 그녀의 배태성 개념은 단일 차원으로 규정된 것이기 때문이다. 필자는 이런 문제점을 해결하기 위해 피건과 모리스가 커완(Kirwan 2004)과 펜커(Penker, 2006)의 논의로부터 발전시켜 세 가지로 세분화한 사회적 배태성social embeddedness, 공간적 배태성spatial embeddedness, 자연적 배태성natural embeddedness의 분류 틀(Feagan and Morris, 2009: 236-237)을 차용하고자 한다. 다만, 이 글에서 필자는 이들의 배태성 개념의 의미를 보완하면서 그 적용 범위를 생산자농민과 CSA까지 포함한 분석으로 확대하고자 한다. 즉, 이들의 배태성 개념의 세부 내용을 좀 더 명확하게 가다듬고, 농민시장에서의 소비자 구매 동기에 국한시켰던 배태성의 의미를 CSA와 농민의 입장까지 담을 수 있는 개념으로 확장하면서 농민시장과 CSA의 비교분석에 활용하려는 것이다.

사회적 배태성

사회적 배태성이란 생산자와 소비자 간의 연계성, 유대감, 상보성, 상호 신뢰, 배려, 공동체에 대한 책임감 또는 소속감 등과 같은 비경제적 가치와 연결된 배태성을 의미한다. 예컨대, 어떤 행위자가 공동체, 환경 같은 집단적 이익을 위해 자신의 경제적 손실을 감수하거나 이익 추구의 극대화를 자제하게 되는 것은 이런 사회적 배태성의 영향을 받기 때문이라고 할 수 있다(Feagan and Morris, 2009: 236-239; Sage, 2003: 47-48; Penker, 2006: 369). 그러면, 사회적 배태성의 관점에서 볼 때, 농민시장과 CSA는 어떤 특징을 갖고 있을까?

농민과 소비자 간의 상호작용의 깊이라는 측면에서 보면, 농민시장보다는 CSA에 사회적 배태성이 더 강하게 내재해 있다고 볼 수 있다. 그 근거는 농민과 소비자와의 접촉 기회, 먹거리 가격 지불 방식 등에서의 차이에서 찾을 수 있다. 한 농민(사례 6-6)에 의하면, 농민들은 농민시장을 통해 CSA보다 훨씬 더 많은 소비자를 만나고, 소득도 더 올릴 수 있지만 CSA 회원만큼 그들과 긴밀한 연결성을 갖지는 못한다고 한다. 왜냐하면 영농철 이전의 회비 선납을 통해 농민과 소비자 간에 지속적인 관계가 유지되는 CSA의 경우와는 달리 농민시장에서는 일회적인 거래가 이루어지기 때문이다. 농민시장에도 참여하고 있다고 한 또 다른 농민(사례 6-2)은 CSA 회원들의 회비 선납에 대한 자신의 화답을 합리적 근거를 들어가며 흥미롭게 얘기해 주었다.

> 저는 CSA 회원들에게 시장가격보다 좀 더 나은 몫이 돌아가게 하려고 노력합니다. 왜냐하면 회원들은 한 계절 전체에 해당하는 먹거리 가격을 몽땅 지불한 것이기 때문입니다. 저희 입장에서 보면, 이분들은 헌신을 한 것이지요. 그래서 자신들이 거래를 잘했다는 확신을 가지게 하려고 애씁니다. 사람[일반 소비자]들이 [농민]시장을 매주 찾지는 않습니다. 하지만 그들[일반 소비자들]과는 달리 CSA 회원들은 매주 장을 보고 지불을 하는 셈입니다. 그렇기 때문에 [CSA 회원들이 배당받는 먹거리의] 값어치는 도매가와 시장 직판가의 중간 수준에서 정합니다.

CSA 회원들이 애초에 부가적인 경제적 혜택을 기대하고 참여한 것은 아니겠지만 이런 식의 배려가 생산자농민과 회원소비자 간의 신뢰를 더 공고히 하는 효과를 낳으리라는 점은 쉽게 짐작할 수 있다. 또 이런 상호 배려가 농민과 회원 간의 결속력을 강화하고 긴밀한 상호작용을 촉진하리라는 것도 얼마든지 예상할 수 있는 일이다.

CSA에 내포된 강한 사회적 배태성은 유기농 공식 인증을 둘러싼 문제에서도 확인할 수 있었다. 농민들은 공식적인 유기농 인증이 CSA에서는 별로 중요하지 않지만 농민시장의 경우에는 도움이 된다고 얘기했다(사례 6-2, 사례 6-3, 사례 6-4). 즉, CSA에서는 농민과 그의 친환경적 영농에 대한 회원들의 깊은 신뢰가 있기 때문에 공식적 인증이 거래의 관건이 되지 않지만, 일반 소비자를 상대로 하는 농민시장에서는 그렇지 않을 수 있다는 것이다. CSA에서와는 달리 농민시장에서는 농민과 소비자가 서로 잘 모를 수 있기 때문이다.[13]

  그러면, 지역공동체 형성의 측면에서 농민시장과 CSA를 비교하면, 어떤 특징들을 볼 수 있을까? 선행연구들에 의하면(Szmigin, Maddock and Carrigan, 2003; Lyson, 2004, 2007; Dollahite, Nelson, Frongillo, and Griffin, 2005; 김원동, 2011, 2012), 농민시장은 지역먹거리를 중심축으로 지역공동체를 형성하고 유지하는 가교 역할을 해왔다. 지역농민이 지역소비자의 건강과 환경 등을 고려한 친환경 먹거리를 생산해서 농민시장에 내놓고, 농민시장을 찾는 소비자가 농민과 생산물을 믿고 구입하는 일련의 과정에서 공동체의식의 회복과 강화가 이루어지기 때문이다. 이번 조사 과정에서 만난 한 농민(사례 6-11)도 농민시장이 CSA와 함께 지역구성원들의 환경의식 제고와 통합에 기여한다는 점을 강조했다. 하지만 이런 유사성 속에서도 놓치지 말아야 할 것은 농민시장보다 CSA가 지역공동체의 형성 및 유지 기능의 측면에서 상대적으로 더 강력하다는 점이다. CSA 프로그램의 특성상 농민과 소비자 간 관계의 빈도와 밀도가 농민시장에서의 그것보다 더 잦고 높을 수밖에 없기 때문이다. 즉, 농민시장과는 달리, CSA의 경우에는 회비 선납 같은 구성원의 헌신적 관여와 먹거리의 주기적인 전달 방식으로 인해 농민과 회원 간의 정기적인 접촉 기회가 먹거리의 생산 및 공급 과정에 제도화되어 있다는 것이다. 필자가 CSA가 먹거리를 매개로 한 소규모 공동체 형성의 강력한 기반이자 지역공동체로 점차 확산될 수 있는 잠재력을 내포하고 있다고 보는 것은 이런 점 때문이다. 필자와 면접했던 한 농민(사례 6-3)은 회원들에게 즐길 수 있는 먹거리를 제공하는 것뿐만 아니라 그들이 함께 만나 연결될 수 있는 계기를 마련해준다는 점이 자신에게 가장 큰 만족감을 준다고 했다. 심지어 어떤 CSA 운영 농민은 회원들과의 친밀한 공동체적 관계를 유지하기 위해 농가소득 증대의 이익을 자제하면서까지 회원 규모의 적정선을 지키려 애쓴다고도 했다(김원동, 2014b: 229-230).

요컨대, 농민시장과 CSA는 먹거리 생산자와 소비자 간의 직접적인 접촉과 유대를 토대로 지역공동체의 형성과 유지에 기여해왔다. 그런 가운데서도 양자를 비교해보면, CSA가 농민시장보다 공동체 형성의 측면에서 상대적으로 더 강력한 기능을 수행해왔다고 볼 수 있다. 그것은 농민시장보다 CSA에 사회적 배태성의 요소가 구조적으로 더 뚜렷이 각인되어 있기 때문이다.

공간적 배태성

공간적 배태성은 생산지와 소비지 간의 먹거리 유통거리의 대폭적인 단축에 의해 신선한 먹거리를 얻고 싶어하는 소비자의 구매 동기와 직결되어 있다(Feagan and Morris, 2009). 즉, 자기 지역의 생산자와 직거래하여 거래 직전에 수확한 신선도 높은 먹거리를 구하려는 소비자들의 동기가 공간적 배태성을 낳는 것이다. 필자는 이 맥락에서 신선한 먹거리 그 자체가 아니라 자기 지역의 생산자와 연계된 신선한 먹거리라는 점에 유의해야 함을 강조하고자 한다. 피건과 모리스의 공간적 배태성 개념에는 이 점이 명쾌하게 구분되어 있지 않다. 필자가 강조하려는 것은 소비자가 '자기 지역'에 부여하는 의미와 특정한 장소다. 그러나 피건과 모리스의 개념에는 여기에 신선한 먹거리 자체에 초점을 둔 서술이 뒤섞여 있다. 이 두 가지 의미가 개념적으로 먼저 구별되지 않으면 앞서 언급한 도구적 동기와 공간적 배태성 간에 혼란이 생길 수 있다.

필자는 앞서 소비자의 동기가 지역의 정체성보다는 먹거리의 신선도로 상징되는 양질의 먹거리 자체에 있을 때, 이를 도구적 동기로서 시장성으로 규정하고자 했다. 필자는 신선한 먹거리라는 측면보다 자기 지역에서 생산된 것이라는 점에 방점을 둘 때 이를 공간적 배태성으로 정리하려 한다. 도구적 동기와 공간적 배태성을 이런 관점에서 구분지어 규정해야 비로소 둘 다 분석적 개념으로서 고유성을 가질 수 있다고 보기 때문이다.

한편, 공간적 배태성은 소비자가 지역먹거리를 구매함으로써 지역 농민과 지역경제를 후원하려는 욕구와도 연결되어 있다(Feagan and Morris, 2009: 237; 사례 6-4, 사례 6-6). 그러한 소비자 동기를 적극적으로 매개할 수 있는 주요 공간이자 제도가 바로 농민시장과 CSA이기 때문에 이에 참여하는 소비자의 행위는 결국 공간적 배태성을 함축하게 된다.

그런가 하면, 농민의 입장에서도 공간적 배태성은 중요하다. 왜냐하면 그들의 생산물은 소비자를 직접 대면하는 바로 그 지역에서 생산해 공급하는 것이어야 하기 때문이다. 다시 말해, 농민이 소비자에게 자신의 생산물이 갖는 신선도와 가치를 정당화할 수 있는 토대는 소비자와 함께 살아가는 지역에서 생산해 제때 공급한다는 점에 있다는 것이다. 그렇다면, 농민시장과 CSA는 공간적 배태성의 측면에서 어떤 공통점과 차이점을 갖고 있을까?

사진 6-4 필자가 방문한 한 원예농가의 모습

먼저, 지역에서 생산한 신선한 먹거리라는 측면에서 농민시장과 CSA를 비교하면, 일반적으로 어느 한쪽의 우위를 얘기하기 어렵다고 봐야 할 듯하다. 어느 경우든 생산자농민이 자신의 농장에서 생산한 것을 수확해서 곧바로 소비자에게 공급하기 때문이다. 이런 판단의 근거는 농민시장과 CSA 소비자의 반응, 생산자농민의 진술, 농민시장과 CSA의 운영 실태 등에서 구할 수 있다. 선행연구들에 의하면(예컨대, Connell, Smithers & Joseph, 2008; USDA, 2015g; 김원동, 2008, 2011, 2014b), 농민시장과 CSA의 생산자는 너 나 할 것 없이 지역에서 재배한 신선한 먹거리를 소비자들에게 직접 제공하고, 소비자들도 그 점을 농민시장과 CSA 참여의 주요 동기 중 하나로 들고 있다. 특히, 미국의 농민시장과 CSA에서 공급하는 과일이나 채소는 지역에서 생산된 신선한 제철 먹거리의 대표적인 품목인 동시에 관계자 모두가 느끼는 자부심(김종덕, 2004a, 2004b)의 원천이라고 할 수 있을 정도다.

　그럼에도 불구하고 소비자의 입장에서 보면, 농민시장의 먹거리는 생산 과정이나 방법 등에 있어 CSA보다 가시성이 낮아 신선도에 대한 확신이 CSA의 경우보다 상대적으로 낮을 수 있다. 하지만 농민시장의 내규나 소비자의 반응을 점검해보면, 이 점은 그렇게 우려할 상황은 아닌 듯하다. 이를테면, 농민시장은 자체 내규로 지역에서 생산한 것만을 시장에서 팔 수 있도록 규정[14]하고 있고, 또 그런 규정이 없는 경우에도 소비자들은 농민시장에서 판매되는 먹거리를 매우 신뢰하기 때문이다. 농민시장과 CSA의 운영 현실도 양자에 의해 제공되는 먹거리가 유사한 수준의 신선도를 내포하고 있음을 짐작할 수 있게 해준다. 상당수의 농민이 농민시장과 CSA에 동시에 참여하고 있기 때문이다. 이런 사실은 이번 조사에서도 드러났다. 이런 경우에 농민들은 시장 판매용이든 회원 배달용이든 관계없이 모두 동일한 방법으로 생산한 것을 제공하기 때문에 먹거리의 신선도에 있어 차이가 있을 수 없다는 것이다. 또 농민시장은 CSA 회원용 배달 장소를 겸하는 경우가 많기 때문에[15] 이런 점도 농민시장과 CSA 제공 먹거리의 질적 동질성을 뒷받침하는 현실적 근거가 될 수 있다.

　그러면, 지역농민과 지역경제에 대한 후원의 관점에서는 농민시장과 CSA를 어떻게 이해할 수 있을까? 벡Beck과 바우만Bauman의 이론적 통찰에 근거해 농민시장이 개인주의화로 인한 공동체 상실과 위기의 시대에 어떤 의미를 가질 수 있을지를 살펴본 라이스의 연구(Rice, 2015)는 이런 맥락에서 시사하는 바가 적지 않다. 그녀는 벡과 바우만의 이론에 기초해 소비자의 농민시장 참여가 지역농민과 지역경제를 후원함으로써 지역공동체에 소속감을 가지면서 지구적 차원의 산업적 먹거리 생산 방식에서 파생되는 먹거리 불안과 환경파괴의 위험에 대처하는 전략이 될 수 있다고 주장한다. 또 그녀는 농민시장에서의 소비가 그런 맥락에서 자유시장 자본주의free market capitalism에 대한 하나의 지속가능한 경제적 대안도 될 수 있다고 본다. 요컨대, 라이스의 주장은 농민시장에서의 소비를 통한 지역농민과 지역경제에 대한 후원이 지구적 먹거리체계에 따른 각종 위험에 대응하는 전략인 동시에 시장자본주의의 대안이라는 의미까지 가질 수 있다는 것이다. 이론적 배경과 논지 전개는 다르지만 힌리히스가 CSA에 걸었던 기대를 라이스는 농민시장에서 찾고 있는 셈이다.

라이스처럼 농민시장의 잠재력을 높이 평가한다고 하더라도, 지역 농민에 대한 소비자 후원의 측면에서는 농민시장에 비해 CSA에 공간적 배태성이 더 강하게 내포되어 있다고 봐야 할 듯하다. CSA에도 농민시장의 소비자들 이상으로 자기 지역의 농민들에 대한 회원들의 강렬한 후원 욕구가 있다(Brehm and Eisenhauer, 2008; Schnell, 2013)고 주장할 수 있겠지만, 그 주된 근거는 역시 CSA 회원의 회비 선납에서 찾을 수 있다. 농민시장의 경우에는 농민이 영농 경비를 먼저 투입해서 먹거리를 생산하고 그것을 시장에서 팔 때 비로소 자금이 회수되는 것이지만, CSA는 그와 정반대로 운영된다는 점에서 농민시장의 소비자들보다 농민을 더욱 적극적으로 지원하는 방식이 된다는 것이다 (사례 6-6). 이 같은 회원들의 헌신으로 인해 CSA를 운영할 때에는 농민시장을 대상으로 할 때보다 생산량의 낭비가 거의 없을 정도로 훨씬 더 쉽게 생산 계획을 짤 수 있다. 농민의 관점에서 보면 이런 측면에서 CSA가 농민시장보다 훨씬 더 효율적이다(사례 6-4). 즉, CSA 회원은 자기 지역의 농민에 대한 전적인 믿음을 바탕으로 회비 선납의 형식으로 영농 자금을 조달해주고 농민의 합리적 생산 계획을 가능하게 해준다는 점에서 농민시장의 소비자보다 지역농민을 그만큼 더 분명하게 후원하는 셈이다.

요컨대, 농민시장과 CSA는 소비자에게 지역에서 생산한 신선한 먹거리를 제공한다는 점에서는 거의 유사한 정도의 공간적 배태성을 갖지만, 지역농민이나 지역경제에 대한 후원의 측면에서는 농민시장보다 CSA가 상대적으로 더 강한 공간적 배태성을 내포한다는 차이점이 있다.

자연적 배태성

피건과 모리스에 의하면(Feagan and Morris, 2009: 236-237), 자연적 배태성은 환경파괴적인 산업적 먹거리 생산 방식과는 대조적으로 유기농법처럼 친환경적 농법에 의해 생산된 먹거리를 구입하려는 소비자의 동기와 연계되어 있다. 이들은 또한 지구온난화, 푸드마일food miles, 유전자변형식품이나 식품사고로 인한 먹거리 불안감, 패스트푸드, 식품 원산지 표시제 또는 친환경 먹거리 표시제 등에 관한 기존의 논의들이 모두 자연적 배태성의 영역과 연관된 것들이라고 규정한다.

그러면, 농민과 자연적 배태성 간의 관계는 어떻게 이해해야 할까? 농민시장과 CSA의 운영 취지를 고려할 때, 생산자농민이 자연적 배태성을 의식하는 것도 자연스러운 일이라고 봐야 할 듯하다. 어떤 농민이든 농민시장이나 CSA를 통해 소비자에게 안전한 양질의 먹거리를 제공하려면, 당연히 친환경적 농법에 따른 재배를 생각할 것이기 때문이다. 이는 지속가능한 농업을 위한 토질 및 환경 보호 차원에서도 필요하다. 이를테면, 유기농업이 생산물 내의 잔류 농약, 토양침식, 수질오염, 야생서식지 파괴 같은 문제들의 발생(Youngberg and DeMuth, 2013: 296)을 막을 수 있기 때문이다. 그렇다면, 농민시장과 CSA를 둘러싼 농민의 생산 방식과 소비자의 구매 행위에서 자연적 배태성은 실제로 어떤 모습으로 투영되고 있을까?

　CSA 농민의 영농 방식의 실태를 짚어보면, 대부분의 농민이 유기농법과 같은 친환경 농법을 사용해 농사를 짓고 있음을 알 수 있다. 미국의 CSA 농가에 대한 1999년 전국 조사에 의하면, 농가의 94퍼센트 이상이, 그리고 2001년 전국 조사에서는 농가의 96퍼센트 이상이 유기농법을 비롯한 친환경 농법에 의해 농작물을 생산한다고 응답했다(Lass, Stevenson, Hendrickson and Ruhf, 2003; Lass, Bevis, Stevenson, Hendrickson and Ruhf, 2003; 김원동, 2014b: 237). 또 미국 매사추세츠주의 CSA 운영 농민에 대한 2014년 조사에서는 모든 농민이 유기농업을 하고 있는 것으로 나타났다(Paul, 2015). 농민시장의 경우에는 위의 조사들과 유사한 내용을 담은 실태조사 결과가 없어 현재로서는 양자를 이런 측면에서 일관성 있게 비교하기 어렵다. 하지만 필자가 이번 조사 과정에서 면접했던 농민들의 경우를 보면 농민시장에 참여하는 농민들도 영농법이 확인되지 않은 1명을 제외하고는 모두 친환경 농업을 하고 있는 것으로 나타났다(사례 6-1, 사례 6-2, 사례 6-3, 사례 6-4, 사례 6-6, 사례 6-7, 사례 6-8, 사례 6-11).

　농민시장과 CSA가 친환경 농업과 갖는 관계를 자연적 배태성의 맥락에서 이해하려 할 때, 필자는 '유기농organic'과 '지역산local' 간의 관계를 짚어보는 것이 중요하다고 본다. 아쉽게도 피건과 모리스의 개념적·경험적 분석에서도 이 문제는 구체적으로 검토되지 않았다. 이 문

사진 6-5 농장 비닐하우스 안의 모판

제를 다룰 때 먼저 파악해야 할 것은 미국의 농민시장이나 CSA 참여 농민 중 상당수가 유기농업을 하고 있고, 유기농 인증제도의 장점을 부분적으로 인정하면서도 공식적인 인증을 받지 않는 이유[16]다. 그 주된 이유는 유기농 인증을 받거나 유지하는 데 드는 경제적 비용, 인 증 절차와 유지에 투입되는 시간, 인증비용의 벌충을 위한 생산물 가 격의 인상, 인증에 필요한 번잡한 서류 작업 등에 대한 부담감에 있다 (사례 6-2, 사례 6-4, 사례 6-5, 사례 6-7; Paul, 2015; 김원동, 2014b). 그렇다 면, 농민의 입장에서 공식적인 인증 여부와 무관하게 자연적 배태성 의 측면에서 더 중시하는 또 다른 요소는 없을까?

필자는 '지역산'에 관한 인식이 바로 그것이라고 본다. 물론 지역산 이라는 특징은 앞서 살펴본 공간적 배태성과 현실적으로 중첩되는 부 분이 있다. 둘 다 특정한 '장소place'로서의 '지역local'이라는 의미를 공 유하기 때문이다. 하지만 이와 동시에 공간적 배태성에서의 지역이 물리적 장소로서의 의미를 강하게 내포한다면, 자연적 배태성에서의 지역은 지역성을 영농 방식에서 연유하는 먹거리의 영양학적 측면과 연결하는 데 비중을 둔 것이라고 할 수 있다. 이런 점에서 자연적 배태성과 공간적 배태성에서 부각시키고자 하는 지역의 의미는 다소 차이가 있다. 대형 매장에서 판매하는 유기농산물과 농민시장의 유기농산물이 어떻게 다르다고 보느냐고 묻자 한 농민(사례 6-11)은 다음과 같이 응답했다.

> 저는 소규모의 지역산이 유기농보다 더 중요하다고 생각합니다. 여전히 매우 지속 불가능한 방법으로 유기농업을 하는 대규모의 유기농 농장들이 많기 때문입니다. 그런 농장들이 농약을 사용하지는 않겠지만, 소규모 농장들이 하는 것처럼 세심하게 주의를 기울여 재배하지는 않을 겁니다. [지역산과 유기농] 둘 다 중요하지만 제 생각에는 지역산이 유기농보다 훨씬 더 중요합니다.

이 농민의 주장은 여러 측면에서 설득력이 있으며, 생각을 이어갈 실마리를 제공한다. 미국 유기농운동과 지역먹거리운동의 발달 과정에 비추어보면, 실제로 자연적 배태성의 관점에서 유기농 자체를 지역 먹거리보다 우선시하기 어려운 점들이 발견된다. 이를테면, 정부의 공식적인 유기농 인증제도 도입, 농장의 합병과 규모 확대, 영농 작업의 기계화 등에 따라 생산자와 소비자 간의 친밀한 관계가 중시되던 초기의 유기농업 대신 점차 기업농 주도의 대규모 단작 방식에 의한 유기농 생산, 전국적 유통 및 판매 형태가 중심으로 부상했기 때문이다 (Youngberg and DeMuth, 2013).[17] 따라서 대규모 매장의 유기농 식품과 농민시장 및 CSA에서 제공되는 유기농 식품은 유기농이라는 공통점에도 불구하고 생산 과정과 유통 및 소비 과정에서의 상이함으로 인한 질적 차이가 있을 수 있다. 정확히 비교하기는 어렵겠지만 먹거리 재배에 들어가는 생산자의 정성이나 소비자에게 전달되기까지의 기간 등에 있어 분명히 차이가 있을 수 있기 때문이다. 이런 관점에서 농민시장이나 CSA에서 제공되는 유기농이 대규모 매장의 유기농보다 먹거리의 자연적 영양 상태와 지속가능성의 측면에서 질적으로 우수하다고 봐도 크게 무리는 없을 것이다. 농민시장이나 CSA 참여 농민들 중에 공식적인 유기농 인증을 받지 않은 채 유기농법에 따라 농사를 짓는 경우가 많은 것도 이와 무관해 보이지 않는다. 즉, 그것은 초기 유기농가의 경우처럼, 여전히 지속가능한 영농 방식에 토대를 둔 지역산에 대한 소비자의 인정과 신뢰가 있기 때문에 가능할 수 있다는 것이다(Youngberg and DeMuth, 2013). 왜냐하면 그런 신뢰에 기초한 수요가 없다면, 그와 같은 방식의 고수가 농가의 생존에 큰 위협이 될 수 있기 때문이다.

결국, 농민시장과 CSA 참여 농민의 초점은 공식적인 유기농 인증 여부보다는 스스로 설정한 친환경적 영농법에 따라 직접 생산한 지역산 농산물을 자기 지역의 소비자들에게 곧바로 제공한다는 점에 맞추어져 있는 셈이다. 이때 말하는 지역산 개념에는 유기농법을 포함한 광의의 친환경적 영농법에 따라 지역농민에 의해 정성껏 재배된 양질의 농산물이라는 함의가 전제되어 있음은 물론이다. 이와 같이 농민시장과 CSA 참여 농민이 기본적으로 지역 주민들에게 공급할 친환경 농산물의 생산에 주력한다는 점에서 농민시장과 CSA에는 유사한 수준의 자연적 배태성이 내포되어 있다고 볼 수 있다.

농민시장과 CSA의 활성화 방안 탐색

앞서 점검한 바와 같이, 농민시장과 CSA는 시장성을 공통된 기반으로 삼으면서도 배태성의 여러 측면에서 공통점과 차이점을 보이고 있다. 배태성에 관한 논의는 농민시장과 CSA가 시장성에 토대를 둘 수밖에 없지만 통상적인 시장처럼 생산자의 이윤이나 소비자의 경제적 이익 자체에 매몰된 거래의 장은 결코 아님을 강조한다. 이를테면, 농민시장과 CSA는 저소득층과 소수집단을 비롯한 지역의 모든 구성원에게 최대한 양질의 지역먹거리에 접근할 수 있는 기회를 제공하면서 지역경제를 살리고 지역공동체를 회복하려는 운동의 성격을 갖는다. 이런 점에서 농민시장과 CSA의 활성화 방안을 찾는 것은 생산자, 소비자, 지역사회 모두를 위해 매우 중요한 작업이 아닐 수 없다. 여기서는 지금까지 살펴본 농민시장과 CSA의 특징들을 고려하면서 그 활성화 방안을 모색해보려 한다. 특히, 농민, 소비자, 지역사회, 정부 간의 상호관계 속에서 이 문제의 구체적인 방향과 방안을 도출해 볼 것이다.

필자의 이번 면접조사에 의하면, 농민들은 지역소비자들의 인식전환을 통한 농민시장과 CSA의 활성화에 기대감을 보였다. 정부 지원에 대해서는 기대하지 않는 이들도 있었다. 심지어 한 농민은 자신이 CSA를 좋아하는 이유가 정부의 영향을 많이 받지 않는다는 점에 있다고 말하기도 했다(사례 6-2). 이 농민은 정부의 CSA 프로그램을 통해 도움을 받겠다는 생각을 해본 적도 없다면서, 거대한 제도보다는 CSA와 같은 것을 자신의 일상적 삶의 일부로 삼는 사람들이 늘어나도록 하는 게 중요하다고 했다. 한 농민은 앞서 농민과 유사한 의견을 좀 더 구체적으로 제시해주었다(사례 6-4). 그는 먼저 지역먹거리의 중요성을 의식하는 사람들이 늘어나고 있지만 현실적으로는 지역 소비자들도 대부분 생산지가 어디든 관계없이 값싼 먹거리를 찾는다고 지적했다. 그로 인해 지역에서도 세계 먹거리시장과 경쟁해야 하기 때문에 지역농민의 현실은 너무나 어렵다는 것이다. 따라서 그는 소비자들의 의식이 고양되어 지역농민과 지역경제에 대한 후원의 중요성을 올바로 인식하는 사람들이 모든 계층에서 확대되는 게 급선무라고 강조했다. 그는 농민시장과 CSA의 미래도 여기에 달려 있다고 했다.

그러면서 이 농민은 농민시장과 CSA에 대한 정부의 지원 방안이 매우 섬세해야 함을 강조했다(사례 6-4). 1970년대에 유기농운동에 앞장섰던 자신의 경험에 비추어볼 때, 여기에도 정부 자금이 투입되고 인기를 끌게 되면 기업농들이 뛰어들어 지금의 소농들을 몰아내는 결과를 빚을 수 있다고 우려했다. 그 결과, 지역농민과는 무관한 일종의 CSA 아류들이 그 자리를 차고앉아 의식이 없는 소비자들을 상대로 장사를 하는 상황이 전개될 수도 있다는 것이었다.[18]

그렇다면, 농민시장과 CSA에 대한 정부의 재정지원 정책이 필요하다는 다소 원론적인 주장(Guthman, Morris, and Allen, 2006)과 그런 농민들의 우려를 하나로 엮어갈 수 있는 접점은 어디에서 찾을 수 있을까?

먼저, 구스먼과 모리스 등이 제안했던 식품보조금 EBT 시스템의 개선 방안을 살펴보면 그동안 상당한 성과가 있었던 것으로 보인다. 이 시스템은 연방정부의 지원으로 이미 2004년 6월 이후 미국의 50개 주 전역에서 사용되고 있으며(USDA, 2015d), 농민시장을 다니다 보면 실제로 어디서나 쉽게 볼 수 있기 때문이다. 그러면, 이런 상황 변화가 식품보조금 프로그램 수혜자들의 농민시장 참여에 어떤 영향을 미쳤을까? 미국 농무부는 저소득층의 시장 이용 기회 증가로 농민시장의 소비자 기반이 확대되었다고 주장한다. 말하자면, 정부의 시스템 구축 지원 사업에 힘입어 식품보조금 프로그램을 받아들이는 농민시장이 많아져서 소비자와 농민 모두에게 도움을 주는 이중의 효과를 거두고 있다는 것이다(USDA, 2015f; 2015g).

하지만 식품보조금 프로그램 수혜자들의 먹거리 구매행태에 관한 조사 결과에 의하면, 그 효과는 아직 그리 크지 않아 보인다. 왜냐하면 농민시장의 이용 여부와 관계없이 전체적으로 식품보조금 프로그램 수혜자의 97퍼센트가 가장 빈번하게 장을 보는 장소로 대형 잡화점이나 슈퍼마켓을 들었기 때문이다. 즉, 대다수의 식품보조금 프로그램 수혜자들은 식품보조금 EBT 카드가 통용되는 주거지 인근의 가게에서 저렴한 과일과 채소를 구입한다는 것이다(USDA, 2014b; 2015c: 27-30). 이는 결국 앞서의 주장과는 달리 그런 기반 구축이 기대만큼의 정책적 효과를 거두지 못하고 있음을 의미한다.

그러면, 이런 상황을 어떻게 헤쳐갈 수 있을까? 다행히 앞서의 조사에서 발견된 또 다른 결과들에서 단서를 얻을 수 있다. 먼저 그 내용을 살펴보면 다음과 같다(USDA, 2014b; 2015c). 농민시장에서 구매를 해본 식품보조금 프로그램 수혜자의 상당수는 농민시장의 과일과 채소가 다른 가게들에서 판매되는 것보다 더 신선하다고 인식하고 있었고, 농민시장을 찾는 이유도 그런 점에 있다고 답했다. 하지만 식품보조금 프로그램 수혜자 중의 42퍼센트는 농민시장을 이용하면서도 선호하는 정도만큼 자주 찾지 않는 이유로 동네 슈퍼마켓이나 잡화점이 자신들이 필요로 하는 모든 부류의 식료품을 사기에 더 편리하기 때문이라고 응답했다. 농민시장을 이용하지 않는 식품보조금 프로그램 수혜자 중에는 73퍼센트가 이 이유를 지목할 정도로 '편의성'이 구매 장소의 선택에 미치는 영향이 큰 것으로 나타났다. 또 농민시장을 이용하지 않는 식품보조금 프로그램 수혜자의 33퍼센트는 그 이유로 가격이 너무 비싸다는 점을 들었다. 한편, 일부 농민시장에서 식품보조금 프로그램 수혜자들을 대상으로 실시하고 있는 금전적 우대조치 financial incentives를 아는 사람들은 그렇지 않은 사람들보다 농민시장에서 훨씬 더 자주 구매를 하는 것으로 드러났다. 이에 비해 농민시장을 이용하지 않는 이들 중에는 그런 우대조치에 관해 아는 사람이 거의 없었고, 그런 사실을 알았더라면 농민시장을 자주 찾았을 것이라고 응답한 사람이 거의 절반에 달했다.

이 같은 발견들은 농민시장과 정부 차원에서 해야 할 노력의 방향과 방법을 동시에 시사해준다. 그 기본 방향이 보다 많은 식품보조금 프로그램 수혜자가 농민시장에서 구매할 수 있도록 유도하는 것이어야 함은 물론이다.[19] 농민시장에서의 금전적 우대조치가 구매 행위를 자극하는 결정적인 변수로 확인된 만큼, 우선 이런 조치가 더 많은 농민시장에서 더욱 적극적인 형태로 시행되도록 해야 할 것이다.[20] 이는 먹거리의 품질을 인정하면서도 가격 문제로 농민시장의 이용을 꺼리는 이들을 적극적으로 유도하는 방법이 된다는 점에서도 주력해야 할 과제다. 또 식품보조금 프로그램 수혜자들이 다양한 식료품을 한꺼번에 구입하지 못하는 것 때문에 농민시장 이용을 꺼린다면, 그런 불편함을 덜어줄 수 있도록 농민시장 주변의 상권 정보를 이들에게 잘 알려주는 방식으로 대응하는 것도 필요하다. 지향해야 할 방향이 이러하다면, 그다음 초점은 이런 일들을 누가, 어떤 식으로 수행해야 할 것인가에 맞추어져야 할 것이다.

당연히 농민시장 차원에서의 자구책이 토대가 되어야 한다. 이를테면, 농민시장들 중 금전적 우대조치를 시행하지 않는 곳들은 소규모의 형태로라도 시작할 필요가 있고, 이미 실시하고 있는 농민시장들은 재정이 허락하는 한 이를 좀 더 강화해야 할 것이다. 농민시장이 기금 마련을 위해 지역 주민들의 기부를 받는 행사를 추진하거나 연합기구를 통해 기금 조성을 하는 것도 방법이 될 수 있다. 연방정부나 주정부의 협력도 필요해 보인다. 예컨대, 농민시장의 규모, 농민시장의 우대조치 시행 여부 같은 합리적 지표를 기준으로 일정한 한도 내에서 대응기금matching fund 형식으로 금전적 우대조치를 후원하는 정책을 생각해볼 수 있다. 정부가 관심만 갖는다면, 식품보조금 프로그램 수혜자들의 구매 편의성 제고를 위한 정보 제공 차원에서도 농민시장에 도움을 줄 방법은 얼마든지 있다. 가령, 홍보업체에 대한 지원을 통해 농민시장과 그 주변 상권의 홍보를 전담하게 하는 방법이 그것이다. 농민시장과 주변 상권을 하나로 묶어 지역사회에 효과적으로 홍보할 수 있다면, 저소득층뿐만 아니라 광범위한 신규 소비자도 창출할 수 있을 것이므로, 도심경제 전반의 활성화 효과까지 기대할 수 있다. 전문성이나 재정적 여건이 취약한 농민시장 자체의 노력만으로는 이런 홍보 효과를 기대하기 어렵기 때문에, 이 문제에 대한 정부의 정책적 관심은 그만큼 더 중요해 보인다.[21]

CSA의 경우에도, 농가가 먼저 이의 활성화를 위해 방향을 잡고 노력해야 할 것들이 있다. 식품보조금 프로그램 수혜자들이 CSA에 가입할 수 있도록 유도하고, 이제는 거의 사라져버린 CSA 작업구좌를 되살리려 노력하는 것(김원동, 2014b: 242-243)이 그것이다. 이 중 특히 후자는 농민의 의식적인 노력이 요구되는 일이라고 볼 수 있다. 경제적 관점에서 보면 비효율적일 수 있는 회원 노동력을 수용하는 용단을 내려야 하는 일이기 때문이다. 이들에게 일정한 기술이나 숙련이 요구되는 일 대신 CSA 꾸러미 만드는 작업이나 배달 같은 간단한 일을 맡긴다면, 이 과정에서의 농민 부담은 어느 정도 경감될 수 있을 듯하다. 또 이런 노력이 농민들에게 더 큰 보람을 느끼게 하는 일이기도 하다는 점에 주목할 필요가 있다. 그것이 계층적 지위와 관계없이 주변의 모든 이웃에게 양질의 지역먹거리를 공급하고 싶어하는 자신들의 이상(예컨대, 사례 6-1, 사례 6-3, 사례 6-4, 사례 6-6; 김원동, 2014b)을 나름대로 실현하는 방법이기 때문이다. 한편, 식품보조금 프로그램 수혜자 유치 노력은 해당 프로그램의 적용 범위 확대에 따른 새로운 자금을 농가로 흡수할 수 있는 기회라는 점에서 농가에도 유익하다. 이들의 신규 회원 진입에 따른 소비자층의 확대는 작업구좌의 도입에 따른 경제적 손실을 어느 정도 상쇄하는 부수적 효과도 거둘 수 있을 것으로 보인다. 식품보조금 프로그램 수혜자들의 CSA에 대한 관심과 참여도 중요함은 물론이다.

이와 함께 정부 정책의 보완도 시급하다. 이를테면, 정부는 식품보조금 프로그램 수혜자들이 CSA에 참여할 수 있는 길[22]을 터주는 데서 그칠 것이 아니라 CSA 농가의 영세성을 고려해 노동력 제공 회원의 확보 비율에 따라 일정한 상한선 내에서 농장 운영 보조금을 지급하는 방안[23]을 추가로 고려할 필요가 있다(김원동, 2014b: 245). 물론 이런 예산 투입 과정에서는 앞서 살펴본 농민의 얘기처럼, CSA의 이념과는 거리가 먼 기업농의 진입과 그에 따른 폐해를 차단하는 세부 방안도 치밀하게 마련해야 할 것이다.

농민시장과 CSA의 활성화를 위해 반드시 점검해야 할 또 한 가지 영역은 소비자교육이다. 농민시장 중에는 자신의 형편에 맞게 자체적으로 조리 시연회, 먹거리 부문의 유명인사 초청 강연회, 토론회, 건강한 조리법 배포, 식생활교육 등을 통해 소비자를 대상으로 지역먹거리의 중요성이나 농민시장의 의미를 교육하고 홍보하는 곳이 적지 않다(김원동, 2014a; USDA, 2015f, 2015g). 이 같은 방법은 의미가 있고 앞으로도 계속되어야겠지만 그 한계가 분명함을 부인하기 어렵다. 농민시장이나 CSA에 참여하는 농가들은 대체로 영세하기 때문에 이들이 별도의 시간을 내 자체적으로 소비자교육을 감당하는 것이 현실적으로는 매우 어렵기 때문이다. 또 소비자나 CSA 회원들에게 국내외의 농업 동향이나 지역먹거리체계, 정부 정책 등에 관해 좀 더 전문적인 교육을 한다는 것은 더욱 어렵다. 특히, 지역사회의 구성원들이 값싼 먹거리 대신 양질의 지역산 먹거리를 정당한 대가를 지불하고 구입할 정도의 '음식시민'(김종덕, 2012)이 되게 탈바꿈시키는 일은 결코 쉬운 작업이 아니다. 자기 가족의 건강뿐만 아니라 지역경제, 지역농민, 지역공동체 등을 염두에 두고 농민시장이나 CSA에 참여해서 지역먹거리를 구매할 수준으로까지 이들의 의식을 바꾸어놓아야 하기 때문이다. 이런 맥락에서 지역시민단체나 언론기관이 소비자교육 기능을 적극적으로 수행하거나 지원하게 하는 방안[24]을 진지하게 모색할 필요가 있다. 이런 기관들이 농민과의 공조 방식[25]으로 그런 기능을 수행하는 방안도 검토해볼 만하다.

요컨대, 농민시장의 식품보조금 프로그램 수혜자 우대조치, CSA 농가의 식품보조금 프로그램 수혜자 유치 노력과 작업구좌 도입, 식품보조금 프로그램 수혜자들의 CSA에 대한 관심, 농민시장과 CSA 농가에 대한 정부의 보조금지원 정책, 정부의 농민시장 및 CSA 활성화를 위한 자원봉사자 모집·모금·홍보지원 정책, 지역시민단체와 언론기관의 소비자교육 등의 측면에서 생산자농민, 소비자, 정부, 지역시민사회가 구체적인 행동을 취하고 협력하는 것이 중요하다. 소비자 직거래 시장과의 결합에 의한 저소득층의 양질의 먹거리 접근 기회 확대라는 미국 정부의 목표도 그럴 때 비로소 현실성을 지닐 수 있을 것이다. 농민시장과 CSA를 활성화함으로써 양자의 시장성 기반을 강화하고 그에 내재해 있는 비경제적 가치들을 실현할 수 있는 개연성은 그와 같은 다양한 행위 주체의 다각적인 노력과 공조에 달려 있다고 해도 과언이 아닐 것이다.

맺음말

시장성과 배태성의 개념에 비추어볼 때, 6장에서는 농민시장과 CSA를 각각의 양극단에 위치하는 상반된 직거래 유형으로 볼 수 없음을 지적하고자 했다. 미국의 농민시장과 CSA가 둘 다 강력한 시장성의 토대 위에서 운영되고 있는 것이 현실임을 부인할 수 없기 때문이다. 농민시장과 CSA 농가의 증가에 따른 경쟁의 심화, 장시간 노동, 다양한 판로의 병행, 여러 농민시장에의 참여, CSA 작업구좌의 실종, 비수기의 농외 직업 활동 종사, 저소득층 구성원 흡수의 한계 등과 같은 외적 징후들이 이런 현실을 웅변해준다. 이런 점에서 시장성은 농민시장과 CSA 간의 차별성이 아니라 공통점을 보여주는 특징적 지표라고 할 수 있다. 이는 미국 농민시장과 CSA 간의 차별성에 대한 힌리히스의 분석과는 상치되는 발견이다.

농민시장과 CSA의 공통된 특징이 시장성에 있다면, 양자는 일반적인 상품 시장과 어떻게 구별되는가? 농민시장과 CSA의 또 다른 공통점은 무엇인가? 농민시장과 CSA에는 어떤 차이점이 있는가? 이 같은 의문들을 풀어가는 데 요긴한 분석적 개념은 무엇인가? 힌리히스를 비롯해 그와 유사한 문제의식으로 농민시장이나 CSA를 분석해온 선행연구자들의 배태성 개념에 다시 눈길이 가는 것은 바로 이 지점이다. 그 이유는 크게 보면 두 가지다. 우선, 이들이 사용하는 배태성 개념 자체가 전형적인 자본주의적 시장과는 다른 고유한 특징이 농민시장과 CSA에 내재해 있다는 주장을 함축하기 때문이다. 또 다른 이유는 이 같은 전제 위에서 폴라니 이후 이들에 의해 여러 유형의 배태성 개념이 개발되고 먹거리 연구에 응용되어왔기 때문이다. 그로 인해 농민시장과 CSA의 공통점과 차이점을 다각도로 분석할 수 있는 매우 유용한 이론적 분석 수단을 배태성 개념을 통해 제공할 수 있게 된 것이다.[26]

이 장에서의 연구에 의하면, 생산자농민과 소비자 간의 상호작용의 깊이나 공동체 형성과 같은 사회적 배태성의 요소는 농민시장보다 CSA에 더 강하게 내포되어 있는 것으로 나타났다. 농민시장이 단골뿐만 아니라 불특정 다수의 소비자를 동시에 상대해야 하는 데 비해, CSA는 헌신적인 일부 회원들과의 정기적인 접촉이 이루어지는 직거래 유형이기 때문이다. 공간적 배태성의 측면에서는 농민시장과 CSA가 공통점과 차이점을 동시에 갖고 있는 것으로 드러났다. 즉, 소비자에게 자기 지역에서 생산된 신선한 먹거리를 제공한다는 점에서 공간적 배태성은 농민시장과 CSA에 있어 거의 비슷한 수준이라고 볼 수 있다. 농민시장이든 CSA든 농민들은 너나 할 것 없이 지역에서 재배한 신선한 먹거리를 소비자들에게 제때 제공하고자 애쓰고 있고, 소비자들도 이 점을 농민시장과 CSA 참여의 주요 동기로 꼽고 있기 때문이다. 하지만 이런 공통점과는 달리 지역농민이나 지역경제에 대한 후원 측면에서 공간적 배태성은 농민시장보다 CSA가 상대적으로 더 강한 편이었다. 이런 주장의 주요 근거는 CSA 회원의 회비 선납에서 찾을 수 있었다. CSA 회원의 회비 선납은 자기 지역의 농민에 대한 전적인 신뢰, 영농 자금의 제공, 영농 위험의 공유 등과 같은 의미를 가지며, 이런 점에서 CSA 회원은 농민시장의 소비자보다 지역의 농민을 그만큼 더 분명하게 후원하는 셈이라고 볼 수 있기 때문이다. 힌리히스가 공간적 배태성이라는 용어를 사용하지는 않았지만, 이 점은 농민시장과 CSA의 차이에 관한 그녀의 주장과 내용적으로는 일치하는 대목이다. 이 장에서 주목한 또 한 가지 배태성은 안전한 양질의 지역 먹거리를 구입하려는 소비자의 동기와 그런 농산물을 제공하려는 농민 의식의 접목 지점이라고 볼 수 있는 자연적 배태성이었다. 자연적 배태성에서는 생산물에 대한 공식적 유기농 인증 여부보다는 지역농민의 정성이 담긴 지역먹거리인지의 여부가 더 중요시된다. 토양과 환경을 보호하면서 양질의 먹거리를 생산할 수 있는 지속가능한 친환경적 영농법 자체에 관심을 갖는 과정에서 자연적 배태성이 둥지를 틀게 되는 것이다. 요컨대, 지역농민이 유기농법을 포함한 광의의 친환경적 영농법에 따라 정성껏 먹거리를 재배하고, 그러한 품질 높은 지역 먹거리를 선호하는 소비자가 이를 구매하는 과정에서 자연적 배태성은 스며들게 되는 것이다. 농민시장과 CSA 참여 농민의 친환경적 영농법에 의한 먹거리 생산, 양질의 지역산 농산물, 농민시장과 CSA에서의 친환경적 지역먹거리에 대한 소비자의 선호와 구매 행위 등에 근거해서 볼 때, 농민시장과 CSA에는 유사한 수준의 자연적 배태성이 내포되어 있다고 할 수 있다.

지금까지 살펴본 바와 같이, 농민시장과 CSA는 시장성에 토대를 두면서도 배태성의 여러 측면에서 공통점과 차이점을 드러낸다. 특히, 농민시장과 CSA가 배태성의 여러 차원에서 차이점들이 있음에도 불구하고, 배태성에 관한 논의는 양자가 일반적인 시장처럼 소비자의 이익이나 생산자의 이윤 논리에 전적으로 좌우되지는 않음을 환기시켜 준다. 이를테면, 생산자와 소비자 간의 인간적 신뢰와 유대, 지역구성원 간의 소통, 공동체의식, 지역공동체의 회복, 지역에 대한 애착, 지역농민에 대한 후원의식, 소비자의 건강에 대한 생산자의 관심, 저소득층이나 소수집단의 먹거리 권리에 사회적 관심과 배려 같은 다양한 비경제적 가치가 농민시장과 CSA를 통해 어떤 식으로든 추구되고 있다는 것이다. 물론 농민시장, 소비자, 지역사회, 농민시장 및 CSA 참여 농민 등에 따라 그 편차는 클 수 있다. 그럼에도 불구하고, 여기에는 중요한 이론적·실천적 함의가 있다. 즉, 농민시장과 CSA가 시장성에 기초해 있으면서도 그러한 비경제적 가치를 실현해갈 수 있는 제도로서 이론적 잠재력을 충분히 내포하고 있고, 이런 점에서 이를 활성화해야 할 실천적 당위성도 있다는 것이다. 이는 크게 보면 자본주의적 시장논리에 의해 증폭돼온 개인주의화, 공동체 해체, 인간 소외, 소수집단의 사회적 배제, 환경파괴, 먹거리보장의 위기, 신뢰의 상실, 소통의 부재 같은 폐해를 먹거리의 생산 및 교환 방식을 매개로 조금씩 줄여감과 동시에 사회를 긍정적 방향으로 전환시키는 장기적인 운동이 될 수 있다. 이 같은 가능성까지 감안한다면, 농민시장과 CSA의 활성화 방안 모색은 생산자와 소비자는 물론이고 지역사회를 위해서도 매우 의미 있는 작업이 아닐 수 없다.

6장의 연구에 의하면, 농민시장과 CSA의 활성화를 위해서는 무엇보다 농민시장과 CSA에 관한 지역소비자들의 인식 전환과 이를 통한 수요자 기반 확충이 중요한 것으로 확인되었다. 농민시장과 CSA가 앞서 언급한 비경제적 가치들을 구현할 수 있는 의미 있는 소비자 직거래 방식임을 자각하는 지역소비자들이 늘어나는 게 핵심이라는 것이다. 이것은 현장 농민들의 목소리이기도 하지만 배태성의 관점에서 봐도 매우 설득력 있는 주장이다. 수요자가 지속적으로 증가해야 농가들이 시장성의 제약에서 좀 더 자유로워질 수 있고, 농장 운영의 중심축을 사회적·공간적·자연적 배태성을 강화하는 쪽으로 이동시킬 수 있는 운신의 폭도 그만큼 더 확보할 수 있기 때문이다. 물론 농민들이 소비자의 인식 전환과 참여를 수동적 자세로 기대하고만 있어서는 곤란하다. 농민들이 자발적으로 나서서 농민시장 주관의 소비자 교육 개최, 농민시장에서의 식품보조금 프로그램 수혜자 대상의 금전적 우대방안 도입, 자원봉사자 모집과 농민시장 육성 기금 조성, CSA 농가의 식품보조금 프로그램 수혜자 유치 노력과 작업구좌의 운영 같은 주체적 노력을 시도해야 한다. 하지만 경제적 여건이 취약한 농민들이 이런 역할을 모두 도맡을 수는 없다. 연방정부나 지방정부의 실효성 있는 정책적 뒷받침이 있어야 한다는 것이다. 예컨대, 정부는 식품보조금 프로그램 수혜자의 CSA 참여를 촉진하기 위한 CSA 농가에 대한 정부보조금 지급, 농민시장에서의 식품보조금 프로그램 수혜자 대상의 금전적 우대조치의 강화 및 확산을 위한 정부의 대응 프로그램 같은 정책들을 적극적으로 검토할 필요가 있다. 또 지역의 언론기관이나 시민사회단체가 독자적인 방식으로 또는 농민시장이나 CSA 농민조직, 정부 등과 공조해서 지역소비자교육을 돕는 것도 중요하다. 농민시장과 CSA의 활성화를 위한 사회조직이 늘어나고 이들 간의 연결망이 확장될 때, 미국의 농민시장과 CSA는 단순한 먹거리 시장의 기능을 넘어 그에 배태되어 있는 사회적 가치들을 더욱 충실하게 구현하는 지역공동체의 기축제도로 계속 성장할 수 있을 것이다.

주석

서문

1. 앞서 언급했듯이, 한국연구재단의 '중견연구자지원' 사업의 재원으로 수행한 연구 결과를 수정, 보완한 것이 이 책의 1장, 3장, 4장, 6장이다. 2장은 그 이전에 있었던 국외 연구년 기간에 현지에서 쓴 논문을 개정한 것이고, 5장은 이번 연구를 위해 새로 집필한 것이다. 기존의 발표 논문들을 이번 책에 활용할 수 있게 허락해준 한국농촌사회학회, 한국사회학회, 지역사회학회에 감사드린다.
2. 이번 책에서는 CSA를 주제로 한 4장을 제외한 나머지 5개의 장들이 모두《농민시장의 사회학》과 상호 보완성을 지닌다. 참고로 4장의 바탕이 된 원래 논문의 출처는 다음과 같다. 김원동. 2014. "미국 북서부지역의 공동체지원농업에 대한 사회학적 탐색과 시사점."《농촌사회》 24(1): 201-254.
3. 1장은 필자의 2011년 논문을 개정한 것인데, 원래 논문의 제목과 출처는 다음과 같다. 김원동. 2011. "도농통합형 생활공동체의 형성과 지속가능성의 매개공간으로서의 농민시장: 미국 오리건주 포틀랜드지역의 '농민시장' 사례를 중심으로."《농촌사회》 21(2): 173-222.
4. 2장의 바탕이 된 원래 논문의 제목과 출처는 다음과 같다. 김원동. 2008. "미국 포틀랜드지역의 농민시장 운영 실태에 관한 사례 연구-저소득층의 시장 이용 촉진을 위한 프로그램을 중심으로."《농촌사회》 18(2): 37-86.
5. 3장의 원래 논문 제목과 출처는 다음과 같다. 김원동. 2014. "페리 플라자 농민시장의 사회학적 함의와 시사점."《지역사회학》 15(2): 219-260.
6. 6장의 원래 논문과 출처는 다음과 같다. 김원동. 2016. "미국의 농민시장과 공동체지원농업: 배태성의 관점에서 본 특징과 활성화 방안 탐색."《한국사회학》 50(1): 75-117.

1장

1. 이와 연관된 연구는 생각보다 많다. 최근의 주요 연구 성과를 중심으로 살펴보면, 김자경(2010), 김종덕(2009), 김철규(2009, 2011), 김흥주(2006), 김혜민(2011), 나영삼(2011), 박민선(2009), 윤병선(2009, 2010), 윤병선·우장명·박대호(2010), 이우진(2011), 정은미(2011), 허남혁(2011), 현의송·임형백(2009) 등을 들 수 있다.

2. 세계 주요 국가에 비해 우리나라의 곡물 자급률은 매우 낮은 수준이다. 이를테면, 미국 133퍼센트, 캐나다 174퍼센트, 호주 275퍼센트를 비롯해 OECD 회원국의 평균 곡물 자급률(사료용 포함)이 110퍼센트인 데 비해 우리나라는 2010년 기준 26.7퍼센트에 불과하다. 게다가, 세계 곡물 수요의 증가, 빈번한 기상이변, 국제 곡물가의 폭등 같은 요인들로 인해 먹거리보장에 대한 불안감은 날로 커지고 있다(농림수산식품부, 2011).

3. 2011년 자료는 미국 농무부가 미국 전역의 농민시장 관리인들에게 각 지역의 1년간 농민시장 변동 상황을 2011년 4월 18일부터 6월 24일 사이에 자율적으로 알려줄 것을 요청함으로써 파악된 것이다(USDA. 2011a, http://www.ams.usda.gov). 미국 농무부는 1994년부터 2년 간격으로 전국 농민시장 주소록을 작성, 발표해오다 2008년부터는 이를 연차보고서의 형태로 제공하고 있다. 2008년 이후 농민시장의 연차별 증가율을 보면, 2008년에서 2009년 사이에 13퍼센트, 2009년에서 2010년 사이에 16퍼센트(김원동, 2010: 83), 그리고 2010년에서 2011년 사이에 다시 17퍼센트 증가했음을 알 수 있다.

4. 오리건주의 행정조직에는 242개의 시와 36개의 카운티가 있다(http://bluebook.state.or.us/local/index.htm). 포틀랜드시의 2009년 기준 인구는 582,130명으로서 오리건주 내에서 가장 많다(http://bluebook.state.or.us/local/population/pop03.htm). 또 포틀랜드시는 멀노마Multnomah, 워싱턴Washington, 클락카마스Clackamas 등의 3개 카운티에 동시에 소속되어 있는 독특한 행정체계를 가진 통합시인데, 포틀랜드시를 각각 부분적으로 포함하고 있는 이들 3개 카운티는 오리건주 내에서 거주 인구가 가장 많은 상위 3개 카운티에 속한다. 2009년 기준으로 이 3개 카운티의 인구는 160만 명을 상회한다(http://bluebook.state.or.us/local/population/pop06.htm). 이와 같이 포틀랜드시는 인구 규모로 오리건주에서 가장 큰 도시이고, 인근의 카운티 주민들까지 포함하면 광역생활권의 중심을 이루고 있는 지역이라고 할 수 있다. 포틀랜드는 나이키나 인텔 같은 유명한 기업들을 비롯해서 정보통신 분야의 첨단 기업들이 많이 입지해 있어 상대적으로 중산층이 밀집해 있고, 그로 인해 농민시장이 활성화되어 있다. 포틀랜드시에 관한 좀 더 자세한 논의는 김원동(2007, 2008), Dodds et al.(1990), Ozawa(2004) 등을 참조하라.

5. http://www.oregonfarmersmarkets.org/directory/directory.html.

6. 예컨대, 티핀스 등(Tippins et al., 2002: 343-353)은 미국에서 농민시장을 비롯한 여러 직거래 방식이 최근 상당한 주목을 끌고 있으며 많은 장점을 지니고 있는 것은 사실이지만, 먹거리 분배체계에서 차지하는 역할은 아직 매우 적다고 주장한다. 지역별 한정된 수확기로 인한 판매품목의 제한성, 장 보는 시간의 한정성 등으로 인해 그런 직거래 방식이 미국인의 먹거리 취향을 전적으로 충족시키지는 못하고 있기 때문이다.

7. 김철규(2011: 118)는 힌리히스의 개념적 분석 틀이 우리나라의 지역먹거리 연구에 주는 시사점 중의 하나를 '로컬푸드에 대한 과도한 낭만적 윤리성 부여에 대한 경고'

에서 찾으면서 "로컬푸드가 가진 생산자와 소비자 사이의 관계성에 대한 도덕적 강조는 중요하지만, 실제 로컬푸드의 중요한 작동 요소인 시장성과 도구성도 고려해야 한다"는 점을 강조한다.

8. 2010년 10월 실시된 미국 농무부의 농민시장 소비자 조사 결과에 의하면, 소비자들이 농민시장에서 장을 보는 이유로 두 번째로 많이 꼽은 것은 '지역농업의 후원'이었다(USDA, 2011a: 17). 이런 예는 소비자들이 농민시장을 꾸준히 찾는 데에는 지역농업·지역농민의 후원, 농지의 보호 등과 연관된 환경의식이 분명히 내재해 있음을 의미한다.

9. 이 기간은 겨울철이라 포틀랜드지역의 농민시장들 가운데 장이 서는 곳은 적었다. 그래서 조사 당시에 접근이 용이했던 2곳의 농민시장과 포틀랜드 인근지역의 퍼블릭 마켓 1곳에서 면접조사를 실시했다. 필자는 포틀랜드지역의 농민시장을 대상으로 2008년 가을에 조사를 실시해 분석, 발표한 바 있다(김원동, 2008). 따라서 이번 조사를 통해 선행연구 성과를 보완하고자 했다. 한편, 2010년 12월 발표된 미국 농무부 뉴스(http://www.ams.usda.gov)에 의하면, 겨울철에도 미국 전역에서 약 900개에 이르는 농민시장이 열리는데, 이것이 미국 농민시장에서 차지하는 비중은 14퍼센트 이상이라고 한다. 이는 계절에 관계없이 미국의 농민시장이 활성화되고 있음을 의미함과 동시에 향후 '겨울 농민시장winter farmers' markets'에 관한 연구 또한 활성화될 여지가 있음을 의미한다.

10. 로이드 농민시장은 겨울철에도 12월 마지막 화요일과 1월 세 번째 화요일을 제외하고는 매주 화요일 오전 10시부터 오후 2시까지 개장한다. 그리고 성수기에 속하는 6월에서 9월까지는 같은 시간대에 매주 목요일에도 열린다(http://www.lloydfarmersmarket.com). 이 시장은 눈과 비를 피할 수 있는 지붕 아래 사방으로 트인 개방형의 작은 휴게공간에서 조성되는 매우 작은 장터다. 필자가 조사차 방문했을 당시에는 10여 명의 판매인들이 손님을 맞고 있었다.

11. 피플스 농민시장은 매주 수요일 오후 2시부터 7시까지 열리며 포틀랜드지역의 농민시장 중에서 유일하게 연중 운영된다(http://www.peoples.coop/farmers-market). 필자가 방문했을 때에는 시장 연주자의 흥겨운 선율 아래 10여 명의 판매인과 수시로 드나드는 손님들 사이에 활발한 거래가 이뤄지고 있었다. 별도의 시장관리인은 없는 소규모 시장이었다.

12. 퍼블릭 마켓은 지역농업의 보전이나 상업지역의 재활성화 같은 공공 목표public goals의 실현을 지향하고, 농민판매인뿐만 아니라 지역에서 만든 갖가지 생산품을 파는 소매업자들이 한데 모여 거의 매일 혹은 1년 내내 공동체의 구성원들과 활기차게 교류하는 상설 판매시설을 갖춘 공적 공간이다. 이런 점에서 퍼블릭 마켓은 농민판매인 중심의 농민시장과는 성격상 구별된다(Portland Development Commission, 2006: 5). 하지만 맥민빌 퍼블릭 마켓은 농민시장의 핵심 구성요소라고 할 수 있는 상설 농민판매인이 있는 시장인 동시에 환경과 지역을 중시하는 시장(http://www.

mcminnvillepublicmarket.com/about.html)이라는 점에서 필자는 이 시장 관계자들의 의견을 전형적인 농민시장 관계자들에 대한 조사 결과를 보충하는 요긴한 자료로 활용할 수 있다고 보았다. 그래서 필자는 조사 과정에서 이 시장관리인과 농민 한 명을 각각 면접 대상에 포함시켰다. 시장관리인과는 사전에 전화 통화를 통해 시간 약속을 하고 나서 실내에 조성된 장터를 찾아갔다. 관리인과 마늘 재배를 한다고 밝힌 여성 농민은 모두 성심성의껏 필자의 면접에 응해주었다.

13. 이 시장은 성수기인 5월부터 11월 사이에는 일요일 오전 10시부터 오후 2시까지 매주 한 번씩 장이 열리고, 비수기인 12월에서 4월 사이에는 한 달에 두 번꼴로 열린다. 좀 더 자세한 내용은 홈페이지(http://hillsdalefarmersmarket.com)를 참조하라.

14. 농민시장에서 판매인으로 종사하는 사람 중의 상당수는 농민판매인이지만 특정한 농장의 농민에 의해 고용되어 농민시장에서 판매를 하는 피고용 판매인들도 있다. 가족농의 구성원이 여러 곳의 농민시장에 동시에 나가 판매를 하기 어려운 경우도 있기 때문에 이럴 때는 일부 피고용 판매인을 활용하기도 한다. 이 밖에 농민시장의 판매인 가운데는 버섯이나 기타 야생 작물을 직접 채취해 판매하는 이들도 있다.

15. 시장관리인 S씨와의 면담에 의하면, 이 시장에는 전체 판매인 50여 명 가운데 연중 먹거리를 파는 농민 가게가 두 곳 있고, 먹거리를 비롯한 시장 거래 품목에서 지역성과 지속가능성을 강화하고 지역 환경을 개선하려는 지역형 시장으로의 성장을 추구하고 있다고 한다.

16. 이 판매인의 경우에는 원래 농장을 방문해 면접조사를 할 계획이었으나 사정이 여의치 않아 본인과 전화 통화를 한 후 이메일 조사로 대신했다. 그래서 〈표 1-1〉의 면접 대상자 명단에는 넣지 않았다. 그는 2011년 2월 13일의 답신에서 8개의 질문 가운데 7개 문항에 성심껏 답변해주었다.

17. 이것은 2007년 당시 포틀랜드지역에서 운영 중이던 14개 농민시장을 주된 연구 대상으로 삼아 양적·질적 조사를 실시해 작성한 보고서다.

18. 이 조사에 의하면, 전자에 속한 농가들은 상대적으로 규모가 작은 데 비해 후자에 포함되는 농가들은 규모가 다소 큰 것으로 확인되었다. 이것은 포틀랜드시가 오리건주에서 가장 큰 도시라는 점 때문에 인근에는 비교적 소규모 농가들이 위치해 있고, 도심에서 다소 떨어진 소도시나 농촌지역에는 규모가 다소 큰 농가가 위치해 있기 때문인 것으로 보인다.

19. http://www.portlandfarmersmarket.org/index.php/about/history를 참조하라.

20. 판매인 명부상으로 포틀랜드 농민시장 판매인 가운데 유진시에 주소지를 둔 농장은 실제로 두 곳(스파호크 농장Sparhawk Farms과 스위트 브라이어 농장Sweet Briar Farms)임을 확인할 수 있었다.

21. 한국의 지역먹거리운동에 관한 근자의 논의에서 고정된 행정구역 편제를 넘어선 확대되고 유연한 '지역' 개념을 설정할 필요가 있다는 일련의 주장들(윤병선, 2009; 김철규, 2009)은 대체로 이와 궤를 같이하는 논지라고 볼 수 있다.

22. 이를테면, 면접 대상자 중 사례 1-14, 사례 1-16, 사례 1-20 등을 들 수 있다.

23. 미국 농무부의 농민시장 소비자 조사 결과에 의하면, 소비자들이 농민시장에서 장을 보는 이유로 가장 많이 지목한 것이 바로 먹거리의 '신선도와 맛'이었다(USDA, 2011a: 17). 이와 같이 농민시장 관리인뿐만 아니라 소비자들이 신선함을 가장 중시하는 결정적인 이유는 농민시장에서 거래되는 먹거리 가운데 가장 비중이 큰 품목이 바로 채소와 과일 같은 신선작물이기 때문일 것이다. 예컨대, 포틀랜드지역의 농민시장에서 거래된 먹거리의 판매액 추정치에 근거한 품목별 비율 분포에 의하면 (Barney & Worth, Inc, 2008: 14), 채소가 32.0퍼센트, 그리고 과일이 13.8퍼센트였다. 이런 예는 다른 농민시장에서도 거래되는 품목 가운데 채소와 과일의 비중이 가장 크리라는 것을 짐작하게 해준다.

24. 1980년 텍사스주 오스틴에서 소규모 상점으로 출발한 홀푸즈 마켓은 최고 품질의 자연 및 유기농 식품의 판매를 지향하는 기업이다. 지금은 북미와 영국에서 310개 이상의 매장을 운영하고 있으며, 포틀랜드에도 4곳의 매장이 있다. 이 기업에 관한 자세한 내용은 http://wholefoodsmarket.com을 참조하라.

25. 뉴시즌스 마켓은 지역에서 재배되고 생산된 다양한 농식품과 가공식품, 해산물, 육류, 꽃 등을 중심으로 지역 주민들의 일상적 삶에 필요한 각종 식품과 생활용품을 판매하는 기업이다. 포틀랜드를 비롯해서 인근에 모두 11개의 매장을 운영하고 있다. 이 기업에 관한 자세한 내용은 http://www.newseasonsmarket.com을 참조하라.

26. 예컨대, 사례 1-6, 사례 1-8, 사례 1-10 등이다.

27. 《포틀랜드 농민시장 2012년 판매인 안내서》에는 포틀랜드 농민시장의 판매인 범주, 판매인 선별 기준, 가공식품의 판별 기준, 시장에서 판매할 수 있는 먹거리와 판매할 수 없는 먹거리, 판매인 회비, 시장 개요 등에 관한 여러 내용이 담겨 있다. 자세한 것은 *Portland Farmers Market 2012 Vendors Handbook*(http://www.portlandfarmersmarket.org/index.php/vendors/become-a-vendor)을 참조하라.

28. 사회적 자본에 관한 이론적 논의는 국내외의 여러 학술지를 통해 이미 많이 다루어졌기 때문에 여기서는 생략한다. 이와 관련된 자세한 내용은 Wall et al.(1998), Flora(1998), 김상준(2004) 등을 참조하라.

29. "영양보충 지원 프로그램이란 이전의 '식품구매권 프로그램'의 후속 명칭으로서 미국의 가장 큰 영양 지원 프로그램이자 미국과 그 부속령에서의 기아 문제를 경감하기 위해 연방정부가 시도해온 노력의 기반이라고 할 수 있다"(USDA, 2010: 1).

30. USDA, 'More than 1,000 New Farmers Markets Recorded, Across Country as USDA Directory Reveal 17 Percent Growth'(Newsroom), http://www.ams.usda.gov.

2장

1. http://www.nal.usda.gov/afsic/pubs/csa/csa.shtml.

2. 이 장 연구의 초고에 대한 한 논평자의 예리한 지적처럼, 2000년대로 접어들면서 눈에 띄는 것 중의 하나는 영국의 농민시장에 관한 활발한 연구들이다. 이런 점을 고려한다면 미국 농민시장에 대한 시사점들을 도출해내는 연구들이 필요하다고 할 수 있다.

3. 오리건주립대학교Oregon State University에서 수행해온《오리건주 소농 기술 보고서 시리즈Oregon Small Farms Technical Report》가 대표적인 실례라고 할 수 있다(예컨대, Oregon State University, 2001, 2003, 2005).

4. 포틀랜드주립대학교, 에코트러스트, 포틀랜드 도심의 셰먼스키 공원, 오리건보건과학대학교(OHSU)에서 열리는 장터 등이 그것이다. 이들 장터에 관한 보다 자세한 내용은 이 장의 바로 다음에 나오는 '포틀랜드지역 농민시장의 현황과 일반적 특징'을 보기 바란다.

5. 판매인들의 경우에는 시장에서 상거래가 활발하게 이루어지고 있던 상황이라 다수를 면접할 수는 없었다. 하지만 면접에 응한 이들은 모두 상당한 시간을 할애해 성의 있게 질문에 답해주었고, 그 내용도 대체로 유사했기 때문에 제한된 인원이었음에도 불구하고 판매인들의 일반적인 견해를 확인하는 데 큰 지장은 없었던 것으로 판단된다. 특히, 이들 가운데 일부는 1시간 이상이나 열정적으로 대화에 응하면서 자신의 생각을 덧붙여 전해주기도 했다.

6. 이를 뒷받침하는 실례로 두 가지 평가 결과를 들어보면 다음과 같다. 뉴스 전문 채널 CNN과 여행 전문 잡지사 Travel+Leisure가 공동으로 미국 전역의 주요 도시 25개를 대상으로 조사해 발표한 2008년 미국의 영역별 국내 선호 도시America's Favorite Cities 평가에 의하면, 포틀랜드는 농민시장 및 특별 음식 시장 부문에서 2위를 차지한 것으로 나타났다. 그런가 하면 지속가능한 삶을 추구하는 웹사이트 SustainLane.com의 2008년 미국의 환경친화적 도시 평가America's Greenest Cities에서도 포틀랜드가 전체 1위를 차지함으로써 가장 지속가능한 도시로 선정되었다. 또 포틀랜드는 농민시장의 항목이 포함된 녹색경제green economy 부문에서도 1위를 차지했다. 이 조사는 미국의 50개 주요 도시를 대상으로 실시된 것이다. 좀 더 자세한 내용은 다음 사이트들을 참조하라. http://www.travelandleisure.com/afc/2008/index.cfm;http://www.sustainlane.com/us-city-rankings/overall-rankings.

7. USDA Agricultural Marketing Service, http://www.ams.usda.gov. 미국 농민시장의 성장 과정 및 요인에 관한 좀 더 자세한 논의를 위해서는 김종덕(2004b)을 참조하라.

8. 오리건 주정부는 이런 점들을 열거하고 이어서 농민시장이 오리건 농민들을 인근의 도시 주민들과 결합시키고, 공동체정신을 구축하는 데도 기여해왔다고 지적한다. 이런 맥락에서 오리건 주지사는 2008년 8월 2일부터 9일까지를 농민시장 주간으로 선포하기도 했다. http://oregon.gov/ODA/ADMD/docs/pdf/fm_proc.pdf.

9. http://www.oregonfarmersmarkets.org/farm.html.

10. 이것은 오리건주 농민시장협회Oregon Farmers Markets Association의《2008년도 농민시

장 목록》에 나와 있는 농민시장의 명단(http://www oregonfarmersmarkets.org/directory. html#Portland%20Metro)을 필자가 합산한 것이다. 농민시장 101개는 협회의 비회원 시장 10개를 포함한 수치다. 2008년 4월 1일자 기준으로 역시 협회에서 팸플릿 형태로 제작하여 배포한《오리건주 농민시장 2008년 안내2008 Guide to Oregon Farmers' Markets》에는 회원시장이 85개다. 따라서 9월 하순 기준 회원 시장 91개는 지난 몇 개월 사이에 6개가 더 늘어났음을 보여준다.

11. 이 자료는 미국 농무부의 관계자 2명에게 이메일로 문의해 입수한 것이다.

12. http://www.sos.state.or.us/bbook/local/index.htm.

13. 포틀랜드시 근처의 비버턴, 힐스버러, 그레샴, 레이크 오스위고Lake Oswego 등을 비롯한 포틀랜드 광역권Portland Metro에도 20여 개의 농민시장이 운영되고 있다(《오리건주 농민시장 2008년 안내》참조). 게다가, 지리적 근접성과 실질적인 생활권을 고려해 포틀랜드 광역권에 포함시키는 워싱턴주의 밴쿠버까지 감안하면 이 지역 주민의 일부도 포틀랜드지역 농민시장의 고객에 포함될 것으로 추정된다. '포틀랜드-밴쿠버-비버턴' 광역권의 2006년 인구는 2,121,910명으로 추정될(http://www.pdx.edu/media/p/o/PopRpt06_fnl7.pdf) 정도로 규모가 크다.

14. 이 수치는 오리건주 농민시장협회의 《오리건주 농민시장 2008년 안내서》와 포틀랜드시의 농민시장 업무 관계자에게 문의해 받은 답신 메일을 통해 확인한 것이다. 미국 각 지역에 있는 농민시장의 명단은 미국 농무부의 '농민시장 데이터베이스'(http://apps.ams.usda.gov/FarmersMarkets)에서도 찾을 수 있다. 필자가 대조해본 바에 의하면, 포틀랜드 농민시장에 관한 정보는 위의 두 출처 중 오리건주 농민시장협회의 자료가 더 정확하다. 적어도 포틀랜드시 지역 정보의 경우 농무부 자료에는 빠진 시장도 있고 해당되지 않는 시장도 포함되어 있기 때문이다. 하지만 미국 농무부의 데이터베이스는 오리건주 농민시장협회의 자료를 일부 보완해주고 있기 때문에 참고할 만한 충분한 가치가 있다. 예컨대, 오리건주 농민시장협회 자료에는 '시다 밀 선셋 농민시장'이 포틀랜드시 지역이 아닌 포틀랜드 광역권에 위치해 있는 것으로 잘못 소개되어 있지만 농무부의 데이터베이스에는 올바로 기록되어 있다. 또 OHSU 농민시장을 소개하는 항목의 경우 오리건주 농민시장협회 자료에는 누락되어 있는 이 시장의 홈페이지 주소가 농무부 데이터베이스에는 명기되어 있다. 그렇지만 농무부 데이터베이스에는 저소득층을 위한 프로그램의 농민시장 통용 여부에 대한 정보가 상당히 부정확한 편이다. 이런 점들은 결국 지역 현장의 정보들을 올바로 파악하기 위해서는 번거롭더라도 여러 경로의 자료들을 종합적으로 비교 검토하는 작업이 필수적임을 일깨워준다. 또 이것은 동일한 대상에 대한 정리가 미국의 경우 중앙과 지방에서 아직 일관성 있게 이루어지지 못하고 있음을 보여주는 것임과 동시에 우리가 농업 관련 데이터베이스를 구축하거나 홍보지를 제작할 때에도 세심한 주의가 요구됨을 시사한다.

15. 이 시장은 원래 13명의 판매인들이 토요시장을 열면서 시작되었지만 이제는 매주 약

2만 2,000명의 고객에게 봉사하는 장터로 성장했고(http://www. portlandfarmersmarket. org), 홈페이지도 이런 위상 변화에 발맞추어 비교적 풍부한 내용을 담기에 이르렀다. 포틀랜드 농민시장의 한 관리인에 의하면, 홈페이지는 현재 3명의 직원이 운영하고 있다.

16. 자세한 내용은 홈페이지(http://www.portlandfarmersmarket.org)를 참조하라.

17. 이와 같이 농민시장이 주거지나 직장 인근에서 열리는 것은 소비자들에게 농민시장을 쉽게 알 수 있게 만드는 주된 요인이 된다고 볼 수 있다. 이를테면, 포틀랜드 도심 중 펄 구역pearl district의 에코트러스트 주차장에서 열리는 목요농민시장 이용자를 대상으로 한 최근의 조사에서는 어떻게 이 시장을 알게 되었느냐는 질문을 던진 바 있다. 이 질문의 답변 중 가장 많았던 것이 주거지나 직장 근처에 있어서라는 응답(약 39퍼센트)이었다(*Thursday Market 2008 Survey*, 포틀랜드농민시장의 관계자로부터 이메일로 받은 내부 자료). 그래서인지 농민시장의 이용자들 중에는 뜨내기손님보다는 정기적인 고객이 많은 것 같았다. 필자의 면접조사에 의하면, 판매인들은 정확한 수치를 제시하지는 않았지만 하나같이 자신의 가게를 찾는 고정 고객들이 제법 많다고 했고, 이들과 안부 인사도 하고 시간이 있을 때에는 가끔 대화도 즐긴다고 했다. 또 고객 중에는 일반 소비자뿐만 아니라 판매음식용 식자재 구입을 위해 장터를 찾는 식당 주인이나 요리사들도 있다고 했다.

18. 한 조사보고에 따르면, 이스트뱅크에서 열리는 포틀랜드 농민시장의 경우에는 운전해서 오는 고객 못지않게 걸어서 시장을 찾는 사람이 많았고, 응답자의 41퍼센트는 인근 지역에 사는 사람들이었다. 또 에코트러스트의 포틀랜드 농민시장에서는 손님의 38퍼센트가 시장이 위치해 있는 펄 지구에 거주하고 있는 것으로 나타났다(*Market Manger Board Report* 2006년 10월, 포틀랜드 농민시장의 한 관계자가 이메일로 보내준 내부 자료).

19. 2003년도의 한 연구에서는 에코트러스트 주차장에서 열리는 포틀랜드 목요농민시장의 참여자 600여 명을 대상으로, 조사 당시 여름철에 이용한 다른 농민시장을 모두 표시하도록 요청한 바 있다. 응답자의 상당수는 포틀랜드주립대학교의 토요농민시장(45퍼센트), 포틀랜드 도심의 목요농민시장(22퍼센트), 할리우드 농민시장(9퍼센트) 등을 비롯한 주변의 농민시장을 방문한 경험이 있었고, '전혀 없다'고 답한 응답자의 비율은 24퍼센트에 불과했다(OSU, 2003).

20. 필자가 면접한 5명의 판매인들은 모두 자신들이 다른 요일에 열리는 다른 장터에도 참여하고 있다고 했다.

21. OHSU에 관한 자세한 내용은 대학 홈페이지(http://www.ohsu.edu/xd)를 참조하라.

22. OHSU의 자체 조사에 의하면, '일을 하면서 장을 볼 수 있는 편의성' 때문에 OHSU 농민시장에 들렀다고 답한 비율이 응답자의 69퍼센트나 되는 것으로 나타났다(OHSU farmers' market, 2008b). OHSU 농민시장의 다양한 운영 방식을 비롯한 자세한 시장 정보는 홈페이지(http://www.ohsu.edu/farmersmarket)를 참조하라.

23. 필자가 포틀랜드주립대학교에서 면접한 소비자들과 시장관리인은 대학 공간의 아늑함과 시설 이용의 편의성을 이 시장의 강점이자 매력으로 꼽았다.

24. 오리건주에서는 '오리건 틸스Oregon Tilth'라는 비영리조직이 미국 농무부로부터 유기농산물의 인증 업무를 대행하는 기관으로 인정받아 활동하고 있기 때문에 지역 농민들은 미국 농무부가 공인하는 유기농산물 인증을 이 기관을 통해 받는다. 미국 농무부와 오리건주의 유기농산물 프로그램의 자세한 내용은 다음을 참조하라. https://www.ams.usda.gov; https://tilth.org.

25. 농민시장의 일반 소비자를 대상으로 실시한 한 조사에 의하면, '농민시장에서 더 많은 것을 구입하지 못하게 만든 요인은 무엇이라고 생각하느냐'는 물음에 '없다'는 응답(약76퍼센트)이 가장 많았다(Thursday Market 2008 Survey). 이것은 농민시장의 주된 고객이 다소 비싼 가격을 치르더라도 양질의 농산물을 구입할 수 있는 여유를 가진 사람들일 것이라는 추정을 가능하게 한다. 하지만 현실적으로 가격이 농민시장에서 보다 많은 농산물을 구입하는데 있어 장애 요인이 되고 있는 것은 분명해 보인다. 이를테면, 앞서의 조사 항목에서도 두 번째로 많은 응답(약19퍼센트)은 가격이었다. 또 다른 조사에 따르면, '규칙적으로 지역에서 재배된 식품을 구입하고 있다'는 응답(58퍼센트) 다음으로 많은 것은 '비용 문제 때문에 지역에서 재배된 식품을 규칙적으로 구입하지는 못하고 있다'는 응답(28퍼센트)이었다(OHSU farmers market, 2008b).

26. 예컨대 이스트뱅크에서 목요일에 열리는 포틀랜드 농민시장의 이용자를 대상으로 한 조사에 의하면, 시장에 온 첫 번째 이유로 가장 많이 지적한 것(62퍼센트)은 농산물 그 자체였다(OSU, 2005). OHSU 농민시장에서의 조사에서도 이 시장에 오는 가장 중요한 이유는 '신선한 지역농산물을 얻기 위해서'라는 응답인 것(89퍼센트)으로 나타났다(OHSU farmers market, 2008b).

27. 포틀랜드 농민시장과 같이 규모가 비교적 큰 농민시장의 경우에는 별도의 음악 전담 직원music coordinator도 있다(http://www.portlandfarmersmarket.org/Profile.htm). 이는 장터의 분위기를 밝고 경쾌하게 유지하려고 그만큼 관심과 노력을 기울이고 있음을 보여준다.

28. 필자가 면접한 소비자들은 긴장을 풀고 편안하게 어디든 걸터앉아 가족이나 이웃들과 함께 음악을 듣기도 하고 이것저것 즐길 수 있는 농민시장의 환경과 분위기가 너무 좋다고 이구동성으로 얘기했다. 어떤 피면접자는 이렇게 많은 사람들이 모두 밝게 웃으면서 쇼핑도 하고 즐길 수 있는 다른 곳은 없지 않느냐고 반문하기도 했다. 이와 같이 고객들은 농민시장을 일반 쇼핑몰과는 확실히 다르다고 생각하고 있었다.

29. 이를테면, 필자가 면접한 소비자들은 자신들의 농민시장 이용이 지역농민을 후원하는 의미를 갖는다고 강조했다. 한 조사연구도 이 점을 확인해준다. OHSU 농민시장에 오는 이유를 모두 표기하도록 요청한 소비자 대상의 조사에서는 '지역농민을 후원하기 위해서'(76퍼센트)라든가 '농민시장이 제공하는 공동체적 느낌을 함께 맛보기

위해서'(39퍼센트)라는 응답이 많이 나왔다(OHSU farmers market, 2008b).

30. 필자가 만나본 판매인들은 자신들의 활동이 공동체와의 연결에 도움을 주고 있다고 생각한다고 말했다.

31. 필자가 일부 시장관리인과 판매인을 통해 문의한 결과, 포틀랜드지역의 농민시장 중 4곳의 판매인당 하루 회비는 35달러가 2곳, 41달러가 1곳, 44달러가 1곳이었다. 이에 비추어볼 때, 회비는 장이 열리는 날을 기준으로 하루당 대개 30~45달러 수준인 것으로 보인다.

32. 물론 농민시장의 구체적인 운영 방식은 시장에 따라 다소 차이가 있다. 시장관리인에 의하면, '포틀랜드 농민시장'의 경우, 포틀랜드 시정부나 주정부 또는 연방정부로부터 직접 받는 특정한 기금은 없다고 한다. 현재 '포틀랜드 농민시장'은 무급 자원봉사자 위원회가 유급 운영 직원을 채용해서 관리하고 있는데, 판매인들의 회비와 식품 기부, 기금 조성을 위한 연례적인 경매와 저녁식사 행사 외에 농민시장의 개인 후원자나 기관의 후원금, 자원봉사자들의 헌신적인 시간 등을 통해 운영 경비를 조달하고 있다고 한다(http://www.portlandfarmersmarket.org/Profile.htm).

33. USDA Food & Nutrition Service, "Women Infants and Children." http://www.fns. usda.gov/wic.; "WIC Farmers' Market Nutrition Program." http: //www.fns.usda. gov/wic/FMNP/FMNPfaqs.htm.

34. 연방정부의 설명 자료에 따르면, 2007년의 경우 전국적으로 230만 명의 프로그램 수혜자들이 농민시장의 혜택을 보았고, 1만 5,062명의 농민, 3,217개의 농민시장, 그리고 2,371개의 노변 판매대에서 이 프로그램의 쿠폰이 통용되어 2,000만 달러 이상의 농가소득을 창출했다고 한다(USDA Food & Nutrition Service, "WIC Farmers Market Nutrition Program." http://www.fns.usda. gov/wic/FMNP/FMNPfaqs.htm).

35. Oregon Department of Human Service, "2008 Oregon WIC Farm Direct Nutrition Program"(Oregon WIC Program 담당자로부터 이메일을 통해 받은 자료); Oregon Farmers Markets Association, 2008a.

36. Oregon Department of Human Service, "2008 Oregon WIC Farm Direct Nutrition Program."

37. 저소득층임을 입증하는 객관적 근거로 명시되어 있는 것은 세 가지인데, 그중 월소득이 대표적이라고 할 수 있다. 2007년에는 개인은 1,149달러, 부부는 1,541달러 이하가 기준이었고(http://ww.oregonfarmersmarkets.org/cust/wic_senior.html), 2008년도의 기준점은 각각 이보다 약간 인상된 1,170달러, 1,575달러 이하였다("2008 Oregon Senior Farm Direct Nutrition Program." Oregon WIC Program 담당자로부터 이메일을 통해 받은 자료).

38. USDA Food & Nutrition Service, "Senior Farmers Market Nutrition Program." http://www.fns.usda.gov/wic/SFMNP-Fact-Sheet.pdf.

39. 〈사진 2-5〉는 농민시장의 판매인이 농산물을 팔고 받은 수표 중의 한 장을 농민에게 양해를 구하고 앞면만 찍은 것이다. 수표의 앞면에는 프로그램의 명칭, 수표의

사용 기간, 사용처, 액수, 구매 가능 품목 등이 명시되어 있고, 뒷면에는 오리건주의 프로그램 담당부서와 판매인이 현금으로의 전환을 위해 지정 은행 계좌에 수표를 적립해야 하는 기간이 명시되어 있다. 앞서 살펴본 '오리건 여성·유아·어린이 농장 영양 직접공급 프로그램' 수표도 프로그램 명칭, 액수 그리고 색상만 다르고 나머지는 '오리건 노인 농장 영양 직접 공급 프로그램' 수표와 똑같은 모양과 내용을 담고 있다.

40. http://www.oregonfarmersmarkets.org/cust/4-27-7_Distribution_of_Senior_Farm_Direct_Checks.pdf; "2008 Oregon Senior Farm Direct Nutrition Program."

41. 미국 농무부는 자격을 갖춘 저소득 노인들에게 2006년까지 우편을 통해 자동으로 수표를 제공해왔지만 2007년부터는 이와 같은 방식으로 배부 규정을 변경했다(http://www.oregonfarmersmarkets.org/cust/wic_senior.html). 규정의 자세한 내용은 다음을 참조하라. http://www.oregonfarmersmarkets.org/cust/4-27-7_ Distribution_of_Senior_FarmDirect_Checks.pdf.

42. "2008 Oregon Senior Farm Direct Nutrition Program."

43. 2007년의 경우, 이 프로그램의 수혜자는 전국적으로 2,646만 8,000명이었고, 1인당 월평균 지급액은 95.63달러였다(http://www.fns.usda.gov/pd/fssummar.htm). 물론 이때 받는 식품비는 과일, 채소, 빵, 고기 등의 일반 식품을 사는 데 써야 하고, 술, 담배, 비타민, 약품 같은 품목의 구입에는 사용할 수 없다(http://www.fns.usda.gov/fsp/retailers/eligible.htm).

44. 이 부분에 대한 이하의 설명은 주로 다음에 의거한 것이다. USDA. 2008, "A Short History of the Food Stamp Program." http://www.fns.usda. gov/fsp/rules/Legislation/about_fsp.htm.

45. 이것은 오리건주뿐만 아니라 미국의 모든 주가 연방정부와 협력해 농민시장에서의 식품보조금 전자전환(EBT) 시스템의 구축을 위해 예비조사와 시범사업을 벌여왔기 때문에 가능했다고 할 수 있다. 일례로 코네티컷주는 식품보조금 EBT 시스템을 수용하는 농민시장의 숫자를 확대하기 위한 프로젝트를 계속 수행했다. 그 결과 2004년에는 이 프로젝트에 참여한 농민시장의 수가 5개에 불과했지만 2006년에는 11개, 2007년에는 거의 70명의 개인 농민과 함께 18개로 증가한 것으로 나타났다(http://www.fns.usda.gov/fsp/ebt/ebt_status_report.htm).

46. 식품보조금 프로그램은 농민시장에서 이전부터 사용되었다. 하지만 정부가 종이 쿠폰을 플라스틱 카드 방식으로 전환하자 시장에서는 카드 결제기와의 접속을 위한 전화선과 동력이 필요했고, 이로 인해 대부분의 시장에서 이 프로그램은 중단되었다. 그러다 동력이나 전화선 없이 배터리로 가동되는 무선 카드기계 기술의 개발로 이른바 식품보조금 EBT 시스템이 갖추어지면서 농민시장에서 식품보조금의 활용이 다시 가능해진 것이다. 오리건주에서는 '오리건 트레일 카드Oregon Trail Card'라는 이름으로 2003년부터 사용되기 시작했다. 이것은 포틀랜드시가 소속되어 있는

멀노마 카운티의 지역먹거리협의회에서 활동해온 한 인사에게 요청해서 이메일로 받은 답변 내용이다.

47. 미국 농무부는 2008년 9월 19일 연방정부의 농민시장 보조금 사업비를 지급받게 될 85개 사업을 발표했다. 그런데 이 중 18개 사업은 저소득층이 지역에서 생산된 신선한 과일과 채소를 구매하는 데 도움이 될 수 있도록 하기 위한 식품보조금 EBT 촉진 사업인 것으로 나타났다(http://www.usda.gov). 이는 미국 연방정부가 식품보조금 EBT 시스템을 농민시장을 활성화하는 수단의 하나로도 인식하고 있음을 보여주는 실례라고 볼 수 있다. 또 미국 농무부는 2008년 9월 농민시장 여성·유아·어린이 영양 프로그램 수혜자의 신속한 프로그램 이용을 위해 현재의 종이 수표를 식품보조금 EBT 카드체계로 바꾸는 기술개발보조금 사업도 발표했다(http://www.usda.gov). 이런 점에 비춰볼 때, 농민시장을 지원하기 위한 다른 프로그램들에서도 EBT 시스템의 도입이 점차 확산될 것으로 전망된다.

48. 일부 농민시장은 여러 차례 전화 통화를 시도해 정보를 얻었고, 2곳의 정보는 관계자와의 직접적인 면접 과정에서 확보했다. 또 전화 연락처가 게시되어 있지 않은 1곳은 이메일로 문의해 정보를 입수했다.

49. 이를테면, '오리건주 농민시장협회'의 《2008년도 농민시장 목록》(http://www.oregonfarmersmarkets.org/directory.html)과 《오리건주 농민시장 2008년 안내》에는 '오리건 트레일 식품보조금' 프로그램에 참여하는 시장들이 표기되어 있지만 '농민시장 여성·유아·어린이 영양 프로그램'과 '농민시장 노인 영양 프로그램'에의 참여 여부에 관한 정보는 없다. 또 '시다 밀 선셋 농민시장'의 '오리건 트레일 식품보조금' 프로그램에의 참여에 대한 정보는 누락되어 있다. 한편, 미국 농무부의 농민시장 DB(http://apps.ams.usda.gov/FarmersMarkets)에는 위의 세 가지 프로그램에의 참여 여부를 확인해주는 정보가 모두 들어 있기는 하나 현재로서는 최근 것까지 자료 갱신이 되어 있지 않아서 그런지 매우 부정확하다.

50. 시장 현장에 이들을 환영하는 게시물이 걸려 있고 판매인과 수혜자들 간에 어떤 때는 제법 많이, 또 어떤 때는 간간이 수표 거래가 오가는 것을 볼 때, 저소득층도 농민시장을 꾸준히 찾고 구매를 하고 있는 것은 분명해 보였다. 하지만 포틀랜드지역의 농민시장들에서 이런 프로그램의 수혜자인 저소득층이 농민시장을 얼마나 이용하고 있는지에 관한 정확한 통계자료는 여러 자료를 검색하고 관계자에게 질의를 했음에도 확보할 수 없었다. 따라서 이런 정보의 확보를 위해서는 향후 실증조사를 비롯한 보다 다각적인 자료 추적이 이루어져야 할 것으로 보인다.

51. http://www.oregonfarmersmarkets.org/cust/Debit%20Food%20Stamp20%Program. html; http://www.portlandfarmersmarket.org/Shopping_Services.htm; http://www.ohsu.edu/farmersmarket/tokens.html 등을 참조하라.

52. Oregon Department of Human Service. "2008 Oregon WIC Farm Direct Nutrition Program."

53. Oregon Department of Human Service. "2008 Oregon Senior Farm Direct Nutrition Program."

54. http://www.oregon.gov/DHS/assistance/foodstamps/foodstamps.shtml.

55. 저소득층 노인 및 여성·유아·어린이 프로그램의 경우와 비교할 때, 식품보조금 프로그램의 수혜자들이 농민시장에서 식품비를 얼마나 사용하는지에 관한 통계나 추정치는 현재로는 눈에 띄지 않아 아쉽게도 그 규모를 대략적으로도 가늠할 수가 없다. 따라서 이른바 'EBT 토큰'을 매개로 한 식품보조금 프로그램과 농민시장 간의 접목 시도가 갖는 효과와 개선점 등을 찾기 위해서는 이와 관련된 통계자료들을 수집하려는 체계적인 노력이 이루어져야 할 것으로 보인다.

56. 물론 식품보조금 수혜자들은 본인이 선택할 경우 자신에게 할당된 보조금의 전액을 농민시장에서 쓸 수 있다고 한다(포틀랜드시가 소속되어 있는 멀노마 카운티의 지역먹거리협의회에서 활동해온 한 인사로부터 받은 이메일 답변 내용). 하지만 농민시장의 이용자나 판매인들이 보기에 이것은 현실적으로 일어날 수 없는 가정에 불과했다. 이를테면 농민시장을 저소득층도 자주 이용한다고 생각하느냐는 물음에 대해 필자가 면접한 대다수의 소비자는 '아니다'라고 답했다. 심지어 이 점에 대한 일부 응답자의 답변은 당혹스러울 정도로 단호했다. 같은 맥락에서 한 판매인은 '정부에 제언할 것이 없느냐'는 필자의 물음에, 자신이 그날 받은 농민시장 노인 영양 프로그램의 수표들을 보여주면서 이것들을 정부에서 수혜자들에게 좀 더 많이 제공해야 한다고 강조했다.

57. Oregon Department of Human Service. "2008 Oregon Senior Farm Direct Nutrition Program."; http://www.portlandfarmersmarket.org 등을 참조하라.

58. 이 점에 관련된 실례로는 김원동(2006), 김주숙·김은영(2003) 등을 참조하라.

3장

1. http://www.ams.usda.gov.

2. 이 장의 초고를 논문으로 학술지에 투고했을 당시에 받았던 한 논평자의 제언처럼, 이런 맥락에서 농민시장을 더욱 심도 있게 이해하기 위해서는 시장구조나 소비자 특성 등의 측면에서 농민시장과 대형 마트 간에 어떤 차별성이 있는지를 비교분석하는 연구가 필요하다. 그 중요성에도 불구하고 이 부분은 이번 장의 초점에서는 다소 벗어나 있기 때문에 추후 별도의 후속연구를 통해 다루어보려 한다.

3. 바스 농민시장에 관한 간략한 소개는 탐진 핑커턴·롭 홉킨스(2012: 250-255)를 참조하라.

4. 이 책의 2장이다.

5. 이 책의 1장이다.

6. 이 시장에 관해서는 Pike Place Market Preservation & Development Authority(2007)

를 참조하라.

7. 미국 농무부의 《전국 농민시장 주소록》에 의하면, 2013년 10월 기준으로 미국 캘리 포니아주 내의 농민시장이 미국 전체 농민시장에서 차지하는 비중은 거의 10퍼센 트에 육박하는 것으로 나타났다. 또 필자가 이 주소록을 검색해본 결과, 샌프란시스 코에서 열리는 농민시장은 2013년 말 현재 26개였다. 이처럼 캘리포니아주가 미국 내에서 농민시장의 성장을 주도하고 있고 페리 플라자 농민시장이 그중 대표적인 시장의 하나이기 때문에, 이 시장에 관한 연구는 사례연구로서의 특수성뿐만 아니 라 현재 미국에서 운영되는 농민시장의 사회학적 특징을 일반적인 수준에서 이해하 는 데에도 일조할 수 있을 것으로 보인다.

8. CUESA, 즉 '지속가능한 농업을 위한 도시교육센터'는 '페리 플라자 농민시장과 이 를 통한 교육 프로그램을 통해 지속가능한 먹거리체계를 육성하기 위해 만들어진 조직'이다(http://www.cuesa.org/markets).

9. http://www.cuesa.org/markets.

10. 본문에서 소개한 페리 플라자 농민시장의 연혁을 비롯한 시장의 개괄적 특징을 좀 더 자세하게 알려면, CUESA의 농민시장 홈페이지 하단에 게시된 'CUESA가 제공 하는 페리 플라자 농민시장 온라인 투어'(http://www.cuesa.org/markets)를 참조하라.

11. 한 소비자는 가족과 함께 이곳에 와서 쇼핑하면서 여가를 즐긴다고 했다. 그녀는 이 런 점에서 페리 플라자 농민시장이 가족뿐만 아니라 공동체를 위해서도 좋은 기회 를 제공하는 장소라고 생각한다는 얘기를 덧붙였다(사례 3-17). 또 한 소비자는 친구 나 동료 또는 이웃을 시장에서 우연히 마주치는 경우가 종종 있다고 했다. 그래서 토요시장에 올 때는 친구들과 조우하리라는 기대감을 갖는다고 했다. 이 소비자는 이런 측면에서 이 시장을 많은 사람이 모이는 멋진 장소라고 표현했다(사례 3-16). 판 매인들에게서도 비슷한 의견을 많이 접할 수 있었다. 한 판매인의 얘기를 그대로 옮 긴다. "[이곳은] 사람들이 만나서 중요한 쟁점들, 특히 먹거리에 관해 대화하기에 좋 은 장소입니다. 물론 문화, 정치, 국제정치에 관해서도 대화를 합니다. 여기서는 무 수하게 많은 대화가 이어집니다. 이런 다양한 유형의 대화들을 하기에 좋은 환경이 라고 할 수 있지요"(사례 3-5).

12. http://www.hotcfarmersmarket.org/Who%20We%20Are.html.

13. 이 시장은 일주일에 수요일과 일요일에 두 번 열린다. 필자가 샌프란시스코 숙소에 도착한 당일 수요시장을 방문했기 때문에 그날은 시장을 쭉 둘러보면서 자료사진 을 촬영했고 일요시장 때에 재방문하여 면접을 하기로 일부 판매인의 약속을 받아 두고 돌아왔다. 이런 연유로 이 시장에서의 면접은 모두 일요시장 때 실시되었다.

14. 필자가 본 이런 광경들과 느낌은 이후 '도시의 심장 농민시장' 관리인과의 면접조사 과정에서 좀 더 확실하게 그 이유를 알 수 있었다. 시장관리인에 의하면, 이곳 주변 은 우범지역이라 시장을 찾는 소비자들에게 안전감을 주기 위해 안전요원을 시장 자 체적으로 고용해서 배치한다고 한다. 또 '도시의 심장 농민시장'의 수요시장은 평일에

행정 중심구역에서 일하는 사무직 종사자들에게 매우 인기 있는 장터라서 일요시장보다 소비자들이 더 많이 몰리고, 그래서 규모도 크다고 했다. 이에 비해 주말인 일요시장은 대부분 이 지역에 거주하는 저소득층 가족이 찾는 시장이고, 이들은 수중에 돈이 많지 않기 때문에 점심 외식을 하러 오는 사람도 적고 이로 인해 일요시장에는 음식 판매인들도 수요시장보다 훨씬 적다고 했다. 수요시장은 평일에 근무하는 인근의 사무직 종사자들이 점심을 먹기 위해 많이 찾기 때문에 음식 판매대도 시장의 넓은 공간에 훨씬 많이 펼쳐져 영업을 하고, 농민판매인들도 수입을 더 많이 올린다고 한다. 이와 같이 '도시의 심장 농민시장'과 '페리 플라자 농민시장'은 평일과 주말의 장터 모습이나 분위기, 주고객층 등에서 상당한 차이가 있었다.

15. 예컨대, 1998년에서 2005년 사이에 미국 오리건주에서는 62개의 농민시장이 개장했지만 32개가 폐쇄되었다고 한다(USDA, 2011b에서 재인용). 그 정확한 이유는 제시되어 있지 않아 알 수 없지만, 농민시장들을 폐쇄한 근본적인 이유는 아마도 시장으로서 존립이 불가능할 정도로 경쟁력을 상실했기 때문일 것이다. 어떤 농민시장이든 경제적 기능의 측면에서 '지속가능성sustainability'을 확보하지 못하면, 시장의 비전이나 목표가 아무리 훌륭해도 현실적으로는 쇠락의 길을 걸을 수밖에 없기 때문이다.

16. 물론 앞서 시장 연혁에서도 살펴보았듯, 페리 플라자 농민시장이 처음부터 이곳에서 개장했던 것은 아니다.

17. 필자가 판매인들과 나눈 면담에 의하면, 판매인에 따라 고객의 비중은 조금씩 차이가 있는 듯했다. 예컨대, 꽃 재배 판매인(사례 3-2)은 매주 방문하는 단골들이 있다고 했다. 대부분의 꽃이 그렇지만, 특히 튤립은 약 일주일이 지나면 시들기 때문에 고객들은 대개 매주 시장을 찾아 꽃을 구매해 간다는 것이다. 또 채소 판매인(사례 3-4)은 손님들 중에 절반 정도가 항상 재방문하는 고객이고, 나머지 절반은 여행 중이라 사지는 않고 그저 구경만 하는 관광객인 것 같다고 얘기했다. 그런가 하면, 유기농 닭 판매인(사례 3-5)은 지역 주민 고객이 90퍼센트이고, 나머지 10퍼센트가 관광객이라고 답변했다.

18. 필자의 면접조사에 의하면, 페리 플라자 농민시장에서 판매되는 상품의 질에 대한 신뢰는 일반 소비자들 사이에서도 확고했다. 예컨대, 한 소비자는 이 시장의 판매인들이 지속가능한 방식으로 사업을 하고 있기 때문에 자신이 이 시장에서의 소비를 통해 이들의 사업을 육성하는 일에 일조하는 것을 기쁘게 생각한다고 했다. 또 물건 값이 다소 비싸더라도 자신은 그것을 공정한 가격이라고 보기 때문에 기꺼이 그 가격을 지불한다고 얘기했다. 이와 같이 농민시장에서의 소비 행위는 판매인들에게 양질의 먹거리를 지속적으로 생산할 수 있게 해준다는 사실, 즉 '지속가능성'을 제공한다는 점에서 공동체에 결정적으로 기여한다고 강조했다(사례 3-9). 또 다른 소비자의 의견도 비슷했다. 토지에 좋은 방식의 농법으로 재배해서 비용이 더 들기 때문에 여기서의 생산물이 저렴하지는 않지만 공정한 가격이라고 본다는 것이다. 또 샌

프란시스코만 지역의 일류 요리사들이 여기에 와서 식재료를 구입해 갈 정도로 이 시장 물건의 품질은 탁월하다고 자신감 있게 설명하기도 했다(사례 3-12). 실제로 필자가 면접한 한 요리사는 지난 10년간 매주 일요시장을 방문해 식재료를 구입한다고 했다. 이 시장의 생산물들은 친환경적이라 정말 품질이 좋다는 것이 그녀가 이 시장을 찾는 주된 이유였다(사례 3-11). 실제로 이 시장에서 구입 규모가 가장 크고 중요한 소비자는 일반 소비자가 아니라 놀랍게도 '요리사'와 '음식점 관계자'였다(사례 3-1). 그런가 하면, 이 밖의 다른 소비자들(이를테면, 사례 3-10, 사례 3-14, 사례 3-15, 사례 3-16, 사례 3-18 등)과의 면접에서도 필자는 이 시장 물건들의 품질에 대한 매우 우호적인 평가를 접할 수 있었다. 농민시장에서 거래되는 상품의 품질에 대한 소비자들의 이런 신뢰는 경제적 합리성과도 연계된 것이라고 볼 수 있다. 예컨대, 농민시장에서의 거래는 중간상인이 개입하지 않는 직거래이고, 생산자가 동시에 판매자 역할을 하기 때문에 유통비용의 최소화가 가능하다는 점, 장시간 원거리를 이동해 온 타지 먹거리가 아니라 인근의 지역산 먹거리이기 때문에 운송비용이 적게 든다는 점 등이 그것이다. 원가 절감을 가능하게 하는 이런 경제적 강점들이 지역산의 신선한 제철 먹거리의 질적 장점과 결합되어 품질의 우수성과 가격의 합리성에 대한 신뢰를 한층 강화해준다고 볼 수 있다.

19. 페리 플라자 농민시장의 연례보고서는 이와 관련된 여러 정보를 간결하게 제공한다. 이를테면, 2010년, 2011년, 2012년의 경우에 주간 전자메일 소식지의 구독자는 각각 9,350명, 11,150명, 12,438명으로 증가했다. 또한, 2011년과 2012년의 트위터 팔로워 숫자는 각각 5,602명에서 8,679명으로, 페이스북 팔로워 숫자는 3,851명에서 7,804명으로, 그리고 농민시장 방문자 숫자는 16,721명에서 25,993명으로 늘어났다(CUESA, 2010, 2011, 2012).

20. 경제사회학에서 강조하는 기본 관점의 하나는 경제제도를 제대로 이해하려면 경제적 요인뿐만 아니라 경제외적인 요인들을 함께 고려해야 한다는 점이다(박길성·이택면, 2007).

21. http://www.ferrybuildingmarketplace.com/about.php.

22. 지역먹거리 판매에서는 실제로 채소, 과일, 견과류 등의 품목이 가장 많다고 한다(USDA, 2013a에서 재인용).

23. http://www.cuesa.org/our-sellers.

24. http://www.cuesa.org/seller/4505-meats; http://4505meats.com.

25. http://www.cuesa.org/seller/downtown-bakery.

26. http://www.cuesa.org/seller/pizza-politana; http://pizzapolitana.com.

27. 물론 페리 플라자 농민시장에서 영업하는 판매인의 주류는 지속가능한 영농법을 실천하고 환경의 중요성에 공감하는 지역의 소규모 농민과 먹거리 장인들로 구성되어 있다고 한다(사례 3-1).

28. 앞서 소개했듯이, 목요농민시장은 2009년 개장했다('CUESA's online tour of the Ferry

Plaza Farmers Market', http://www.cuesa.org/markets). 2년 된 시장이라는 설명은 현장을 방문하여 면접을 한 시점이 2012년 1월이었기 때문이다.

29. 목요시장의 이해에 매우 유익한 정보라 생각되어 다소 길지만 인용한 것이다. 아마도 이 임원의 설명이 없었더라면 목요시장의 개장 배경이나 성격을 명확하게 파악하기 어려웠을 것이다. 페리 플라자 농민시장 홈페이지에서 물론 이와 관련한 압축된 소개를 볼 수 있다. 즉, '이 시장은 이 지역에서 일하는 사람들이 점심식사를 하고, 신선한 저녁식사용 식재료를 구입해 가는 인기 있는 장소'라는 소개가 그것이다('CUESA's online tour of the Ferry Plaza Farmers Market', http://www.cuesa.org/markets).

30. 필자와의 면접 과정에서는 한 응답자(사례 3-7)는 페리 플라자 농민시장을 일주일에 한 번 방문하는데, 그날이 바로 목요일이라고 했다. 음식 판매인이 음식수레에서 지속가능한 좋은 식재료로 조리해서 제공하기 때문에 자신은 점심식사를 하러 여기에 온다는 것이었다. 또 음식을 구입하기 위해 줄을 서 있던 두 남성에게 면접을 요청했을 때, 이들은 자신이 농민시장을 이용하기 위해서가 아니라 그냥 점심을 먹으러 왔을 뿐이라 다른 것은 잘 모른다고 하면서 면접을 정중히 거절했다. 이런 사례들에 비추어볼 때, 다른 식재료나 과일 또는 채소 등의 구입이 아닌 식사를 목적으로 페리 플라자 농민시장을 찾는 이들이 적지 않음을 짐작할 수 있다.

31. 이것은 '도시의 심장 농민시장'의 관리인의 설명이다. 필자는 이 시장에서도 시장관리인을 비롯해서 20여 명의 판매인과 소비자 등을 상대로 면접조사를 실시한 바 있다.

32. '도시의 심장 농민시장'이 갖는 이러한 성격은 시장의 형성 계기에 대한 홈페이지의 소개에서 확인할 수 있다. "이 시장은 캘리포니아의 소규모 가족농을 후원하고 지탱할 뿐만 아니라 이런 소규모 지역 농장에서 샌프란시스코의 도시 저소득 공동체에게 양질의 생산물을 적당한 가격으로 제공하기 위해 30여 년 전에 만들어졌다. 우리는 농민들에 의해 운영되는 독립적인 비영리 시장이고, 이들의 상당수는 일반 식료품점이 없는 '먹거리사막' 지역에 건강한 먹거리와 영양교육 프로그램 지원을 제공할 사명감을 갖고 시장이 개장한 이래로 지금까지 판매인으로도 활동 중에 있다. 샌프란시스코의 농민시장들에서 사용되는 식품구매권의 75퍼센트 이상이 이곳에서 쓰인다(http://www.hotcfarmersmarket.org/Who%20We%20Are.html)."

4장

1. 미국 공동체지원농업 모델의 도입 배경이나 과정, 운동의 핵심 이념 등에 관한 자세한 논의는 McFadden(2004a, 2004b)과 Robyn Van En(1996)을 참조하라.

2. 물론 이 분야의 선행연구들이 모두 이런 단순 대비의 분석 틀에 따라 CSA의 이론적 특성이나 경험적 실태를 진단하고 있는 것은 아니다. 이를테면, 힌리히스(Hinrichs, 2000)는 CSA 논의의 중심에 있는 '로컬' 개념을 유동성을 지닌 사회적 속

성을 갖는 것으로 이해해야 한다고 주장하면서 앞서와 같은 이분법적 분류 방식이 지나치게 단순하다고 비판한다.

3. 핸더슨과 로빈 밴 엔은 CSA에서 회원 노동력의 제공이 어떻게 이뤄졌고, 그 의미가 무엇인지를 CSA에 관한 자신들의 저서에서 분명하게 서술하고 있다(Henderson and Robyn Van En, 2007). 하지만 CSA운동의 초기 이후로 CSA 회원의 노동력 제공 방식에 어떤 변화가 생겼는지, 그리고 변화가 발생했다면 그 이유가 무엇인지에 관한 체계적인 연구 성과는 좀처럼 보기 어렵다.

4. 이 주제는 여러 선행연구에서 실마리를 발견할 수 있다. 가령, 태평양과 인접한 미국 서부지역의 CSA 농가들을 대상으로 실시한 한 조사연구(Strochlic and Shelley, 2004)는 미국의 많은 CSA가 회원의 노동력 제공을 통한 회비 감면이나 대체에 개방적 태도를 보이는 경향이 있다고 지적하면서, 신선한 지역산 생산물에 대한 지역사회 내 저소득층의 접근 기회를 늘리기 위해서는 정책적으로 이를 확대해야 한다고 제언한 바 있다. 이런 맥락에서 구스먼 등의 연구(Guthman et al., 2006)는 주목할 만하다. 이들은 CSA를 농민시장과 함께 대안적 먹거리운동을 대변하는 두 가지 주요 제도라고 보면서, 그 가능성에도 불구하고 CSA가 '소농 경영의 지속가능성'과 '저소득층의 먹거리보장'이라는 두 가지 목표를 동시에 충족시킬 수는 없다고 주장한다. 그것은 CSA도 어디까지나 CSA 농장의 존립을 우선적으로 고려할 수밖에 없는 시장상황 속에서 운영되기 때문이라는 것이다. 그렇기 때문에 CSA를 통해 저소득층의 먹거리보장 문제가 해결될 수 있으려면 CSA를 중심으로 이와 연관된 정부 차원의 적절한 정책적 프로그램이 마련되어야 한다고 이들은 강조한다. 한편, 저소득층 가구의 CSA 참여 기회 제공을 통해 이들의 식생활습관이나 공동체의식, 조리나 신선한 지역산 먹거리에 대한 소비 태도 등이 어떻게 바뀌는지를 조사한 한 연구도 이와 유사한 정책적 함의를 제공한다(Andreatta et al., 2008). 이들은 자신들이 확인한 긍정적인 조사 결과를 토대로 CSA를 통한 저소득층 가구의 먹거리보장을 위해서는 정책적인 투자가 필요하다고 얘기한다. 필자는 이와 같은 연구들에서 표출된 문제의식과 처방의 방향에 기본적으로 동의한다. 다만 여기서는 이런 선행연구들에서 제대로 검토되지 못한 중요한 문제, 이를테면, 저소득층이 CSA 참여에서 배제되는 이유, 중산층 회원들이 노동력 제공을 실제로 꺼리고 있는지의 여부 및 그에 따른 문제점 등을 다각도로 점검해보려 한다.

5. 한 연구에 의하면, 사람들이 지역산 먹거리의 소비자가 되는 과정에서는 그러한 먹거리를 생산하는 '특정한 장소'와 그들 간의 직접적인 연결이나 신체적·정신적 경험 같은 가치가 중요한 영향을 미치며 이는 CSA 회원들 사이에서도 마찬가지라고 한다(Schnell, 2013). 비단 이 연구뿐만 아니라 CSA에 관한 연구의 대부분이 이런 가치의 문제를 다루고 있다고 봐도 과언은 아니다. 이 같은 실정에도 불구하고 필자가 여기서 이 문제를 재론하는 까닭은 가치를 경제적 가치와 비경제적 가치의 양대 차원으로 나누어보고, 다시 이것들 간의 관계 속에서 CSA의 의미를 되새겨볼 필요가

있다고 보기 때문이다. 특히, CSA 운영 농민들의 생생한 육성을 통해 이런 측면을 집중적으로 조사한 실증적 연구가 아직 보이지 않는다는 점에서, 앞서의 물음에 대한 답변의 탐색은 CSA의 주요 특징을 현실적으로 이해하는 데 일조할 수 있으리라고 본 것이다.

6. 다행히 미국 내 여러 주의 CSA 농장을 대상으로 실시한 1999년 조사와 2009년 조사 결과 자료가 있어서(Lass and Stevenson et al., 2003: University of Kentucky, 2009) 우리는 미국 CSA 농가의 영농 방식과 공식적인 유기농 인증 여부의 실태 및 변화를 개략적으로나마 확인할 수 있다. 하지만 위의 조사에서는 CSA 운영 농민들이 유기농법으로 재배하면서도 공식적인 유기농 인증을 받지 않는 이유와 해결 방안 등에 대한 추가적인 분석이 이뤄지지 않았다. 미국 CSA의 현실과 특징을 파악하고자 할 때 이 점을 이해하는 것이 중요하다고 보기 때문에, 여기서는 이를 주요 쟁점의 하나로 검토해보려 한다.

7. USDA. 2013a, "Community Supported Agriculture." http://www.nal.usda.gov/afsic/pubs/csa/csa.shtml.

8. 공동체지원농업은 'Community Supported Agriculture' 혹은 'Community Shared Agriculture'로 표현될 정도로 공동체지원농업에서 '지원Support'과 '공유Sharing'라는 용어는 흔히 혼용된다(Feagan and Henderson, 2009: 205-206).

9. http://www.localharvest.org/csa.

10. CSA를 검토할 때 실질적인 유기농 여부와 유기농 인증의 공식성 여부에 관심을 갖게 되는 것은, 신선하고 고품질의 친환경적 먹거리를 생산해야 한다는 이런 당위론적 관점에서 연유하는 것이라고 볼 수 있다. 필자가 이 연구에서 조사 대상 CSA 농민들의 유기농이나 지역산 농산물에 관한 인식과 공식적인 유기농 인증 문제를 둘러싼 이들의 생각을 살펴보려 한 것은 이런 맥락에서였다.

11. 이것은 로컬하비스트LocalHarvest가 대학 연구자들과 850여 명의 CSA 농민을 대상으로 수행한 공동조사 결과다. 자세한 내용은 다음 자료를 참조하라. LocalHavest. 2013. *LocalHarvest Newsletter*(May 20, 2013), http://www.localharvest.org/newsletter/20130521.

12. 여기에 관한 좀 더 자세한 논의는 Abbott(2011: 157-175), 김원동(2007, 2011) 등을 참조하라.

13. 이 범주는 포틀랜드시가 속해 있는 오리건주 내의 멀노마, 워싱턴, 클락카마스를 비롯한 얌힐, 컬럼비아의 5개 카운티와 워싱턴주에 속한 클락Clark, 스카매니아Skamania의 2개 카운티를 모두 포괄하는 지역의 의미로 사용되고 있는데, 2013년 2월 인구조사국에 의해 '포틀랜드-밴쿠버-힐스버러'로 그 명칭이 변경되었다(Portland State University, PRC, 2014: 김원동, 2007: 17-22).

14. 제네시 밸리 오가닉 CSA(GVOCSA)는 현재의 예시들을 제공한《수확 공유하기Sharing the harvest》의 저자 헨더슨이 공동설립자로 참여해 1989년 문을 연 농장이라

눈길을 끈다. 현재는 피스워크 농장Peacework Farm으로 명칭이 바뀌어 운영되고 있다 (http://www.peaceworkcsa.org/about).

15. 본문의 농장들 중 '제니시 밸리 오가닉 CSA'는 '미국에서 가장 오래된 CSA의 하나 로 1989년 설립'되었고, '매니 핸즈 오가닉 농장'은 1992년부터 CSA를 시작했다고 한다(http://www.peaceworkcsa.org; http://mhof.net/csa). 하지만 예시된 나머지 농장들의 경우에는 CSA 시작 시기를 정확하게 확인할 수 없었다.

16. 물론 앞서 인용한 헨더슨 등의 자료와 필자의 면접조사 결과를 상호 비교해 얻은 이런 변화 추이와 특징을 경험적으로 일반화할 수는 없다. 왜냐하면 전자의 자료 에는 전체 미국 CSA 농가 중에서 회원 노동력의 제공이 이뤄지고 있는 농가가 차 지하는 비율이나 기준 연도가 명시되어 있지 않고, 필자의 결과는 제한된 사례조 사에 근거한 것이기 때문이다. 이는 미국 CSA 농가의 다양한 특징적 실태를 정기 적으로 조사하여 발표하는 종합 보고서나 통계자료가 아직 없다는 현실적인 연구 여건상의 제약 요인과도 밀접한 관련이 있다. 그럼에도 불구하고 필자가 조사 과정 에서 받았던 느낌은 CSA 농민의 입장에서도 회원의 노동력 제공은 기대하지 않는 듯했고, 그것이 결과적으로 초기에 비해 최근으로 올수록 그런 사례를 보기 힘들 게 만든 것 같다는 점이었다. 물론 회원의 입장에서도 노동력 제공을 거의 하지 않 는 나름의 이유가 있을 것으로 생각되기 때문에 필자의 이후 물음은 주로 농민과 회원이 모두 회원의 노동력 제공에 소극적이게 된 이유와 그 의미를 짚어보는 쪽으 로 이동했다.

17. 회원소비자의 사회계층적 지위를 물었을 때 면접 대상 농민들로부터 들을 수 있었 던 답변은 '중산층' 또는 '중상층'이었다(사례 4-9, 사례 4-17). 식품구매권 수령자를 비 롯한 저소득층에 관한 얘기는 들을 수 없었는데, 이는 결국 저소득층이 CSA에서 배제되어 있는 현실을 시사한다고 볼 수 있다.

18. 이것은 CSA가 경제적 가치의 측면에서도 사회적 기여도가 매우 클 수 있음을 시사 한다. 한 연구자는 미국인이 가구별 음식 소비액의 약 절반을 외식비로 지출하고 있 고, 가공식품산업의 성장과 그에 수반된 저가 가공식품에의 접근성이 확대되면서 비만 인구도 전 지구적으로 증가하고 있다고 지적한다(캐롤란, 2013: 102-107, 318).

19. 필자가 면접한 CSA 농민들도 기존 회원들의 '입소문'이 신규 회원 가입을 유도하는 가장 좋은 방법이 되고 있다고 얘기했다(예컨대, 사례 4-7, 사례 4-13). 미국 내 9개 주 의 CSA 농장 운영자를 대상으로 한 우편 조사에서도 신규 회원 충원의 가장 효과 적인 방법은 '입소문'이라는 응답이 압도적으로 많은 것으로 보고된 바 있다(Univ. of Kentucky, 2009).

20. 이 같은 추론과 해석은 회원 관리의 어려움을 호소하는 CSA 농민들의 얘기에서도 그 근거를 확보할 수 있다. CSA 농민들(예컨대, 사례 4-1, 사례 4-2, 사례 4-3, 사례 4-7, 사 례 4-13 등)은 회원들을 기본적으로 가족처럼 생각하고 이들의 회비 선납을 비롯한 CSA 동참을 고맙게 생각하면서도 이들의 이탈을 방지하고 관계를 유지하기 위해

소식지 전달, 이메일 발송, 전화걸기, 재가입 요청 등의 작업에 많은 시간과 에너지를 투입해야 하는 고충이 있다고 털어놓았다.

21. CSA에는 이와 같이 경제적·비경제적 가치 추구의 두 가지 측면이 혼재되어 있지만 기본적으로 비경제적 가치지향성이 강하다는 점은 분명해 보인다. 이는 CSA 농민들의 직업만족도와 관련된 다음과 같은 얘기에서도 충분히 엿볼 수 있다. 이를테면, '농업이 시간 대비 가장 수익이 큰 직업이 될 수는 없기 때문에 영농에 종사하려면 생활양식으로서의 영농 활동이라는 가치관을 갖는 것이 가장 중요합니다'(사례 4-1; 사례 4-2), '우리가 원하는 생활방식대로 사는 데 도움이 되기 때문에 CSA를 계속해왔습니다'(사례 4-13; 사례 4-14), '행복합니다. 이것은 좋은 생활방식입니다. 저는 제가 하는 일을 좋아합니다'(사례 4-3), '매우 만족합니다. (이 점에서는) 의문의 여지가 없습니다'(사례 4-7), '매우 훌륭한 일이라고 생각합니다. 저는 이 일을 사랑합니다'(사례 4-9) 등이 그것이다. 이런 논의들은 CSA가 관행농업과는 명확하게 구별되는 대안적 영농 방식으로 간주될 수 있음을 보여준다.

22. 이와 관련된 자세한 논의는 캐롤란(2013: 265-277)을 참조하라.

23. 한 식품가공회사 관계자(사례 4-8)는 회사에서 가공식자재를 구매할 때 모든 생산품에 대해 공식 인증을 필수 요건의 하나로 요구한다고 했다. 그 이유는 소비자가 자신들에게 그것을 요구하기 때문이라는 것이었다. 결국 '생산품이 어떤 신뢰할 만한 기준에 따라 생산된 것임을 사람들이 수긍할 수 있게 보증해주는 것이 바로 인증'이라는 얘기였다. 공식적인 유기농 인증에 내포된 이런 효과는 CSA와 관련해서도 시사하는 바가 있다. 즉, 해당 CSA 운영 농민을 잘 모르는 잠재적 소비자나 농민과의 접촉이 적은 기존 회원, CSA가 아닌 방식으로 CSA 농장의 생산물을 구입하게 되는 소비자 등에게는 공식 인증서가 CSA 농장 생산물의 품질을 신뢰하게 만드는 간단명료한 증표가 될 수 있다는 것이다.

24. 이 여성 농민(사례 4-17)의 경우에는 회원이 상당히 많은 편이었지만 경작 규모는 18에이커 정도의 소농이었기 때문에 유기농 인증에 수반되는 비용이 상당히 부담이 되는 듯했다. 그래서인지 이 농민은 유기농 농가에 대한 정부의 재정적 지원이 필요하다는 의견을 강력하게 피력하기도 했다.

25. 미국에서 약 10년의 시차를 두고 이루어진 전국 단위의 2개 조사를 비교해보면, 일반화하기는 어렵지만 이런 경향성을 어느 정도 확인할 수 있다. '미국 CSA운동에 대한 최초의 포괄적 모습'을 보여준 1999년 전국 41개 주의 CSA 농장 표본조사에 의하면, 유기농 인증 농가 41.8퍼센트, 인증받지 않은 유기농 농가 43.0퍼센트, 생명역동농업 농가 9.5퍼센트인 것으로 나타났다(Lass and Stevenson et al., 2003). 그런가 하면, 미국 9개 주의 CSA 운영 농가를 대상으로 한 우편 조사에 의하면, 유기농 인증 농가 18.4퍼센트, 인증받지 않은 유기농 농가 65.8퍼센트, 관행농법과 유기농법을 혼용하는 농가 14.8퍼센트, 관행농법 농가 1.0퍼센트였다(University of Kentucky, 2009). 양자를 비교하면, 이전보다 인증받지 않은 유기농 CSA 농가가 훨씬 늘어났고, 그 비

중은 전체 CSA 농가의 3분의 2에 달함을 알 수 있다. 이런 비교조사 결과는 다른 한편으로는 그간의 미국 유기농 인증제도 운영 자체에 분명히 문제가 있음을 시사한다고 볼 수 있다.

26. 체리 농장을 운영하는 농민에게 CSA를 할 계획이 없는지를 물었을 때, 그녀의 답변은 명쾌했다. 자신은 체리 한 품목만 생산하기 때문에 다품종 작물의 재배와 생산이 요구되는 CSA를 시도할 계획이 없다는 것이었다(사례 4-15). 단일 품목을 재배하는 이런 농민들과는 달리 CSA 농민들은 재배 품목을 질문하면 "서로 다른 55종의 채소를 재배합니다"(사례 4-9)라거나 "식료품점에서 일반적으로 볼 수 있는 모든 채소를 거의 다 재배합니다"(사례 4-1, 사례 4-2)라는 식의 답변을 한다. 그런데 CSA 농민들은 이 일도 만만치 않은데 이렇듯 다양한 품목을 재배해서 제공하고자 노력함에도 불구하고 회원에게 배달되는 품목에 대한 소비자의 다양한 기호를 동시에 모두 충족시킬 수 없다는 점이 CSA 운영 과정에서 가장 힘들다고 하소연하기도 했다(사례 4-4).

27. 일례로 라스 등에 의한 미국 CSA 농가 조사 자료에 의하면, 미국 CSA 농가 농민의 연령은 1997년 미국 농민의 평균 연령에 비해 훨씬 젊은 것으로 나타났다. 특히 25~34세, 35~44세, 45~54세의 각 범주에서 CSA 농민이 차지하는 비중은 미국 농민 평균보다 모두 훨씬 큰 것으로 나타났다(Lass and Stevenson et al., 2003). 다른 한편, 라스 등에 의한 미국 CSA 농가 2001년 전국 조사 자료에 따르면, CSA 농장의 72퍼센트 이상이 운영 농지 규모 '10에이커 미만'과 '10~49에이커'의 두 개 범주에 속한 데 비해 미국 전체 농가 중 이 2개 범주에 포함되는 비율은 30퍼센트 미만인 것으로 나타났다(Lass and Bevis. et al., 2003: 6).

28. 가정을 가진 성인 회원이 노동력의 제공을 위해 농장을 자주 찾다보면 가족을 동반할 경우도 종종 생길 것이고, 그 과정에서 아이들도 자연스럽게 농사나 먹거리, 자연환경 등에 익숙해지고 이에 관심을 갖게 될 수 있다. 이런 점에서 CSA 회원의 노동력 제공은 후속세대에 대한 먹거리교육을 활성화하는 계기가 될 수 있다. 필자와 잠깐 면담했던 한 농민의 고등학생 아들에게서도 이런 가능성을 확인할 수 있었다. 그는 자신이 농장 환경에서 성장하게 된 것을 특권이라고 생각하고 있었고, CSA 회원들을 만나보면 그들도 자신과 비슷한 체험을 하는 것 같다고 했다(사례 4-10).

29. 물론 CSA뿐만 아니라 먹거리의 생산과 소비에 이르기까지 먹거리 전반에 관한 올바른 지식을 갖고 이를 실천에 옮길 수 있는 이른바 '음식시민'을 육성하기 위한 교육기관이 된다면 더욱 바람직할 것이다. 음식시민에 관해서는 김종덕(2012)을 참조하라.

30. 한 연구에 의하면, CSA가 추구하는 가치나 함의 등을 잘 알고, 농가 활동에 적극적으로 참여하는 회원들이 그렇지 않은 회원들보다 CSA로 인한 정신적 만족감, 농민과의 친밀성, 땅이나 자연에 대한 연계성 등을 실제로 훨씬 더 강하게 느끼고, 회원 자격을 연장하는 비율도 높은 것으로 나타났다(Cone, Cynthia Abbott et al., 2000). 이것은 회원들에 대한 교육이 CSA의 지속적인 성장을 위해 결정적으로 중요한 요소가

될 수 있음을 시사한다.

31. 이런 상황은 CSA와 함께 대안농업의 주요 유형이라고 일컬어지는 농민시장에서 자원봉사자들이 종종 눈에 띄는 것과는 다소 대조적이다.

32. 캐롤란의 분석에 의하면, 1995년부터 2009년까지 미국 정부의 농가 보조비 2,110억 달러 가운데 88퍼센트가 전체 농가의 20퍼센트에 해당하는 부유한 농가와 농기업에 지급되었고, 그 나머지가 80퍼센트의 농가에게 돌아갔다고 한다. 이 같은 왜곡된 농업 정책이 미국 농업 내부의 소득 불균형을 심화시켰고, 그 결과 정부의 농가보조금이 수행했던 소농에 대한 '안전망 기능'도 이전보다 상대적으로 약화되었다는 것이다(캐롤란, 2013: 39-40).

33. 실제로 CSA 농민들 중에도 미국 정부의 보조금 정책에 문제가 있다고 보는 이들을 다수 볼 수 있었다. 예컨대, 필자가 면접한 농민들 중에는 미국 정부가 부자들의 편만 든다며 정부에 대해 매우 부정적인 견해를 표출하는 농민(사례 4-6)도 있었고, 정부가 유독성 작물을 재배하는 대농에게는 보조금을 지원하면서 유기농민에게는 아무런 지원도 하지 않고 있다고 비판하면서 CSA 농민에게 유기농 인증에 필요한 보조금을 지원하는 정책 같은 것이 필요하다고 주장하는 이(사례 4-9)도 있었다. 이와 같이 CSA 농민들 사이에서도 정부가 친환경적 영농에 종사하는 CSA 소농에게는 무관심하고 관행농법으로 대규모 경작을 하는 대농만을 지원하고 있다고 보는 인식이 적지 않음을 엿볼 수 있다.

34. 지역산 농산물 또는 유기농산물을 구하려는 목적이 CSA 회원들의 가입 동기 중 비중이 가장 크다는 점을 밝힌 한 연구 결과(Lang, 2010:24)는 이런 필요성을 재차 환기시켜준다.

5장

1. 이 가운데 약 82퍼센트에 해당하는 1,170억 달러가 '연간세출법annual appropriations acts'이 아닌 다른 법들에 의해 제공하도록 규정되어 있는 서비스 부문의 예산이다. 이는 곡물 보험, 영양 지원 프로그램, 농산물 및 교역 프로그램 등을 포함하는 '의무 지출 프로그램mandatory programs'을 운영하기 위해 요청된 예산이라고 할 수 있다. 나머지 18퍼센트에 해당하는 230억 달러는 여성·유아·어린이 영양 특별보충 프로그램WIC, 먹거리 안전, 농촌 개발 융자와 보조, 연구와 교육, 국내외 마케팅 지원 등과 같은 '재량 지출 프로그램discretionary programs'을 위한 예산이다(USDA, 2017a: 1-2).

2. https://www.fns.usda.gov/about-fns.

3. https://www.cnpp.usda.gov/about-cnpp.

4. SNAP의 역사, 목적 및 실태에 관한 자세한 논의는 김원동(2017: 62-65)과 USDA(2018b)를 참조하라.

5. 미국의 2017년 경기가 호전되고 있음을 감안해 2018년 예산에서 SNAP 수혜 예상

자 숫자를 조금 작게 잡았다는 사실(USDA, 2017a)이 이를 시사해준다.

6. 미국 정부는 그동안 저소득층 대상의 영양 지원 프로그램과 농민시장을 연계시키고 활성화하기 위한 정책을 운영해왔다. '농민시장 노인 영양 프로그램SFMNP'과 '농민시장 여성·유아·어린이 영양 프로그램WIC FMNP'이 그것이다. 전자는 수혜 대상자 1인당 연간 20~50달러를, 그리고 후자는 1인당 연간 10~30달러를 지급하는 프로그램이다. 2015년의 경우, 이 프로그램의 수혜자 숫자는 각각 81만 7,751명과 약 170만 명이었다. 이에 관한 좀 더 자세한 논의는 김원동(2017: 66-67)을 참조하라.

7. 예컨대, 2007년과 2011년 사이에 SNAP 수혜자가 농민시장에서 사용한 총액은 160만 달러에서 1,170만 달러로 급증했다. 또 2012년 12월 자료에 의하면, SNAP 수혜자의 구매를 수용한 농민시장은 전국적으로는 20퍼센트 이상 그리고 포틀랜드 광역권에서는 50퍼센트 이상에 이르는 것으로 나타났다(Zenger Farm, 2013: 3에서 재인용). 이와 같이 SNAP 수혜자들의 농민시장 참여를 환영하는 농민시장과 이들의 농민시장 이용이 증가하고 있는 것은 사실이지만 그 비중이 아직 매우 작다는 점에도 유의할 필요가 있다. SNAP 수혜자의 대다수는 여전히 농민시장이 아닌 자신의 거주지 인근에 위치한 식료잡화점들을 이용하고 있기 때문이다(김원동, 2017: 67-71).

8. 미국 오리건주 포틀랜드 소재의 '젠저 농장Zenger Farm에서 2011년과 2012년에 걸쳐 운영한 CSA 시범 프로그램'을 말한다. 이 프로젝트를 시작할 당시만 해도 오리건주에서 SNAP 보조금으로 먹거리 대금 지급을 받아들이던 CSA 농가가 4곳에 불과했다고 한다(Oregon SNAP CSA Farms, 2018a).

9. 이 농장에서는 저소득층에게는 정상가의 반값으로 CSA 할인 가격 구좌도 제공한다(Center for Healthy Food Access, 2018).

10. 이 농장에서 일하는 농민의 상당수는 소말리아, 콩고공화국, 아프가니스탄, 남수단 출신의 난민 또는 이민자들이다. 여기서 생산된 농산물들은 CSA뿐만 아니라 농민시장, 도매업자 같은 다양한 경로로 판매된다(https://www.cultivatingcommunity.org/programs/fresh-start-farms).

11. 이 기금의 액수는 2008~09학년도에는 4,000만 달러였지만, 2009~10학년도에는 6,500만 달러로, 2010~11학년도에는 1억 100만 달러로, 그리고 2011~12학년도에는 1억 5,000만 달러로 지속적으로 증가하고 있다. 이 기금은 실질적인 효과의 극대화를 위해 저소득층 가정의 학생 비율이 가장 높은 학교들에게 할당된다(USDA FNS, 2013a: xiii). 이 프로그램에 대한 미국 농무부의 평가 조사에 의하면(USDA FNS, 2013a), 이 프로그램에 참여하는 학교에서는 그렇지 않은 학교에 비해 학생들이 채소와 과일을 더 많이 섭취하는 것으로 나타났다. 또 이들 학생의 대다수는 과일과 채소에 친숙해지고 좋아하게 되었을 뿐만 아니라 이 프로그램을 통해 또 다른 종류의 과일과 채소를 접해보고 싶어하는 것으로 드러났다. 학생들을 비롯한 이 프로그램의 관계자들은 거의 대부분 FFVP에 우호적인 견해를 표명했고, 이 프로그램의 지속을 원하는 것으로 조사되었다.

12. 미국 정부의 전체 농업 보조금 중에서 과일과 채소 생산의 보조에 투입되는 비중은 불과 0.1퍼센트에 불과하다는 보고도 있다(캐롤란, 2013: 45에서 재인용). 이런 점을 고려할 때, 연방정부나 주정부 또는 지방정부가 과일과 채소를 생산하는 CSA 농가 육성을 위한 보조금 정책을 수립하여 집행하는 것은 매우 시급한 과제 중 하나라고 할 수 있다. 이런 방향의 구체적인 정책적 뒷받침이 있어야 CSA 농가와 기존 먹거리 프로그램들 간의 연계성을 제고하고 제도화로 이끌어가려는 관계자들의 자발적 노력도 힘을 얻고 실효성을 거둘 수 있을 것으로 보인다.

13. 이것은 미국의 영농 후속세대의 육성 문제와도 직결될 수 있다. 경험적 조사 결과들에 의하면, 미국의 CSA 농민은 전체 농민 평균보다 비교적 젊고 고학력자들인 것으로 확인되었다(Kim, 2014: 245-246에서 재인용). 따라서 위와 같은 방안들이 현실화되고 그에 따라 CSA 농가의 판로와 미래가 좀 더 분명해진다면, 지속가능한 친환경 농업과 공동체에 관심이 많은 고학력의 젊은이들이 CSA 부문으로 유입될 가능성도 그만큼 커질 수 있다는 점에 주목해야 할 것이다.

6장

1. 특히, 미국 농무부에서는 농민시장이나 CSA를 비롯한 지역먹거리체계 전반에 관한 각종 통계와 조사 보고서들을 지속적으로 제공하고 있다(예컨대, USDA, 2002, 2009, 2010a, 2010b, 2015a, 2015b; Kim, 2014).

2. 각종 프로그램에 관한 자세한 내용은 USDA(http://www.fns.usda.gov), 김원동(2008) 등을 참조하라.

3. 이 시스템의 주요 내용과 이와 관련된 연례보고서 등은 USDA(2015d)를 참조하라.

4. 한국의 농민시장과 CSA 각각에 관한 사례연구들은 최근 몇 년 사이에 꾸준히 이루어졌다(예컨대, 김원동, 2010; 윤병선·김선업·김철규, 2011; 윤병선·김철규·김흥주, 2012; 윤병선·우장명·박대호, 2010; 정은정·허남혁·김흥주, 2011). 하지만 미국 내의 상황과 마찬가지로, 한국의 농민시장과 CSA에 관한 체계적인 비교연구는 김철규의 분석(2011)이 유일하다고 해도 과언이 아닐 정도로 아직 희소한 편이다.

5. 힌리히스의 주장을 제대로 평가하기 위해서는 다소 길더라도 그녀의 논지를 재정리할 필요가 있다. 이를 힌리히스 자신의 요약과 비교하려면, Hinrichs(2000: 295)를 참조하라.

6. 선행연구들에 의하면, 연구에 따라 우선순위에 차이를 보이지만 소비자의 농민시장 참여 동기는 신선한 지역먹거리의 구입, 지역경제 후원, 지역농민 후원, 친구를 비롯한 다른 사람과의 친교, 환경정의에 대한 관심, 시장 분위기의 향유, 제철 식재료를 이용한 요리에 대한 관심 등과 같이 매우 다양한 것으로 나타났다(Rice, 2015: 22-23).

7. 연구의 초점을 명확히 하기 위한 분석 대상의 제한은 불가피해 보인다. 농민시장이나 CSA에 관한 연구에서도 연구 대상을 극도로 한정시킨 경우를 쉽게 찾아볼 수

있다. 예컨대, 유명한 데번 에이커스 CSADevon Acres CSA 사례연구는 캐나다 온타리오주의 브란트 카운티에 위치한 데번 에이커스 농장 한 곳을 선택해서 그곳의 농민과 회원들을 대상으로 한 것이다(Feagan & Henderson, 2009). 미국의 CSA 농장을 대상으로 마찬가지 방식으로 국내 연구자에 의해 진행된 사례연구 성과도 있다(박덕병, 2005). 이런 관점에서 보면, 농민시장과 CSA 비교연구에서도 관련 행위자 범주별로 진행된 개별 연구 성과들이 어느 정도 축적되어야 양자의 제도적 공통점이나 차이점에 관한 일반화된 진술도 무리 없이 이루어질 수 있을 것으로 보인다.

8. 2014년 7월 1일 기준 '유진-스프링필드' 광역권 인구는 358,805명으로 '포틀랜드-비버턴-힐스버러' 광역권 2,326,397명, '세일럼' 광역권 403,885명에 이어 오리건주 8개 광역권 중 세 번째 규모다(Portland State University PRC, 2015). 오리건주의 주도인 세일럼이 중심이 되는 세일럼 광역권도 관심을 끌었지만 포틀랜드 광역권과 비교적 가깝기 때문에 별 차이가 없을 듯해 다소 거리가 있으면서 규모도 어느 정도 되는 '유진-스프링필드' 광역권을 주요 조사 대상지로 선정했다.

9. 예컨대, 펄먼은 한 서평에서 CSA 회원들이 가입을 갱신하지 않는 주된 이유가 기대했던 것과 실제로 받는 것 간의 불일치 때문임을 밝힌 오스트롬의 연구를 상기시켰다(Perelman, 2010; Ostrom, 2007).

10. 이런 조사 결과를 한 선행연구 결과(Tegtmeier and Duffy, 2005)와 비교하면, 미국의 CSA에서 그간에 일어난 변화를 가늠해볼 수 있다. 물론 두 연구의 연구 방법과 조사 대상이 다르기 때문에 정확한 변화 추이라고 볼 수는 없다. 이 점을 감안하더라도 양자의 비교는 흥미로운 추이를 보여준다. 앞서의 조사는 미국 아이오와를 비롯한 9개 주의 CSA 농가를 대상으로 2002년에 실시되었다. 조사에 의하면, 대다수의 농가는 CSA 외에도 농민시장, 식료잡화점 등과 같은 여러 판로를 동시에 활용하고 있었고, CSA만 운영한다는 농가는 18퍼센트에 불과했다. 또 응답자의 53퍼센트가 작업구좌를 운영하고 있었고, 전체 영농 작업 중 회원의 작업량은 대부분 5퍼센트 이하였다. 이번 조사 대상 중에는 CSA에만 참여하는 농가는 아예 없었고, 작업구좌를 운영하는 농가도 없었다. 이런 사실은 CSA 농가들이 지난 10여 년 사이에 CSA만으로는 농장의 지속성 확보가 더 어려워졌고, 시장성에 더 치중할 수밖에 없게 되었음을 암시한다. 이를테면, 효율성이 떨어지더라도 회원 노동력을 수용해서 먹거리 공동체로서의 결속력을 다지고자 하는 비경제적 가치의 추구에 눈을 돌릴 만한 여력이 더 없어진 셈이다. CSA 농가들에서 작업구좌가 거의 사라졌다는 사실은 이 책의 4장에 소개된 필자의 또 다른 조사 결과에서도 발견된다.

11. 하지만 농민시장 참여 횟수를 농가의 경제적 형편을 가늠하는 절대적 기준으로 단정해서는 곤란하다. 여러 농민시장에 참여하는 농가일수록 그만큼 시장성에 예속되어 있을 개연성이 높은 것은 사실이지만 이를 일반화할 수는 없다는 것이다. 가령, 이번에 조사했던 한 농가는 수입의 약 95퍼센트를 농민시장에서 얻고 있었지만 참여하는 농민시장은 1곳뿐이었다(사례 6-1). 가족 노동력만으로 농사를 짓고 판매도

해야 하기 때문에 여기저기 나갈 여력은 없다는 것이 이유였다. 그런데 이 농민은 연금생활자였다. 이처럼 주된 소득원이 따로 있고 농사가 부업인 경우에는 농민시장 참여 빈도가 적을 수 있다. 하지만 필자의 조사에 의하면, 이는 예외적인 경우였다. 대다수의 농민에게 농민시장은 주요 소득원 중 하나였고, 따라서 이들은 여러 농민시장에 참여하고 있었다.

12. CSA 농가에 관한 선행연구에 의하면(Tegtmeier and Duffy, 2005: 19), 응답자의 대부분이 CSA 운영에 대해서는 만족감을 보였지만 공정한 보상 여부에 대해서는 57퍼센트가 만족스럽지 못하다는 반응을 보였다. 또 CSA 농민 대상의 한 조사(Paul, 2015)는 CSA 농민에 대한 공정한 보상의 실현 여부가 저소득층의 양질의 먹거리 접근 기회의 개선 문제와 함께 CSA의 미래를 좌우할 핵심적 도전거리라고 지적한다.

13. 농민시장과 CSA 참여뿐만 아니라 도매 거래도 한다고 말한 한 농민(사례 6-2)은 공식적인 유기농 인증을 받은 가장 큰 이유가 도매 거래 때문이라고 했다. 농민시장에 비해 익명성이 훨씬 높은 도매업자를 상대로 먹거리의 품질을 입증하려면 정부의 공식 유기농 인증이 효과적이라는 것이다. 이런 점에서 생산자와 소비자 간 관계의 밀도와 공식적 유기농 인증의 필요성 간에는 일종의 반비례관계가 성립된다고 볼 수도 있다.

14. 한 농민시장 관리인(사례 6-12)은 자신이 관리하는 농민시장에서 판매인에게 요구하는 가장 중요한 필수조건이 스스로 재배한 것만을 팔아야 한다는 것이라고 설명했다. 재판매reselling는 허용되지 않으며, 음식 판매인의 경우에도 지역산 식재료를 25퍼센트 이상 사용한 음식만 판매할 수 있다고 했다. 물론 모든 농민시장이 이런 규정을 갖고 있는 것은 아니다.

15. 면접 대상자 중에는 CSA 회원들에게 먹거리 꾸러미를 전달하는 가장 중요한 배달 장소가 농민시장인 경우도 있었다. 한 CSA 농민은 약 70퍼센트의 회원이 농민시장에 와서 자신의 몫을 찾아간다고 했다(사례 6-6).

16. 예컨대, 앞서 언급한 미국 CSA 농가에 관한 1999년 조사에서는 인증 유기농 농가가 41.8퍼센트, 인증받지 않은 유기농 농가가 43.0퍼센트였고, 2001년 조사에서는 각각 42.7퍼센트, 40.8퍼센트인 것으로 나타났다(Lass, Stevenson, Hendrickson and Ruhf, 2003: 8; Lass, Bevis, Stevenson, Hendrickson and Ruhf, 2003: 11-12). 말하자면, 유기농가 중 약 절반이 공식 인증을 받지 않은 농가인 셈이다.

17. 한 연구는 미국 연방정부의 유기농 인증 기준 발표 이후 소비자들의 선호가 유기농에서 지역산으로 선회하는 경향을 보이고 있다고 분석하면서 그 이유가 바로 이런 점들과 관련 있다고 해석한다(Adams and Salois, 2010).

18. 미국 연방정부의 농가 지원금이 대부분 소수의 대농에게 배분돼온 종래의 경험을 떠올릴 때(김원동, 2014b: 245; 캐롤란, 2013: 39-40; Kim, 2014: 236), 농민시장과 CSA에 대한 정부 지원도 세심하게 구상되지 않는 한 그 전철을 밟지 않으리라는 보장은 없다. 이런 점에서 이 농민의 경계는 곱씹어볼 만하다.

19. 양질의 지역먹거리에 대한 접근성은 공간적·시간적·문화적 요인보다는 경제적 요인에 의해 크게 영향을 받는 것으로 드러났다. 예컨대, 어느 정도 가격 할인을 해줘도 구매력이 작은 소비자들은 경제적 제약으로 인해 농민시장이나 CSA를 활발하게 이용하지 못했다(Kato and McKinney, 2015). 실제로 농민시장이나 CSA에 관한 많은 연구는 여기에 참여하는 소비자들이 경제적으로는 부유하고 학력수준이 높으며 인종적으로는 백인이 많은 편이라는 점을 누차 지적했나(Hinrichs, 2000; Guthman, Morris and Allen, 2006; Alkon and McCullen, 2010; Rice, 2015). 이들 대부분은 공동체의 평범한 구성원이 아니라 중간계급 또는 중상계급, 백인 등과 같이 상대적으로 특권적 집단 범주에 속하는 사람들이라는 것이다. 이번 조사 결과에서도 마찬가지였다(예컨대, 사례 6-3, 사례 6-4, 사례 6-5). 이런 점에서 농민시장과 CSA에서 배제되기 쉬운 저소득층이나 소수인종 집단을 최대한 참여시킬 수 있는 방안들을 모색하는 것은 시급한 사회적 과제가 아닐 수 없다.

20. 이번에 조사한 스프라우트 농민시장에서는 식품보조금 프로그램 수혜자들이 해당 카드로 2달러를 사용하면, 1인당 5달러 한도 내에서 그때마다 1달러를 무료로 지급하는 제도를 운영하고 있었다(사례 6-10). 각종 기부금을 통해 조성하는 기금이 재원이었다. 하지만 레인 카운티 농민시장의 경우에는 그런 제도가 없었다(사례 6-12). 후자의 시장이 전자보다 훨씬 큰 규모의 시장이라는 점을 고려할 때 이 같은 사실은 그런 제도의 도입이 시장의 규모보다는 운영 주체들의 의지와 더 깊은 관련성이 있음을 시사한다.

21. 선행연구에서도 농민시장이 기존 상권과의 상생 터전으로서 기능하고 있음을 보여주는 사례를 확인할 수 있다(김원동, 2014a). 한 농민은 도심에서 개장하는 농민시장이 없었더라면 지금처럼 많은 사람이 도심을 찾아오지는 않았을 것이라고 했다(사례 6-7). 지역경제의 활성화가 지방정부의 정책적 핵심 부문이라는 점에서 보면, 농민시장과 주변 상권의 홍보는 공공성을 함축하고 있고, 따라서 의당 취해야 할 조치라고 볼 수 있다.

22. 이전에는 차단되었던 식품보조금 프로그램 보조비의 CSA 구좌 구입(Guthman, Morris, and Allen, 2006)이 최근 들어 허용되었기 때문에(USDA, 2014a; http://oregonsnapcsa.com/info-for-farmers.html), 농민시장과 마찬가지로 저소득층의 CSA 접근이 좀 더 용이해지고, 소비자층도 늘어날 수 있는 개연성은 일단 커졌다.

23. CSA에 관한 최근의 한 조사 결과도 이런 조치가 절실함을 보여준다. 영세한 CSA 농가들은 CSA의 '이윤 폭profit margins'이 너무 작아 이의 극복 방안을 찾는 것이 미래의 가장 큰 도전거리 중 하나로 인식하는 것으로 조사되었기 때문이다(Local Harvest, 2014).

24. 젠슨의 사례연구에 의하면(Janssen, 2010), 아이오와주에서의 CSA 성공은 직접적인 이해당사자들의 노력 이상으로 지역먹거리에 관한 시민교육과 판로 개척, CSA 홍보 등을 후원해준 지역언론과 시민사회 활동가들이 중요한 역할을 한 결과였다고

한다. 이 연구는 이를 근거로 생산자와 소비자 공동체를 넘어 지역사회와의 폭넓은 연결망을 구성하는 것이 CSA의 성공에 결정적임을 강조한다.

25. 실례로 유진시의 '내 농장That's My Farm'이 운영하는 '저소득층을 위한 내 농장 기금 That's My Farmer Low Income Fund'를 들 수 있다. 이것은 유진시의 13개 종교단체와 12개 지역농가로 구성된 '내 농장'이 연례행사 수익금과 연중 모금한 기금으로 저소득층 가정의 CSA 구좌 회비를 보조하는 프로그램이다(http://www.lanefood.org/thats-my-farmer.php). 필자는 이 프로그램에 관한 정보를 한 농민(사례 6-2)과의 면접 과정에서 입수할 수 있었다.

26. 필자는 농민시장과 CSA에 관한 연구에서 활용할 수 있는 또 다른 중요한 이론적 개념은 '사회적 자본'이라고 생각한다. 다만, 연구의 초점을 분명히 한다는 차원에서 이번 연구에서는 배태성 개념에 초점을 맞춰 양자의 특징을 점검하고자 했다.

참고문헌

국회예산정책처. 2016.《주요국의 재정제도》(20대 국회개원준비 기획보고서).

그라노베터, 마크Mark Granovetter. 2012. "경제적 행위와 사회구조: 배태의 문제."《일자리 구하기: 일자리 접촉과 직업경력 연구》. 유홍준·정태인 옮김. 아카넷.

김상준. 2004. "부르디외, 콜만, 퍼트남의 사회적 자본 개념 비판."《한국사회학》 38(6): 63-95.

김원동. 2006. "춘천시 읍면지역의 사회적 현실과 5·31 지방선거."《농촌사회》 15(1): 213-259.

_____. 2007.《미국 오리건주 포틀랜드 광역생활권의 대중교통체계 구축과 친환경적 지역 발전 실태》(강원발전연구원 보고서).

_____. 2008. "미국 포틀랜드지역의 농민시장 운영 실태에 관한 사례연구: 저소득층의 시장 이용 촉진을 위한 프로그램을 중심으로."《농촌사회》 18(2): 37-86.

_____. 2010. "춘천 농민시장의 현실과 과제 - 춘천 소양로 '번개시장' 사례 연구를 중심으로."《농촌사회》 20(2): 81-115.

_____. 2011. "도농통합형 생활공동체 형성과 지속가능성의 매개공간으로서의 농민 시장: 미국 오리건주 포틀랜드지역의 '농민시장' 사례를 중심으로."《농촌사회》 21(2): 173-222.

_____. 2012. "미국 농민시장의 지역사회통합 잠재력과 정책적 함의-샌프란시스코 페리 플라자 농민시장 홈페이지 사례 분석을 중심으로."《정보통신기술을 활용한 지역사회 통합 방안 연구보고서》(사회통합위원회 보고서): 177-229.

_____. 2014a. "페리 플라자 농민시장의 사회학적 함의와 시사점."《지역사회학》 15(2): 219-260.

_____. 2014b. "미국 북서부지역의 공동체지원농업에 대한 사회학적 탐색과 시사점."《농촌사회》 24(1): 201-254.

_____. 2016. "미국의 농민시장과 공동체지원농업: 배태성의 관점에서 본 특징과 활성화 방안 탐색."《한국사회학》 50(1): 75-117.

_____. 2017.《농민시장의 사회학 - 미국 사례를 중심으로》. 따비

김자경. 2010. "로컬푸드시스템 구축을 위한 제주도민의 식생활 현황과 먹을거리 의식에 관한 연구."《농촌사회》 20(2): 117-161.

김주숙·김은영. 2003. "도·농 복합시 농촌주민의 갈등요인 및 해결방안에 관한 연구."《농촌사회》 13(1): 85-114.

김종덕. 2002. "농업의 세계화와 대안농업운동."《농촌사회》 12(1): 133-159.

_____. 2003. "WTO의 농업구조화: 문제점과 대안."《농촌사회》 13(1): 239-261.

_____. 2004a. "미국의 공동체지원농업(CSA)."《지역사회학》 5(2): 153-176.

_____. 2004b. "미국의 농민시장."《사회연구》 15: 213-238.

_____. 2006. "지역식량체계를 통한 농업 회생방안-우리 농업, 절망에서 희망으로."《세계화와 한국 농업농촌의 대안 모색-글로벌에서 로컬로》(한국농촌사회학회 특별 심포지엄).

_____. 2009.《먹을거리 위기와 로컬푸드》. 이후.

_____. 2010. "먹을거리의 탈정치화와 대응에 관한 연구."《지역사회학》 12(1): 131-157.

_____. 2012.《음식문맹자, 음식시민을 만나다》. 따비.

김철규. 1999. "현대 미국 농업구조의 특징과 변화의 동학."《농촌사회》9: 194-218.

_____. 2006a. "한국 농업체제의 위기와 세계화: 거시역사적 접근."《농촌사회》16(2): 183-211.

_____. 2006b. "현대 식품체계의 동학과 먹거리주권."《ECO》12(2): 7-32.

_____. 2008b. "〈세계화와 한국 농업농촌의 대안 모색〉에 대한 패널 토론."《세계화와 한국 농업농촌의 대안 모색-글로벌에서 로컬로》(한국농촌사회학회 특별 심포지엄).

_____. 2009. "로컬푸드의 현황과 과제(한국사회학회 2009 국제사회학대회발표논문)".

_____. 2011. "한국 로컬푸드 운동의 현황과 과제-농민장터와 CSA를 중심으로."《한국사회》12(1): 111-133.

김흥주. 2006. "생협 생산자의 존재형태와 대안농산물체계의 모색: 두레생협 생산자회를 중심으로."《농촌사회》16(1): 95-141.

김혜민. 2011. "아래로부터의 로컬푸드 추진 사례-원주 지역을 중심으로."《농정연구》38: 231-248.

나영삼. 2011. "지역농정혁신을 통한 로컬푸드 활성화 방안-완주군 사례를 중심으로."《농정연구》38: 205-230.

농림수산식품부. 2011. "2015년 식량자급률 목표치 재설정 및 2020년 목표치 신규 설정(보도자료)." http://www.mifaff.go.kr.

박길성·이택면. 2007.《경제사회학 이론》. 나남.

박덕병. 2004. "미국의 농민시장에서 농촌지도요원의 역할."《한국농촌지도학회지》11(2): 279-290.

_____. 2005. "미국의 Local Food System과 공동체 지원농업(CSA)의 현황과 전망: 미네소타 주 무어헤드시의 올드 트레일 마켓Old Trail Market의 사례연구."《농촌사회》15(1): 133-174.

박민선. 2009. "초국적 농식품체계와 먹거리 위기."《농촌사회》19(2): 7-36.

비어즈위스, 앨런·테레사 케일Alan Beardsworth·Teresa Keil. 2010.《메뉴의 사회학: 음식과 먹기 연구로의 초대》. 박형신·정헌주 옮김. 한울.

손상목. 2000. "미국의 유기농업, CSA운동 및 유기식품 생산기준."《한국국제농업개발학회지》(3): 226-237.

송원규·윤병선. 2012. "세계농식품체계의 역사적 전개와 먹거리위기."《농촌사회》22(1): 265-310.

아네트 아우렐리 데스마레이즈Annette Aurélie Desmarais. 2011.《비아 캄페시나-세계화에 맞서는 소농의 힘》. 박신규·엄은희·이소영·허남혁 옮김. 한티재.

윤병선. 2009. "지역먹거리운동의 전략과 정책과제."《농촌사회》19(2): 93-121.

_____. 2010. "대안농업운동의 전개과정에 대한 고찰-유기농업운동과 생협운동, 지역먹거리운동을 중심으로."《농촌사회》20(1): 131-160.

_____. 2013. "식량주권운동의 새 지평."《녹색평론》131: 73-81.

윤병선·김선업·김철규. 2011. "농민시장 소비자와 배태성: 원주 농민시장 참여 소비자의 태도에 관한 경험적 연구."《농촌사회》21(2): 223-262.

윤병선·김철규·송원규. 2013. "한국과 일본의 지역먹거리운동 비교."《농촌사회》23(1): 49-86.

윤병선·우장명·박대호. 2010. "지역먹거리운동의 가능성과 과제: 청주지역의 사례를 중심으로."《산업경제연구》23(2): 975-999.

윤수종. 2011. "나주지역 농촌시장의 변화와 실태에 관한 연구."《농촌사회》 21(1): 77-122.

이우진. 2011. "지자체 주도형 로컬푸드 추진 사례-평택푸드."《농정연구》 38: 181-204.

에릭 홀트-히메네스·라즈 파텔Eric Holt-Gimenez·Raj Patel. 2011.《먹거리 반란》. 농업농민정책연구소 녀름 옮김. 따비.

정은미. 2011. "지역경제 활성화를 위한 로컬푸드시스템 구축 방안."《농정연구》 38: 65-94.

정은정·허남혁·김흥주. 2011. "텃밭 공간을 통해 본 여성과 장소의 정치: 전국여성농민회총연합 '언니네텃밭' 사업을 중심으로."《농촌사회》 21(2): 301-344.

정진영·손상목·김영호. 2001a. "미국과 일본의 CSA운동의 등장, 유형 및 활동사례."《한국유기농업학회지》 9(1): 2-17.

_____. 2001b. "유기농업 발전방향과 CSA운동의 지역 주민 참여방안에 대한 조사 연구(I)."《한국유기농업학회지》 9(2): 2-23.

캐롤란, 마이클Michael Carolan. 2013.《먹거리와 농업의 사회학》. 김철규 외 옮김. 도서출판 따비.

폴라니, 칼Karl Polanyi. 2009.《거대한 전환: 우리 시대의 정치·경제적 기원》. 홍기빈 옮김. 도서출판 길.

핑커턴, 탐진·롭 홉킨스Tamzin Pinkerton & Rob Hopkins. 2012.《우리가 사는 곳에서 로컬푸드 씨뿌리기-지역, 상생과 공생, 순환을 위한 행동가이드》. 충남발전연구원 옮김. 따비.

허남혁. 2011. "지역순환 농식품체계와 로컬푸드-개념정립을 중심으로."《농정연구》 38: 113-140.

현의송·임형백. 2009. "대안적 농식품체계의 비교연구: 신토불이, 지산지소, 로컬푸드, 슬로푸드 비교."《'먹거리정치'의 사회학》(한국농촌사회학회 2009년도 춘계학술대회 자료집).

헬웨일, 브라이언Brian Halweil. 2006.《로컬푸드: 먹거리-농업-환경, 공존의 미학》. 김종덕·허남혁·구준모 공역, 이후.

Abbott, Carl. 2011. *Portland in Three Centuries: The Place and The People*. Oregon State University Press.

Adams, Damian C. and Matthew J. Salois. 2010. "Local versus organic: A turn in consumer preferences and willingness-to-pay." *Renewable Agriculture and Food Systems* 25(4): 331-341.

Alkon, Alison H. 2008a. "From value to values: sustainable consumption at farmers markets." *Agriculture and Human Values* 25: 487-498.

_____. 2008b. "Paradise or pavement: the social constructions of the environment in two urban farmers' markets and their implications for environmental justice and sustainability." *Local Environment* 13(3): 271-289.

Alkon, Alison H and Christie Grace McCullen. 2010. "Whiteness and Farmers Markets: Performances, Perpetuations..Contestations?" *Antipode* 43(4): 937-959.

Andreatta, Susan., Misty Rhyne & Nicole Dery. 2008. "Lessons Learned From Advocating CSAs For Low-Income and Food Insecure Households." *Southern Rural Sociology* 23(1): 116-148.

Archer, G.P., Judit García Sánchez, Gianpaolo Vignali and Aurélie Chaillot. 2003. "Latent consumers' attitude to farmers' markets in North West England." *British Food Journal* 105(8): 487-497.

Barney & Worth, Inc. 2008. *Growing Portland's Farmers Markets: Portland Farmers Markets/*

Direct-Market Economic Analysis(Research Report).

Beckie, Mary A, Emily Huddart Kennedy and Hannah Wittman. 2012. "Scaling up alternative food networks: farmers' markets and the role of clustering in western Canada." *Agriculture and Human Values* 29(3): 333-345.

Bello, Walden. 2004. *Deglobalization : Ideas for a new world economy*(new updated edition). Zed Books.

Beus, Curtis E. and Riley E. Dunlap. 1990. "Conventional versus Alternative Agriculture: The Paradigmatic Roots of the Debate." *Rural Sociology* 55(4): 590-616.

Brehm, Joan M. & Brian W. Eisenhauer. 2008. "Motivations For Participating in Community Supported Agriculture and Their Relationship with Community Attachment and Social Capital." *Southern Rural Sociology* 23(1): 94-115.

Brown, Allison. 2002. "Farmers' Market Research 1940-2000: An Inventory and Review." *American Journal of Alternative Agriculture* 17(4): 167-176.

Brown, Cheryl and Stacy Miller. 2008. "The Impacts of Local Markets: A Review of Research on Farmers Markets and Community Supported Agriculture." *American Journal of Agricultural Economics* 90(5): 1296-1302.

Cavanagh, John and Jerry Mander.(eds.). 2004. *Alternatives to Economic Globalization*(second edition/updated and expanded). Better Koehler.

Center for Healthy Food Access. 2018. "Farmers Markets and CSAs." http://www. healthyfoodaccess.org/launch-a-business/models/farmers-markets-csa.

Colasanti, Kathryn J., David S. Conner, & Susan B. Smalley. 2010. "Understanding Barriers to Farmers' Market Patronage in Michigan: Perspectives From Marginalized Populations." *Journal of Hunger & Environmental Nutrition* 5: 316-338.

Cone, Cynthia Abbott and Andrea Myhre. 2000. "Community-Supported Agriculture: A Sustainable Alternative to Industrial Agriculture?" *Human Organization* 59(2): 187-197.

Connell, David J., John Smithers & Alun Joseph. 2008. "Farmers' markets and the 'good food' value chain: a preliminary study." *Local Environment* 13(3): 169-185.

Corum, Vance., Marcie Rosenzweig & Eric Gibson. 2001. *The New Farmers' Market: Farm-Fresh Ideas for Producers, Managers & Communities*. New World Publishing.

CUESA. 2010. "2010 Annual Report." http://www.cuesa.org/about-cuesa.

_____. 2011. "2011 Annual Report." http://www.cuesa.org/about-cuesa.

_____. 2012. "2012 Annual Report." http://www.cuesa.org/about-cuesa.

Dowler, Elizabeth., Moya Kneafsey, Rosie Cox and Lewis Holloway. 2009. "'Doing food differently': reconnecting biological and social relationships through care for food." *The Sociological Review* 57(s2): 200-221.

DeMuth, Suzanne. 1993. "Defining Community Supported Agriculture." http://www.nal. usda.gov/afsic/pubs/csa/csadef.shtml.

Dodds, Gordon B. and Craig E. Wollner. 1990. *The Silicon Forest: High Tech in the Portland Area 1945-1986*. Oregon Historical Society.

Dollahite, Jamie S., Janet A. Nelson, Edward A. Frongillo & Matthew R. Griffin. 2005. "Building community capacity through enhanced collaboration in the farmers market nutrition program." *Agriculture and Human Values* 22(3): 339-354.

Dowler, Elizabeth., Moya Kneafsey, Rosie Cox and Lewis Holloway. 2009. "'Doing food differently': reconnecting biological and social relationships through care for food." *The Sociological Review* 57(s2): 200-221.

Ernst, Matt. 2013. "Community Supported Agriculture." Univ. of Kentucky-College of Agriculture, Food and Environment. (http://www.uky.edu/Ag/NewCrops/marketing/csa.pdf).

Farmers Market Legal Toolkit. 2018a. "Community Supported Agriculture (CSA) at the Market: Buying CSA shares with SNAP." https://farmersmarketlegaltoolkit.org/snap/legal-topics/snap-eligible-food-items/csas.

_____. 2018b. "Selling SNAP-Eligible Foods." https://farmersmarketlegaltoolkit.org/snap/legal-topics/snap-eligible-food-items.

_____. 2018c. "SNAP Training Requirements." https://farmersmarketlegaltoolkit.org/snap/legal-topics/snap-eligible-food-items/snap-training-requirements.

Feagan, Robert and Amanda Henderson. 2009. "Devon Acres CSA: local struggles in a global food system." *Agriculture and Human Values* 26(3): 203-217.

Feagan, Robert and David Morris. 2009. "Consumer quest for embeddedness: a case study of the Brantford Farmers' Market." *International Journal of Consumer Studies* 33(3): 235-243.

Flora, Jan L. 1998. "Social Capital and Communities of Place." *Rural Sociology* 63(4): 481-506.

Fortin, Elizabeth. 2005. "Reforming Land Rights: The World Bank and the Globalization of Agriculture." *Social & Legal Studies* 14(2): 147-177.

Gillespie, Gilbert., Dunca L. Hilchey, C. Clare Hinrichs, and Gail Feenstra. 2007. "Farmers' Markets as Keystones in Rebuilding Local and Regional Food Systems." pp.65-83 in C. Clare Hinrichs and Thomas A. Lyson.(eds.). *Remaking the North American Food System.* Univ. of Nebraska Press.

Griffin, Matthew R. & Edward A. Frongillo. 2003. "Experiences and perspectives of farmers from Upstate New York farmers' markets." *Agriculture and Human Values* 20(2): 189-203.

Guptill, Amy & Jennifer L. Wilkins. 2002. "Buying into the food system: Trends in food retailing in the US and implications for local foods." *Agriculture and Human Values* 19(1): 39-51.

Guthman, Julie., Amy W. Morris, & Patricia Allen. 2006. "Squaring Farm Security and Food Security in Two Types of Alternative Food Institutions." *Rural Sociology* 71(4): 662-684.

Henderson, Elizabeth and Robyn Van En. 2007. *Sharing the harvest: A citizen's guide to Community Supported Agriculture*(Revised Edition). Chelsea Green.

Hinrichs, C. Clare. 2000. "Embeddedness and local food systems: Notes on two types of direct agricultural market." *Journal of Rural Studies* 16: 295-303.

Hinrichs, C. Clare and Thomas A. Lyson.(eds.). 2007. *Remaking the North American Food System.* Univ. of Nebraska Press.

Hinrichs, C. Clare, Gilbert W. Gillespie, & Gail W. Feenstra. 2004. "Social Learning and Innovation at Retail Farmers' Markets." *Rural Sociology* 69(1): 31-58.

Hinrichs, C. Clare & Kathy S. Kremer. 2002. "Social Inclusion in a Midwest Local Food System Project." *Journal of Poverty* 6(1): 65-90.

Holloway, Lewis. & Moya Kneafsey. 2000. "Reading the Space of the Farmers' Market: A Preliminary Investigation from the UK." *Sociologia Ruralis* 40(3): 285-299.

Huey, Tina Andersen. 2005. "Thinking Globally, Eating Locally: Website Linking and the Performance of Solidarity in Global and Local Food Movement." *Social Movement Studies* 4(2): 123-137.

Janssen, Brandi. 2010. "Local Food, Local Engagement: Community-Supported Agriculture in Eastern Iowa." *Culture & Agriculture* 32(1): 4-16.

Kato, Yuki and Laura McKinney. 2015. "Bringing food desert residents to an alternative food market: a semi-experimental study of impediments to food access." *Agriculture and Human Values* 32(2): 215-227.

Kim, Won-Dong. 2014. "The U.S. Agricultural Policy, CSA and Their Implications for Korean Agriculture." *Korean Regional Sociology* 15(3): 221-261.

King, Christine A. 2008. "Community Resilience and Contemporary Agri-Ecological Systems: Reconnecting People and Food, and People with People." *Systems Research and Behavioral Science* 25(1): 111-124.

Kirschenmann, Frederick L. 2008. "Food as Relationship." *Journal of Hunger & Environmental Nutrition* 3(2/3): 106-121.

Kirwan, James. 2004. "Alternative Strategies in the UK Agro-Food System: Interrogating the Alterity of Farmers' Markets." *Sociologia Ruralis* 44(4): 395-415.

Lang, K. Brandon. 2010. "The Changing Face of Community-Supported Agriculture." *Culture & Agriculture* 32(1): 17-26.

Lapping, Mark B. 2004. "Toward the Recovery of the Local in the Globalizing Food System: the Role of Alternative Agricultural and Food Models in the US." *Ethics, Place and Environment* 7(3): 141-150.

Lass, Daniel., G.W.Stevenson, John Hendrickson and Kathy Ruhf. 2003. *CSA Across the Nation: Findings from the 1999 CSA Survey.*

Lass, Daniel., Ashley Bevis, G.W.Stevenson, John Hendrickson and Kathy Ruhf. 2003. *Community Supported Agriculture Entering the 21st Century: Results from the 2001 National Survey* (http://www.cias.wisc.edu/wp-content/uploads/2008/07/csa_survey_01.pdf).

Lawson, Rob & John Guthrie, Alan Cameron, & Wolfgang Chr. Fischer. 2008. "Creating value through cooperation: An investigation of farmers' markets in New Zealand." *British Food Journal* 110(1): 11-25.

Lev, Larry., Garry Stephenson, and Linda Brewer. 2007. "Practical Research Methods to Enhance Farmers' Market." pp.84-98 in C. Clare Hinrichs and Thomas A. Lyson.(eds.).

Remaking the North American Food System. Univ. of Nebraska Press.

Lexicon of Food. 2018. "The CSA Farmer's Nationalwide Guide to Accepting SNAP/ EBT Payments." https://www.lexiconoffood.com/post/csa-farmer%E2%80%99s- nationwide-guide-accepting-snapebt-payments.

LocalHavest. 2013. "LocalHarvest Newsletter, May 20, 2013." http://www.localharvest.org/ newsletter/20130521.

_____. 2014. "CSA Survey Findings(LocalHarvest Newsletter, November 20, 2014)." http:// www.localharvest.org/newsletter/20141120.

Lyson, Thomas A. 2004. *Civic Agriculture: Reconnecting Farm, Food, and Community*. Tufts University Press.

_____. 2007. "Civic Agriculture and the North American Food System." pp.19-32, In C. Clare Hinrichs and Thomas A. Lyson.(eds.). *Remaking the North American Food ystem*. Univ. of Nebraska Press.

McFadden, Steven. 2004a. "The History of CSA, Part Ⅰ." http://rodaleinstitute.org/the- history-of-community-supported-agriculture-part-i.

_____. 2004b. "The History of CSA, Part Ⅱ." http://rodaleinstitute.org/the-history-of- community-supported-agriculture-part-ii.

Oregon SNAP CSA Farms. 2018a. "About this project." http://oregonsnapcsa.com/about- this-project.html. (검색일: 2018.11.6.).

_____. 2018b. "Training Guide for Farmers." http://oregonsnapcsa.com/info-for-farmers.html.

Oregon State University(Extension Service). 1998. "Analyzing Three Farmers' Markets in Corvallis and Albany, Oregon." http://smallfarms.oregonstate.edu.

_____. 2001a. "Portland Thursday Farmers' Market CCO: Rapid Market Assessment." http:// smallfarms.oregonstate.edu/oregon-small-farms-technical-reports(OSFTR 9).

_____. 2001b. "Rapid Assessment of Five Oregon Farmers' Markets: Qualitative Results." http://smallfarms.oregonstate.edu/oregon-small-farms-technical-eports(OSFTR 4).

_____. 2002. "A learning Approach to Strengthening Farmers' Markets." http://smallfarms. oregonstate.edu/oregon-small-farms-technical-reports(OSFTR 5).

_____. 2003. "Rapid Market Assessment: Portland Thursday Farmers' Market." http:// smallfarms.oregonstate.edu/oregon-small-farms-technical-reports(OSFTR 17).

_____. 2004. "Tigard Area Farmers' Market Rapid Market Assessment." http://smallfarms. oregonstate.edu/oregon-small-farms-technical-reports(OSFTR 19).

_____. 2005. "Eastbank Farmers' Market: Rapid Market Assessment." http://smallfarms. oregonstate.edu/oregon-small-farms-technical-reports(OSFTR 21).

_____. 2006. "Enhancing the Success of Northwest Farmers' Markets: An Executive Summary." http://smallfarms.oregonstate.edu/oregon-small-farms-technical- reports(OSFTR 22).

_____. 2007. "Understanding the Link Between Farmers' Market Size and Management Organization." http://smallfarms.oregonstate.edu/oregon-small-farms-technical-reports(OSFTR 17).

_____. 2008. "When Things Don't Work: Some Insights into Why Farmers' Markets Close(Revised July 2008)." http://smallfarms.oregonstate.edu/oregon-small-farms-technical-reports(EESC 1073-E).

_____. 2009. "Meat and Poultry Buying at Farmers' Market: A Survey of Shoppers at Four Markets in Oregon." http://smallfarms.oregonstate.edu/oregon-small-farms-technical-reports(OSFTR 23).

Martinez, Steve. et al. 2010. "Local Food Systems: Concepts, Impacts, and Issues." http://www.ers.usda.gov/Publications/ERR97/ERR97.pdf.

Mcilvaine-Newsad et al. 2008. "Slow Food Lessons in the Fast Food Midwest." *Southern Rural Sociology* 23(1): 72-95.

Morris, Carol and James Kirwan. 2011. "Ecological embeddedness: An interrogation and refinement of the concept within the context of alternative food networks in the UK." *Journal of Rural Studies 27: 322-330.*

Ostrom, Marcia Ruth. 2007. "Community Supported Agriculture as an Agent of Change: Is It Working." pp.99-120 In C. Clare Hinrichs and Thomas A. Lyson (eds.), *Remaking the North American Food System: Strategies for Sustainability*, Univ. of Nebraska Press.

O'Hara, Sabine U. and Sigrid Stagl. 2001. "Global Food Markets and Their Local Alternatives: A Socio-Ecological Economic Perspective." *Population and Environment* 22(6): 533-554.

OHSU Farmers' Market. 2008a. http://www.ohsu.edu/farmersmarket.

_____. 2008b. "Zoomerang Survey(2007) Results." http://www.ohsu.edu/farmersmarket/2007surveyanalysis.pdf.

Oregon Farmers' Markets Association. 2008a. "Oregon's Farm Direct Nutrition Programs." http://www.oregonfarmersmarket.org/farm/farm_wic.html.

_____. 2008b. 2008 *Guide to Oregon Farmers' Markets.*

Ostrom, Marcia Ruth and Raymond A. Jussaume, Jr. 2007. "Assessing the Significance of Direct Farmer-Consumer Linkages as a change Strategy in Washington State: Civic or Opportunistic?" pp.235-259 in C. Clare Hinrichs and Thomas A. Lyson.(eds.). *Remaking the North American Food System.* Univ. of Nebraska Press.

Ozawa, Connie.(ed.). 2004. *The Portland Edge: Challenges And Successes in Growing Communities.* Portland State University.

Paul, Mark. 2015. *Community Supported Agriculture: A Model for Farmer and the Community(Case Study).* e3economics for Equity and Environment.

Penker, Marianne. 2006. "Mapping and measuring the ecological embeddedness of food supply chains." *Geoforum* 37: 368-379.

Perelman, Alison. 2010. "Remaking the North American Food System: Strategies for Sustainability (Book Reviews)." *Food, Culture & Society* 13(3): 460-463.

Pike Place Market Preservation & Development Authority. 2007. *Pike Place Market: 100 Years.* Sasquatch Books.

Pinkerton, Tamzin & Rob Hipkins. 2009. *Local Food*. Transition Books.

Portland Development Commission. 2006. *Portland Public Market: Feasibility Study & Business Plan* (Research Report).

Portland Farmers Market. 2011. 《Portland Farmers Market 2012 Vendors Handbook》. http://www.portlandfarmersmarket.org/index.php/vendors/become-a-vendor.

Portland State University Population Research Center. 2014. "2013 Annual Population Report tables (April 15, 2014)." http://www.pdx.edu/prc/annual-oregon-population-report.

_____. 2015. "Table 2. Estimates of Oregon by Area Type and Specific Metropolitan Areas: 2000 to 2014." http://www.pdx.edu/prc/population-reports-estimates.

Qazi, Joan A and Theresa L. Selfa. 2005. "The Politics of Building Alternative Agro-food Networks in the Belly of Agro-industry." *Food, Culture & Society* 8(1): 45-72.

Rice, Julie Steinkopf. 2015. "Privilege and exclusion at the farmers market: findings from a survey of shoppers." *Agriculture and Human Values* 32(1): 21-29.

Robyn Van En. 1996. "Introduction." in Elizabeth and Robyn Van En. *Sharing the harvest A citizen's guide to Community Supported Agriculture* (Revised Edition).

Ruehle, Jens., and Mike Goldblatt. 2013. "Buying into the Local Food Movement." http://www.fmi.org.

Sage, Colin. 2003. "Social embeddedness and relations of regard: alternative 'good food' networks in south-west Ireland." *Journal of Rural Studies* 19: 47-60.

Schnell, Steven M. 2007. "Food with a farmer' face: community-supported agriculture in the United States." *The Geographical Review* 97(4): 550-564.

_____. 2013. "Food miles, local eating, and community supported agriculture: putting local food in its place." *Agriculture and Human Values* 30(4): 614-628.

Skarstein, Rune. 2005. "Economic Liberalization and Smallholder Productivity in Tanzania. From Promised Success to Real Failure, 1985-1998." *Journal of Agrarian Change* 5(3): 334-362.

Spilková, Jana., Lenka Fendrychová, and Marie Syrovátková. 2013. "Farmers' markets in Prague: a new challenge within the urban shoppingscape." *Agriculture and Human Values* 30: 179-191.

Stiglitz, Joseph E. 2007. *Making Globalization Work*. Norton.

Strochlic, Ron and Crispin Shelley. 2004. *Community Supported Agriculture in California, Oregon and Washington: Challenges and Opportunities*. http://www.cirsinc.org/Documents/Pub0504.1.pdf.

Szmigin, Isabelle., Sarah Maddock, & Marylyn Carrigan. 2003. "Conceptualising community consumption: Farmers' markets and the older consumer." *British Food Journal* 105(8): 542-550.

Tegtmeier, Erin. and Michael Duffy. 2005. *Community Supported Agriculture(CSA) in the Midwest United States: A regional characterization*. http://www.leopold.iastate.edu.

Thomson, Joan S., Audrey N. Maretzki, and Alison H. Harmon. 2007. "Community-Initiated Dialogue: Strengthening the Community through the Local Food System." pp.183-198 in C. Clare Hinrichs and Thomas A. Lyson (eds.), *Remaking the North American Food System: Strategies for Sustainability*, Univ. of Nebraska Press.

Tippins, Michael J., Kathleen M. Rassuli & Stanley C. Hollander. 2002. "An assessment of direct farm-to-table food marketing in the USA." *International Journal of Retail & Distribution Management* 30(7): 343-353.

Univ. of Kentucky-College of Agriculture. 2009. *2009 Survey of Community Supported Agriculture Producers*. http://www.uky.edu/Ag/CDBREC/csareport.pdf.

_____. 2013. *Community Supported Agriculture*(CSA). http://www.uky.edu/Ag/NewCrops/marketing/csa.pdf.

_____. 2015a. "Trends in U.S. Local and Regional Food Systems(Report to ongress)." http://www.ers.usda.gov.

_____. 2015b. "Farmers Markets and Direct-to-Consumer Marketing." http://www.ams.usda.gov.

_____. 2015c. "EBT: What is a Farmers' Market?" http://www.fns.usda.gov/ebt/what-farmers-market.

_____. 2015d. "BT." http://www.fns.usda.gov. http://afsic.nal.usda.gov/community-supported-agriculture-3.

_____. 2015f. "National Farmers Market Manager Survey Shows Farmers MarketsContinue to Grow." http://www.ams.usda.gov.

_____. 2015g. "2014 National Farmers Market Manager Survey Summary: A Shapshot of the 2013 Farmers Market Season." http://www.ams.usda.gov.

USDA. 1993. 1993 Community Supported Agriculture(CSA): An Annotated Bibliography and Resource Guide. http://www.nal.usda.gov/afsic/pubs/csa/at93-02.shtml.

_____. 2002. *U.S.Farmers Markets-2000 : A Study of Emerging Trends*. http://www.ams.usda.gov.

_____. 2009. *USDA National Farmers Market Manager Survey 2006*. http://www.ams.usda.gov.

_____. 2010a. *What do we know about consumer demand for local food?* http://www.ams.usda.gov.

_____. 2010b. *Are Farmers Markets a SNAP?* http://www.ams.usda.gov.

_____. 2010c. "Supplemental Nutrition Assistance Program(SNAP) at Farmers Markets: A How-To Handbook." http://www.ams.usda.gov.

_____. 2011a. "Results of Dot Survey: USDA Outdoor Farmers Market Washington, DC." http://www.ams.usda.gov.

_____. 2011b. Mapping Competition Zone for Vendors and Customers in U.S. Farmers Markets. http://www.ams.usda.gov.

_____. 2013a. *Why Local Food Matters: The rising importance of locally-grown food in the U.S. food system - A national perspective*. http://www.ams.usda.gov.

_____. 2013b. "Farmers markets and Local Food Marketing."

_____. 2013c. "Community Supported Agriculture." http://www.nal.usda.gov/afsic/pubs/csa/csa.shtml.

_____. 2014a. "Supplemental Nutrition Assistance Program Provisions of the Agricultural Act of 2014-Implementing Memorandum." http://www.fns.usda.gov.

_____. 2014b. "Nutrition Assistance in Farmers Markets: Understanding the Shopping Patterns of SNAP participants (Summary)." http://www.fns.usda.gov.

_____. 2014c. "Nutrition Assistance in Farmers Markets: Understanding the Shopping Patterns of SNAP participants (Final Report)." http://www.fns.usda.gov.

_____. 2014d. "2012 CENSUS of Agriculture." http://www.agcensus.usda.gov/Publications/2012/Full_Report/Volume_1,_Chapter_1_US/usv1.pdf.

_____. 2014e. "FY 2015 Budget Summary and Annual Performance Plan." https://www.obpa.usda.gov/budsum/FY15budsum.pdf.

_____. 2016a. "FY 2017 Budget Summary." https://www.obpa.usda.gov/budsum/fy17budsum.pdf.

_____. 2017a. "FY 2018 Budget Summary." https://www.usda.gov/sites/default/files/documents/USDA-Budget-Summary-2018.pdf.

_____. 2017b. "The Fresh Fruit and Vegetable Program." https://fns-prod.azureedge.net/sites/default/files/cn/FFVPFactSheet.pdf.

_____. 2018a. "Community Supported Agriculture(CSA)." https://eohhs.ehs.state.ma.us/DTA/PolicyOnline/!SSL!/WebHelp/SNAP/Nutrition_Education/CSA_Online_Guide_072715_with_FMN_Comments.htm.

_____. 2018b. "A Short History of SNAP." https://www.fns.usda.gov/snap/short-history-snap.

_____. 2018c. "Supplemental Nutrition Assistance Program Participation and Costs." https://fns-prod.azureedge.net/sites/default/files/pd/SNAPsummary.pdf.

_____. 2018d. "School Meals: Child Nutrition Programs." https://www.fns.usda.gov/school-meals/child-nutrition-programs.

_____. 2018e. "The National School Lunch Program." https://fns-prod.azureedge.net/sites/default/files/cn/NSLPFactSheet.pdf.

_____. 2018f. "The National School Lunch Program: Participation and Lunches Served." https://fns-prod.azureedge.net/sites/default/files/pd/slsummar.pdf.

_____. 2018g. "The School Breakfast Program." https://fns-prod.azureedge.net/sites/default/files/sbp/SBPfactsheet.pdf.

_____. 2018h. "School Breakfast Program Participation and Meals Served." https://fns-prod.azureedge.net/sites/default/files/pd/sbsummar.pdf.

_____. 2018i. "Summer Food Service Program." https://www.fns.usda.gov/sfsp/summer-food-service-program.

_____. 2018j. "Summer Food Service Program." https://fns-prod.azureedge.net/sites/default/files/pd/sfsummar.pdf.

_____. 2018k. "Selling SNAP-Eligible Foods: SNAP-Eligible Food Items." https://farmersmarketlegaltoolkit.org/snap/legal-topics/snap-eligible-food-items.

_____. 2018l. "Selling SNAP-Eligible Foods: Community Supported Agriculture(CSA) at the Market." https://farmersmarketlegaltoolkit.org/snap/legal-topics/snap-eligible-food-items/csas.

USDA Food and Nutrition Service. 2013a. *Evaluation of the Fresh Fruit and Vegetable Program (FFVP): Final Evaluation Report.* https://fns-prod.azureedge.net/sites/default/files/FFVP.pdf.

_____. 2013b. "Fresh Fruit and Vegetable Program: Program History." https://www.fns.usda.gov/ffvp/program-history.

_____. 2018. "Fresh Fruit and Vegetable Program." https://www.fns.usda.gov/ffvp/fresh-fruit-and-vegetable-program.

Wall, Ellen, Gabriele Ferrazzi, & Frans Schryer. 1998. "Getting the Goods on Social Capital." *Rural Sociology* 63(2): 300-322.

Weis, Tony. 2004. "Restructuring and Redundancy: The Impacts and Illogical of Neoliberal Agricultural Reforms in Jamaica." *Journal of Agrarian Change* 4(4): 461-491.

Winter, Michael. 2003. "Embeddedness, the new food economy and defensive localism." *Journal of Rural Studies* 19: 23-32.

Wittman, Hannah., Annette Aurélie Desmarais, and Nettie Wiebe.(eds.). 2010. *Sovereignty: Reconnecting Food, Nature and Community.* Fernwood Publishing.

Wittman, Hannah., Mary Beckie and Chris Hergesheimer. 2012. "Linking Local Food Systems and the Social Economy? Future Roles for Farmers' Markets in Alberta and British Columbia." *Rural Sociology* 77(1): 36-61.

Wholesome Wave. 2018. "How to Start a CSA Nutrition Incentive Program." https://www.wholesomewave.org/sites/default/files/network/resources/files/How-to-Start-a-CSA-Incentive-Program-Toolkit.pdf.

Youngberg, Garth and Suzanne P. DeMuth. 2013. "Organic agriculture in the United States: A 30-year retrospective." *Renewable Agriculture and Food Systems* 28(4): 294-328.

Youngs, Julie. 2003. "Consumer direct initiatives in North West England farmers' markets." *British Food Journal* 105(8): 498-530.

Zenger Farm. 2013. *The CSA Farmer's Nationwide Guide to Accepting SNAP/EBT Payments.* http://eorganic.info/sites/eorganic.info/files/u461/2013-%20National%20SNAP%20CSA%20Guide.pdf.

http://bluebook.state.or.us
http://greenvillefarmsoregon.com
http://holcombfarm.org
http://malinowskifarm.com
http://mhof.net
http://organicgrown.com
http://pumpkinridgegardens.com/wordpress
http://templewiltoncommunityfarm.com

http://thecherrycountry.com

http://wholefoodsmarket.com

http://workinghandsfarm.com

http://www.agcensus.usda.gov

http://www.ams.usda.gov

http://www.ams.usda.gov/AMSv1.0/FarmersMarkets

http://www.csacenter.org

http://www.cuesa.org

http://www.fns.usda.gov

http://www.gatheringtogetherfarm.com

http://www.geecreekfarm.com

http://www.hillsdalefarmersmarket.com

http://www.historicnewengland.org/historic-properties/homes/casey-farm/community-supported-agriculture-at-casey-farm

http://www.indianlinefarm.com

http://www.lanefood.org/thats-my-farmer.php

http://www.lloydfarmersmarket.com

http://www.localharvest.org

http://www.localharvest.org/csa

http://www.lovefarmorganics.com

http://www.mcminnvillepublicmarket.com

http://www.newseasonsmarket.com

http://www.oregonfarmersmarkets.org

http://www.pdx.edu/prc

http://www.peaceworkcsa.org

http://www.peoples.coop/farmers-market

http://www.pier39.com

http://www.pikeplacemarket.org/farmers-market

http://www.portlandcsa.org

http://www.portlandfarmersmarket.org

http://www.portlandonline.com

http://www.sauvieislandorganics.com

http://www.sistersgarden.org

http://www.sungoldfarm.com

http://www.TheCherryCountry.com

http://www.usda.gov

http://www.wilson.edu/about-wilson-college/fulton/robyn-van-en-center/index.aspx

http://www.yourcsa.com

https://www.cultivatingcommunity.org

찾아보기